침묵과 열광

황우석 사태
7년의 기록

침묵과 열광 황우석 사태 7년의 기록

강양구·김병수·한재각 지음

1판1쇄 펴냄 2006년 6월 12일
1판4쇄 펴냄 2014년 9월 30일

펴낸이 | 박상훈
주간 | 정민용
편집장 | 안중철
편집 | 윤상훈, 이진실, 최미정, 장윤미(영업)
업무지원 | 김재선

펴낸곳 | 후마니타스(주)
등록 | 2002년 2월 19일 제300-2003-1089호
주소 | 서울 마포구 독막로 23(합정동) 1층(121-883)
편집 | 02-739-9929 제작영업 | 02-722-9960 팩스 | 0505-333-9960
홈페이지 | www.humanitasbook.co.kr

값 13,000원

ISBN 89-90106-20-6 03300

침묵과 열광

황우석 사태
7년의 기록

강양구·김병수·한재각 지음

후마니타스

차례

일러두기

1 고유명사의 한국어 표기는 국립국어연구원의 외래어 표기 용례를 참고했고, 알파벳 표기는 최초 1회에 한해 병기했다.

2 책·신문 등의 제목은 겹낫쇠(『』)를 쓰고 논문·기사 등의 제목은 홑낫쇠(「」)를 썼다. 방송 제목과 법률·법안명 등은 단꺾쇠(〈〉)로 표기했다.

3 각 장의 후주에서, 꼭 필요한 경우에 한해서만 기사 제목 앞에 글쓴이(기자 이름)를 밝혔다. 익명으로 처리된 인터뷰는 인터뷰 대상자가 처한 불가피한 상황과 요청으로 이루어진 것임을 밝혀 둔다. 또 인터뷰 대상자의 이니셜은 알파벳 A부터 순서대로 표기했다.

4 인용문 중 괄호 안의 내용은 모두 '필자 주'임을 밝혀 둔다.

서문 황우석 사태, 침묵과 열광 사이

대다수 사람들은 이른바 '황우석 사태'가 2005년 11월 13일 미국 피츠버그대 제럴드 섀튼Gerald P. Schatten 교수의 난데없는 결별 선언으로부터 시작된 것으로 알고 있다. 이를 기점으로 난자 채취와 관련된 연구윤리 위반 논란과 논문 조작을 둘러싼 공방이 드라마틱하게 전개된 일련의 사건들로 말이다. 그러나 필자들이 보기에 그것은 이번 사태의 결말에 해당할 뿐이다. '황우석 사태'가 어떻게 배태되고 심화되어 비극적인 사건으로 귀결됐는지를 살펴보기 위해서는 보다 긴 시간을 돌이켜 봐야 한다. 복제소 영롱이가 태어난 1999년 초까지는 거슬러 올라가야 하는 것이다. 이 책에 '황우석 사태 7년의 기록'이라는 부제를 붙인 것도 이 때문이다.

또한 필자들은 이번 사태를 황우석 교수라는 한 과학자 개인이 정부·언론·과학계를 비롯해 국민 전체, 나아가 전 세계를 대상으로 벌인 사기 사건으로 바라보는 시각도 부정한다. '모두가 황우석에게 속았다'는 식의 평가는 드러난 객관적 사실과도 부합하지 않을뿐더러, 이번 사태를 책임져야 할 관련자들이 자신의 책임을 회피하려는 시도와 연결돼 있기 때문에 불순하기조차 하다. 반성과 문책이 수반되지 않은 일은 다시 벌어지는 법이다. 결국 이런 평가는 '제2의 황우석 사태'를 불러오지 않겠는가.

'황우석 사태'의 핵심에는 물론 황 교수의 과학 사기 사건이 자리 잡고 있지만, 이 과학 사기 사건이 전 국민적 혼란과 갈등을 불러일으키고 전 세계적인 스캔들로 불거진 데는 한국 사회의 정치·경제·사회의 구조적인 문제 탓이 크다. 정치권·정부·언론·재계·의학계·과학계의 권력층이 황 교수와 여러 형태의 이해 관계를 맺으면서 '황우석 사태'를 배태시키고 심화시킨 것이다. 필자들은 이를 설명하기 위해서 황 교수를 중심으로 한

'과학기술동맹'의 형성·발전·붕괴의 과정을 살펴보려 한다.

'황우석 사태'를 설명하기 위해서 '과학기술동맹'이라는 개념을 사용하기 이전에 필자들은 '과학권력'이라는 개념에 대해서 검토했다. 이 개념이, 황우석 교수가 과학기술 분야의 연구 성과에 기반을 두고 점차 자신의 권력을 정치적·사회적으로 확대해 나가다가 몰락한 정황을 잘 설명할 것이라고 생각했다. 그러나 이런 인식은 큰 한계를 갖는다. 여러모로 비상한 재능을 가진 한 과학자가 논문 조작까지 서슴지 않고 권력을 획득한 반면, 정부·언론·재계·의학계·과학계는 그에게 속아 넘어간 희생양이라는 잘못된 사태 인식이 전제됐기 때문이다. 실제로 황 교수의 논문 조작이 드러난 뒤 사태의 핵심에 섰던 이들은 '나도 피해자'라는 식으로 발뺌했다.

따라서 필자들은 '과학권력'이라는 개념보다는 황우석 교수와 배아복제 줄기세포 연구를 매개로 여러 세력들이 각각의 이해 관계에 따라서 밀접하게 상호 연결되는 동맹을 형성·발전시켰다가 결국에는 붕괴되어 가는 과정 전체를 설명할 수 있는 개념이 필요하다고 생각했다.

한국 사회에 엄청난 파장을 불러일으킨 기득권동맹의 형성과 붕괴를 보여 준 사건은 많았다. 그러나 그 동맹의 핵심에 '과학기술'이 놓인 것은 처음이라는 점에서 이번 '황우석 사태'의 기득권동맹은 중요한 의미를 가진다. '과학기술동맹'은 과학기술시대에 나타날 수 있는 새로운 기득권동맹을 보여 준다는 점에서 20세기 미국의 '군산복합체'나 일본의 '토건국가'에 비견될 만하다.

노무현 정부는 차세대성장동력산업을 창출하기 위해서 생명공학산업 및 이와 연결된 의료산업화정책에 큰 관심을 쏟았다. 황우석 교수는 이런 정책 추진의 명분이자 또 그에 따른 성과의 상징으로서 정부에게 필요한 존재였다. 황 교수는 그로부터 재정적·정책적으로 지원받을 수 있었다. 정치권의 여러 인사들은 황 교수 인기의 후광을 얻기 위해서 친분을 과시했으며, 상업적 언론 역시 대중의 입맛에 맞는 국민적 영웅을 보도할 수 있다는 점에서 황 교수를 필요로 했다. 정치권과 언론의 관심은 당연히 황 교수의 든든한 사회적·정치적 자원이 됐다. 재계는 황우석이라는 상징이 생명공학산업 분야의 성장에 도움이 되리라는 점에서 그에 대한 전폭적인 지원을 아끼지 않았다. 의학·과학기술계 역시 황 교수에게 자원과 권력이 쏠리고 있는 것에 불만을 가지면서도 전체 '파이'가 커졌다는 점에서는 환영의 뜻을 보냈다.

황우석 교수를 정점으로 한 '과학기술동맹'의 형성과 발전 그리고 균열은 대략 네 시기로 구분할 수 있다. 첫 번째는 황 교수가 복제소 영롱이를 만들어 내던 시기가 될 것이다(1990년 초~1999년). 이 시기에 황 교수는 수의학자로서 주로 농림부의 지원을 받다가, 이후 과학기술부에 '발굴'되어 복제양 돌리 Dolly와 같은 방식의 동물복제 전문가로 자리 잡았다.

두 번째는 황 교수가 동물복제 전문가에서 인간배아복제 전문가로 변신을 하는 시기다(2000~2003년). 이때 황 교수는 문신용 서울대 교수와 노성일 미즈메디병원 이사장과 함께 이른바 '황우석 사단'이라는 핵심 동맹세력을 구축해 '황우석 신화'의 과학적·기술적 토대를 형성했다. 또 그는 이후 국가과학기술정책에 큰 영향을 미치게 될 박기영 당시 순천대 교수와도 인연을 맺는 등, 정부·청와대·정치권에서 자신을 정치적·정책적으로 지원할 네트워크를 만들어 냈으며, 언론과도 본격적인 밀월 관계를 갖게 된다.

세 번째는 2004년 『사이언스*Science*』에 배아복제 줄기세포 추출에 성공했다는 논문을 게재하면서 세계적인 줄기세포 연구자로 발돋움한 시기다(2004~2005년). 이때부터 황우석 교수는 희귀·난치병 환자나 장애인 등 일부 계층의 지지를 넘어, 전 국민적인 열광과 찬사를 받는 영웅이 됐다. 노무현 정부는 범정부 차원에서 황 교수에 대한 지원에 나섰으며, 언론을 비롯한 사회 각계는 그에게서 희망과 국민적 자긍심을 찾았다.

그러나 2005년 겨울, '황우석 신화'의 몰락은 예상치 못할 정도로 갑작스럽게 시작됐다. '과학기술동맹'의 네 번째 시기가 도래한 것이었다(2005년 11월~2006년 초). 황 교수의 줄기세포 연구가 조작됐다는 의혹에 대한 제보와 언론 취재로 인해서, '과학기술동맹' 핵심부에 균열이 발생하게 됐다. 황 교수와 노성일 이사장 사이의 갈등, 황 교수와 섀튼 교수의 갈등 등이 표면화되면서, 동맹의 붕괴는 본격화됐다.

*

노무현 대통령은 '황우석 사태'가 본격화되기 직전인 2005년 11월 27일, 청와대 국정브리핑에 「줄기세포 언론 보도에 대한 여론을 보며」라는 글을 실었다. 그 글은 다음과 같이 시작한다.

황우석 교수 줄기세포에 관하여 MBC 〈PD수첩〉에서 취재를 한다는 보고가 있었다. 처음 취재 방향은 연구 자체가 허위라는 것이었다……수십 명의 교수·박사들이 황 교수와 짜고 사기극을 벌이고 있고, 세계가 그 사기극에 놀아나고 있었다는 말인가? 도저히 납득이 가지 않는 일이었다.

그렇다. 황우석 교수의 논문 조작 의혹이 조심스럽게 제기될 때, 사람들은 하나같이 '상식의 저항'을 느낀다고 말했다. 세계적인 논문이 나오기까지 관여된 수많은 교수·박사들의 눈이 있는데, 어떻게 논문이 조작될 수 있었으며 1년 반 동안이나 숨겨질 수 있었을까? 이는 상식에 반한 의혹이었다. 사실 누구라도 그랬을 것이며, 심지어 이 문제를 취재해서 밝혀낸 MBC 〈PD수첩〉도 마찬가지였다. 물론 비판자로서 지난 7년간 황 교수를 지켜봤던 필자들 또한 다르지 않았다.

그러나 이런 상식은 무너졌고, 논문 조작 의혹은 사실로 밝혀졌다. 사람들은 이제는 다른 이유에서 '상식의 저항'을 느낀다. 어떻게 이런 일이 벌어질 수 있는지 설명할 길이 너무나 막막하기 때문이다. 노무현 대통령이 황우석 교수 연구 성과의 진위를 보장할 것이라고 거론했던 그 많은 관련자들은 대체 무엇을 했단 말인가? 자연히 시선은 황 교수의 연구를 평가한 과학자 사회, 연구를 지원한 정부, 연구 성과를 보도한 언론에게 돌아갈 수밖에 없다. 우리는 그들에게서 '침묵의 동맹'을 발견하게 된다. 일부는 침묵을 강요하고, 또 다른 일부는 이에 동조하여 침묵을 지키거나 마땅히 살펴보고 물어봐야 할 책임을 다하지 않음으로써, 권력을 획득·유지하고 조직 내에서 지위를 보장받으며 상당한 연구비를 배정받았기 때문이다.

이렇게 상식이 배반당한 한국 사회의 한편에서는 황우석 교수에 대한 열광이 끓어넘치고 있었다. 2004년 2월 과학잡지 『사이언스』에 논문을 게재한 지 1년 만인 2005년 5월 다시 『사이언스』에 '환자맞춤형 줄기세포'에 대한 논문을 발표한 황 교수는 국민적 영웅이 됐다. 세계적인 연구 성과를 낸 과학자이자, 1조 원의 스카우트 제의도 거절한 애국자이며, 희귀·

난치병 환자와 장애인을 위해 밤낮을 가리지 않고 연구에 몰두하는 인도주의자! 열광은 어찌 보면 당연한 일이었다. 황 교수는 좀처럼 존경할 만한 인물을 찾을 수 없었던 한국 사회의 열등감과 공허감을 일거에 극복해 줄 영웅으로 인식됐다.

그러나 그 열광은 다분히 애국주의 색채를 띠면서 심각한 우려를 자아냈다. 특히 2005년 『사이언스』 논문 발표 이후, 언론과 인터넷을 통해서 확산된 열광은 '전체주의'적 성격이 강했다. 황우석 교수에 대한 어떤 비판도 용납되지 않았으며 단지 찬사만이 허용됐다. 황 교수 비판자들은 압도적인 여론에 위축됐으며 그 결과, 발언도 잦아들었다. 그나마 용기 있는 발언은 황 교수에 대한 열광 속에 묻혀 사라졌을 뿐만 아니라, 엄청난 비난을 감수해야만 했다. 열광은 보다 맹목적이며 공격적인 모습으로 변모했다. 국민적 영웅을 지키려는 애국적 행위에는 면책특권이라도 부여된 듯, 일부는 섬뜩한 공격성까지 드러냈다.

논문 조작이 밝혀지고 '황우석 사태'가 이제 결말에 접어들고 있는 시점에서도, 황 교수에 대한 열광은 완전히 사그라지지 않고 있다. 이제 그 애국주의적 열광에는 비장감마저 보인다. 주말마다 '황우석 교수 연구 재개', '배반포 기술 특허 수호'를 외치면서 모이는 수백에서 수천 명에 이르는 황 교수 지지자들은 애국주의적 '성전'을 치를 태세다. 이미 일부는 음독 자살을 시도했으며 분신 자살로 목숨을 내놓기도 했다. 서울대 조사위원회 관계자에 대한 폭행도 마다하지 않았다. 심지어 '황우석 사태'를 평가하는 학술토론회를 가로막기도 했다. '황우석 사태'는 여전히 진행 중이다.

'황우석 사태'를 대표하는 두 단어를 '침묵과 열광'으로 정하고,

책 제목으로 삼은 것은 이런 이유 때문이다. 이번 사태를 통해서, 책임 있는 자가 침묵했을 때 과연 어떤 일이 벌어지는지, 열광하는 자가 성찰하지 않을 때 어떤 비극이 빚어지는지를 강조하고자 했다. '황우석 사태'를 빚어낸 '침묵의 동맹'에 대한 책임 규명은 물론 응분의 처벌이 있어야 하며, 잠시나마(혹은 여전히) 비합리적 열광에 빠졌던(빠져 있는) 한국 사회에 깊은 성찰이 필요하다는 점을 호소하지 않을 수 없다.

2006년 5월 12일 검찰 수사 결과가 발표되었다. 황우석 교수가 위기를 모면하고자 '바꿔치기'를 주장하면서 요청한 검찰 수사는 결국 자신의 무덤을 판 것이었다. 검찰은 황 교수를 비롯해 강성근·이병천·윤현수 교수, 장상식 한나산부인과 원장 등을 사기·횡령·생명윤리법 위반으로 기소했다. 한편 김선종 연구원도 업무 방해와 증거 인멸 교수 혐의로 기소됐다.

그러나 검찰 수사 어디에도 이 책에서 제기하고 있는 '과학기술 동맹'의 실체에 대해서는 언급하고 있지 않다. 한때 황우석 교수에게 '열광'했던 동맹의 일원들은 이제 '침묵'함으로써 자신의 위기를 모면하려 하고 있고 검찰 역시 그들에게 책임을 묻는 것을 회피했다. 사실 애초 검찰은 그럴 만한 자격도 의지도 없었는지 모른다. 이 책에서 여러 번 강조되겠지만 '황우석 사태'는 현재 한국 사회의 권력 핵심이 깊숙이 연루된 사건이기 때문이다. 검찰 수사 결과 발표에도 불구하고 이 책의 역할은 여전히 남아 있다.

*

이 책은 모두 11장으로 구성되어 있다. 특징적인 사건과 국면을 중심으로 집필됐다. 사태의 전개를 시간 순서대로 엄밀하게 추적하기보다 주제를 강조하고자 했다.

1장은 황우석 교수가 동물복제 전문가로 인정받는 시기에 초점이 맞춰져 있다. '황우석 신화'에 가려 주목받지 못했던 '브루셀라 백신 파동' 사건에서 시작해서, 영원히 미스터리로 남은 복제소 영롱이의 진위 문제를 살펴보게 될 것이다. 또한 황 교수가 정부와 언론과 관계를 맺기 시작한 초기의 모습도 엿보았다.

2장에서는 이 책에서 강조하고자 하는 '과학기술동맹'의 실체에 대해서 구체적으로 살펴본다. 황우석 교수와 연결된 정부·정치·사회·경제·학계 등 동맹 관계를 완전하게 포괄하지는 못하겠지만, 여기서 제시하는 것만으로도 동맹의 범위가 얼마나 광범위한지 놀라게 될 것이다. 또한 그들 사이에 주고받은 이해 관계의 실체도 확인할 수 있게 될 것이다.

3장에서는 황우석 교수와 언론의 관계를 별도로 살펴보았다. '황우석 사태'의 가장 큰 책임은 선정적인 보도로 열광을 부추겨 온 언론에 있다. 마음을 단단히 먹고 그동안 언론의 행태를 있었던 그대로 추적했다.

4장에서는 황우석 교수가 동물복제 전문가에서 인간배아복제 전문가로 변신하는 시기에, 배아줄기세포 연구에 대한 유일한 규제인 〈생명윤리 및 안전에 관한 법률(이하 '생명윤리법')〉이 어떻게 황 교수에게 유리하게 변화하게 됐는지를 살펴본다. 이를 통해 과학기술부, 보건복지부 그리고 일부 생명공학계 및 재계가 '과학기술동맹'에 결합하는 모습을 관찰할 수 있을 것이다.

5장에서는 황우석 교수가 과학기술부와 밀접하게 연관되면서 과학자 사회와 국가과학기술정책 결정 과정에 영향력을 획득하는 과정을 추적한다.

6장에서는 2004년과 2005년 『사이언스』에 발표한 황 교수의 연구 성과를 비판적으로 살펴보면서, 배아줄기세포와 성체줄기세포 연구의 여러 가지 문제점을 꼼꼼히 따져 볼 것이다. 또 황 교수의 연구윤리 위반과 관련해 난자 문제가 차지하는 의미도 자세히 살펴본다.

7장에서는 '황우석 사태'가 벌어진 이래 조사되어 공식적으로 발표된 여러 보고서를 중심으로 황 교수 연구실에서 대체 무슨 일이 일어났는지를 살펴볼 것이다. 이를 통해서 황 교수의 '과학기술동맹'의 과학적·기술적 토대가 생각보다 대단히 취약했다는 점을 이해할 수 있게 될 것이다.

8장에서는 환자맞춤형 배아복제 줄기세포 연구와 함께, 황우석 교수의 과학적 성과와 야망을 상징하던 '이종간 장기이식 연구'와 '광우병 내성 유전자조작 소 연구'의 거품에 대해서 살펴볼 것이다. 충분한 과학적·사회적·정책적 검토 없이 막대한 예산이 지원되고 있는 이들 연구의 거품을 재확인할 수 있다. 더불어 세계줄기세포허브 계획의 황당함도 살펴본다.

9장에서는 '과학기술동맹'의 한편을 차지하는 노무현 정부의 '의료산업화정책'에 대해 살펴보면서, 황우석 거품이 보건의료의 공공성을 훼손하는 의료시장화와 밀접한 관계가 있음을 강조할 것이다.

10장에서는 여전히 사그라지지 않는 '황우석 신드롬'에 대해서 살펴본다. 그리고 그에 배태된 애국주의가 한국 민주주의의 위기와 깊은 우려를 던져 주고 있다는 점을 주장할 것이다.

11장은 이 책의 결론에 해당한다. 황우석 교수의 '과학기술동맹'과 '황우석 사태'가 우리 사회에 미친 영향들이 무엇인지를 살펴본다. 또한 이후 한국 사회의 미래에 대해서 나름대로 전망해 보고자 한다.

*

이 책은 필자들이 공동으로, 혹은 각자의 활동 공간에서 지난 7년간 '황우석 사태'를 추적·정리·비판해 온 결과를 정리한 것이다. 이 책을 위해 처음 모였던 것은 2005년 5월 『사이언스』에 황우석 교수의 두 번째 논문이 게재된 후 그에 대한 열광이 절정에 달했던 때이다. 당시 필자들은 수년간 황 교수를 추적해 알게 된 모든 문제점을 한 권의 책을 통해 정리해, 그 열광에 찬물을 끼얹어서라도 성찰의 기회를 마련하고자 했다. 사실 그것은 누군가의 표현대로 당시 상황에서는 '자살 행위'에 가까웠지만, 그것이라도 하지 않으면 안 될 만큼 필자들의 문제의식은 절박했다.

물론 당시부터 황우석 교수의 논문 조작 사실을 알고 있었던 것은 아니었다. 논문 조작이 아니더라도 황 교수 연구에 문제점이 많았고, 과학주의와 경제성장지상주의로 똘똘 뭉친 정부의 과학기술정책, 특히 배아줄기세포 연구 추진 과정의 문제점은 필자들의 오랜 비판 대상이었다. 필자들은 계속해 왔던 일을 조금 다른 방식으로 해 보고자 했을 뿐이었다. 이 책의 집필 작업이 진행되는 것과 나란히 '황우석 사태'도 점차 수면 위로 떠올랐다. 그러면서 필자들 각자는 기자·시민단체활동가·정당정책연구원으로 참여하면서 '황우석 사태' 전개 과정에 휘말리지 않을 수 없었다. 필자들은 2005년 6월부터 현재까지 책의 원고를 쓰는 데 할애한 시간보다, 현실의 '황우석 사태'에 개입하는 데 더 많은 시간을 보내야만 했다.

여러 장의 원고들은 사태의 전개에 따라서 다시 쓸 수밖에 없었다. 책의 목차는 여러 차례 바뀌었으며 원고의 여러 부분(특히 6, 7장과 서론 부분) 역시 사건의 진행에 따라서 고쳐 쓸 수밖에 없었다. 책에서 밝히려고 했던 내용들 중 상당수가 여러 경로를 통해 알려졌고, 의혹으로 제기하려 했던 내용들이 사실로 확인되기도 했다. 이 책의 내용이 더 논리 정연하게 배치되지 못한 이유를 들라면, 필자들의 역량 부족도 있겠지만, '황우석 사태'의 전개와 나란히 진행된 이와 같은 진화적 글쓰기 때문이기도 하다. 또 책의 여러 부분에서 시점이 혼란스러운 것도 이런 사정 탓이다. 원고를 재검토하고 정리하는 과정에서 많은 노력을 기울였으나 충분히 해결되지 못한 부분이 있을 것이다.

마지막으로 '황우석 사태'와 함께했으며 또 이 책이 나오기까지 도와준 분들에게 인사드리고자 한다. 우선 책의 원고를 읽고 의견을 준 황상익 교수, 김환석 시민과학센터 소장, 김명진 씨에게 감사드린다. 또한 이 책의 과학적 측면을 검토해 준 익명의 과학자, 또 법률적 측면을 검토해 준 차병직 변호사에게 감사드린다. 또 이 책을 쓸 수 있게 했을 뿐만 아니라, 필자들 나름대로 '황우석 사태'를 해결하는 데 힘이 되어 준 시민과학센터 여러 분들에게 감사 인사를 드리지 않을 수 없다.

이외에도 필자들이 속한 『프레시안』, 생명공학감시연대, 민주노동당에서 함께 활동하면서 도움을 주고 격려해 주었던 많은 분들이 있다. 하지만 여기서 모두를 일일이 언급할 수 없는 점이 유감스럽다. 그분들에게도 감사 인사를 전한다. 특히 '황우석 사태'와 책 집필 과정을 함께 견뎌 준 필자들의 아내, 여자 친구, 가족들에게도 감사드린다. 그리고 책의 출판에 관심을 가지고 마냥 늦어지는 원고를 기다려 준 도서출판 후마니타스 여러분에게 감사드린다. 특히 후마니타스는 황우석 교수에 대한 열광이 최고조에 달했던 2005년 11월 중순 이 책을 출판하겠다는 결정을 하는 결단을 내려 필자들이 작업을 계속해 나갈 수 있는 데 큰 힘이 됐다.

마지막으로 '황우석 사태'의 과정에서 진실의 편에 서서 자신의 책임을 다한 그리고 앞으로도 그렇게 해 줄 것을 믿는 모든 분들에게 감사와 존경의 인사를 드린다. 특히 실험실에서 은밀하게 진행된 사기극을 고발하는 과정에서 기꺼이 배신자 낙인이 찍히는 것을 감수했던 익명의 제보자들, 거대한 권력과 싸우는 고난의 길에 동참한 〈PD수첩〉 한학수 PD, 진실의 목소리에 귀 기울이고 그들 스스로 진실의 빛이 된 생물학연구정보센터 BRIC와 디시인사이드 dcinside.com '과학갤러리'의 수많은 과학자들을 기억하지 않을 수 없다.

2006년 6월

강양구 · 김병수 · 한재각

1장

황우석의 과거를 묻다

황우석 교수[1]의 2005년 『사이언스』 발표 논문이 조작됐다는 사실이 알려진 뒤 많은 사람들은 '도대체 왜?'라는 의구심을 품었다. 논문을 조작하지 않더라도 충분히 전 국민의 사랑을 받는 '국민 과학자'로 남을 수 있었던 황 교수는 왜 이렇게 '무리수'를 범했던 것일까? 이와 관련해 황 교수가 세상에 처음으로 널리 알려진 1990년대 후반 시점을 돌이켜 보는 것은 큰 의미가 있다. 이후 7년간 사태에서 보게 될 모습이 이미 그 당시 황 교수에게 투영돼 있음을 확인할 수 있기 때문이다.

황우석 교수는 서울대 수의과대학에서 소의 번식을 주제로 박사학위를 받은 후 교수 임용에서 탈락했다. 그는 1985년 중반부터 1년 남짓 홋카이도대에서 수학할 기회를 얻게 된다. 당시 복제동물 생산을 위한 기초 연구가 활발했던 이 대학에서의 경험은, 황 교수가 동물복제 연구에 눈을 뜨게 되는 기회가 되었다. 그는 당시 경험을 다음과 같이 회고하고 있다.

1년 남짓한 경험이었지만 홋카이도대는 나의 미래를 바꿔 놓았다. 능력이 뛰어난 우량종을 대규모로 생산하기 위해서는 복제가 필수적이라는 것을 깨달은 것이다.[2]

그리고 황우석 교수는 1986년 5월 서울대 교수로 임용된 뒤 본격적으로 동물복제 연구를 시작한다.

브루셀라 백신 소동

1990년대 초·중반 황우석 교수의 동물복제 연구는 주로 농림부 등의 지원을 통해 이루어졌다. 사실 1990년대까지만 해도 황 교수의 동물복제 연구는 초보적이었다. 그는 1993년에 시험관 송아지를 생산한 데 이어서 1995년에는 수정란복제를 통해 복제소를 처음 탄생시켰다. 당시 황 교수가 농림부와 맺고 있었던 긴밀한 관계는 이른바 1998년의 '브루셀라 백신 소동'을 통해서 확인할 수 있다.

'브루셀라 백신 소동'은 1998년 브루셀라병을 예방하기 위해 전국의 모든 젖소에게 백신을 접종했으나 유산과 유방염 등 부작용이 발생한 일을 말한다. 이때 농림부는 백신 부작용 연구가 잘못된 것으로 결론짓고, 이 연구를 담당한 백병걸 전북대 교수에게 허위·과장된 연구보고서를 제출했다는 혐의를 뒤집어씌웠다. 백 교수는 이 혐의로 검찰에 의해 구속·기소되기도 했다. 이 소동 당시 황우석 교수는 농림부에서 만든 특별대책조사반의 모니터링 조사팀장을 맡았다. 전공이 '산과產科'인 그가 '역학疫學'에 대해 고도의 전문성이 요구되는 모니터링 조사팀장을 맡은 것을 보면, 농림부가 황 교수를 어느 정도 신뢰했는지 알 수 있을 것이다.

당시 황우석 교수는 조사 활동을 그만두라는 간접적인 압력과 집으로 오는 협박성 전화에도 굴하지 않고 '진실'을 파헤쳤다고 한다.[3] 같은 특별대책조사반의 한 인사가 황 교수에게 "우리나라 수의학계의 전체 비리가 드러날 수 있으니 그만 덮자"고 할 때, 그는 "그러면 우리 둘이 역사의 죄인이 된다. 만약 정권이 바뀌고 이 내용이 다시 도마에 오르면 조사를 덮은 우리가 구속될 것"이라고 설득했다고 한다.[4] 하지만 수년이 지난 지금 '브루셀라 백신 소동' 사례는, 사건의 전모가 제대로 밝혀지지 않았을 때 그것이 얼마나 큰 피해를 초래하는지를 보여 주는 대표적인 예로 기록될 만하다.

당시 이 소동을 일으킨 장본인으로 지목된 백병걸 교수 등은 "백신 부작용에 대한 연구가 잘못된 것이 아니라 문제의 백신이 네 종 이상의 세균들로 오염된 불량 백신인 탓"이라고 일관된 주장을 펴 왔다. 실제로 당시 황우석 교수가 관여하지 않은 안전성 분석팀에서는 "백신 자체는 문제가 없으며, 그 대신 20만 마리 분량의 백신이 네 가지 이상의 세균에 오염된 사실"을 밝혔다. 하지만 기이하게도 황 교수가 참여한 모니터링 조사팀과 농림부는 "백신 자체가 문제가 있었다"며 백 교수 등의 백신 부작용 연구가 잘못된 것이라고 결론을 내렸다. 이 때문에 백신 도입을 주장한 백 교수는 가축 전염병에 관한 법률 위반 및 수뢰죄 등의 혐의로 구속·기소됐다. 백 교수는 이 과정에 대해 다음과 같이 증언했다.

특별대책조사반의 안전성 분석팀에서는 백신 자체에는 '이상이 없다'고 얘기하고 있는데도, 유독 황우석 교수만이 언론을 통해 '백신 자체가 문제가 있었다'고 진실을 호도했다. 특히 검찰 수사 과정에서도 황우석 교수는 '백 교수의 엉터리 연구가 문제였다'고 얘기해 결국 이 사건은 '검증 안 된 한 연구자의 말만 믿고 농림부가 백신을 보급해 일어난 일'로 기록됐다. 하지만 진실은 전혀 달랐다. 당장 황 교수 본인도 법원에서는 '백 교수의 연구에 대해서는 알지도 보지도 못했다'라는 식으로 진술해 말을 바꾸기도 했다. 이 과정에서 피해는 고스란히 소만 믿고 살아온 농민의 몫이 됐다.[5]

이 때문에 세계보건기구WHO에서도 안전성을 인정한 브루셀라 백신은 여전히 한국에서만 도입되지 않고 있다. 2005년 한 해에만 전국에서 브루셀라병으로 1만 428마리의 소가 도살돼 땅에 묻혔으며, 예방을 이유로 약 1만 마리의 소 역시 추가 도살됐다. 이 때문에 정부가 감당해야 할 보상비만 1,000억 원이나 됐다. 농림부가 '브루셀라 백신 소동'에 대한 잘못된 결론을 내린 탓에 예방접종을 계속 기피하면서 축산 농가의 '브루셀라 악몽'은 계속되고 있는 것이다.

이 과정에서 모니터링 조사팀장이라는 중책을 맡았던 황우석 교수는 농림부가 왜곡된 결정을 내리는 데 큰 역할을 했다. 황 교수는 도대체 왜 백신이 세균에 오염됐을 것이라는 가능성에 주목하지 않았던 것일까? 참고로 구속·기소됐던 백병걸 교수는 7년간의 법정 공방을 통해 2005년 10월 대법원으로부터 사실상의 '무죄' 판결을 받았다.

백병걸 교수는 "브루셀라병은 백신을 접종하면 100% 예방이 가능하다"며 "한 해에도 브루셀라병에 대한 논문이 수백 편이 나오고 있는 상황에서 농림부는 여전히 '브루셀라 백신 파동' 때의 잘못된 결론을 반성하지 않고 잘못된 정책만 고집하고 있다"고 비판했다. 그는 "이 모든 사건의 실마리가 된 황우석 교수는 그동안 희생된 소와 농민들의 아픔을 조금이라도 헤아린다면 사죄해야 할 것"이라고 덧붙였다.

미스터리로 남은 복제소 영롱이

황우석 교수가 체세포 핵이식 기술을 이용해 소 복제에 나선 1998년은 1997년 2월 27일 『네이처*Nature*』를 통해 세계 최초의 복제동물 '돌리'가 발표된 후 바야흐로 전 세계가 복제동물 연구를 주목하던 시점이었다. 흥미로운 것은 처음에 황 교수가 체세포 핵이식을 통한 복제동물 생산에 관심을 기울였던 이유이다. 그는 이 방법이 우수한 품종개량을 위한 최선의 방법이라고 여겼다. 우수한 수소의 정자와 암소의 난자를 체외에서 인공수정해 만드는 기존의 품종개량 방식에 한계를 느꼈던 그는 아예 우수한 모체와 유전형질이 똑같은 복제소를 만드는 것이야말로 품종개량의 최종 단계라고 생각했다.[6] 수년 후 그가 희귀·난치병 환자, 장애인에게 관심을 기울일 때 어떤 생각을 가졌을지 짐작하게 하는 대목이다.

황우석 교수는 결국 돌리가 태어난 지 불과 2년 만에 한국 최초의 복제소 '영롱이'와 '진이'를 탄생시키며 동물복제 전문가로서 위치를 확고히 다진다. 하지만 그가 1999년 2월 19일 탄생 사실을 세상에 공표한 국내 최초의 복제소 영롱이와, 한 달 뒤 3월 27일에 태어난 복제한우 '진이'는 지금까지도 여전히 의문에 싸여 있다. 복제동물 연구의 후발 주자였던 황 교수가 비교적 짧은 시간에 돌리와 같은 방법으로 전 세계에서 다섯 번째로 복제동물을 연이어 탄생시킨 것부터가 미심쩍다. 돌리가 세상에 알려진 후 세계의 저명한 복제동물 전문가들이 돌리와 같은 체세포 핵이식을 통한 복제동물 탄생을 재연하기 위해 노력했지만 1년이 넘도록 실패했다는 점을 염두에 두면 영롱이의 탄생은 더욱 뜻밖이다.

많은 논란에도 불구하고 영롱이와 진이를 둘러싼 의문은 해소되지 않고 있다. 우선 언론에 공개하기 1주일 전인 1999년 2월 12일 탄생했다는 영롱이에 대한 관련 논문이 존재하지 않는다. 실제로 한때 '제2, 제3의 황우석'을 꿈꾸던 많은 후학들이 영롱이 관련 논문을 보고 싶어 했지만, 어찌된 영문인지 황 교수는 지금까지 관련 논문을 공개하지 않고 있다. 태어날 때부터 죽을 때까지 전 생애사를 논문으로 추적 가능한 복제양 돌리와는 대조적이다. 영국 에든버러대 로슬린연구소의 이언 윌머트Ian Wilmut 박사팀은 1996년 7월 5일 돌리 탄생 이후 2003년 2월 조기 사망 때까지 전 과정을 논문 등을 통해 학계에 꾸준히 보고했다.

돌리에 대한 이런 지속적인 관찰과 연구는 당연히 필요한 일이다. 세계 최초의 복제동물 돌리의 생애를 연구하는 것은 그 자체로도 큰 과학적 의미를 지닌다. 실제로 생전에 네 마리의 새끼를 낳아 기른 돌리는 태어난 지 만 3년째 되는 1999년부터 조기 노화 조짐을 보이기 시작해, 만 6년째 되는 2002년 1월에는 관절염 증상을 보이는 등 건강 상태가 악화되기 시작했다. 돌리를 지속적으로 관찰함으로써 복제동물의 태생적 조기 노화와 조기 사망 가능성에 대해 확인할 수 있게 된 것이다.

사실 윌머트 박사팀이 돌리를 지속적으로 관찰한 것은 불가피한 일이기도 했다. 돌리가 태어난 직후부터 복제동물 진위 논란이 끊임없이 제기됐기 때문이다. 지금은 논란 자체가 불식됐지만, 앞에서 잠시 언급한 대로 돌리가 탄생한 지 1년이 되는 1998년 초까지만 하더라도 전 세계 각국에서 윌머트 박사팀의 방법을 따라 복제동물을 만들기 위해 재연 실험을 벌였지만 단 한 번도 성공하지 못했다. 이 때문에 윌머트 박사팀은 DNA 지문 분석DNA fingerprinting을 통해 돌리가 진짜 복제동물인지 과학계에서 검증받아야 했다. 또 돌리의 생애를 밀착 관찰함으로서 세계 최초 복제동물의 일생을 기록으로 남길 수밖에 없었다.

돌리의 경우와 비교하면 영롱이는 의문투성이다. 황우석 교수에 따르면, 영롱이가 진짜 복제소인지를 증명할 수 있는 유일한 증거인 모체와 영롱이의 DNA 지문분석 결과는 연구소 이사 과정에서 '분실'했다고 한다.

심지어 영롱이 모체의 체세포는 보관돼 있지도 않다. 사실상 영롱이가 진짜 복제소인지 확인할 수 있는 길이 봉쇄된 것이다. 서울대 조사위원회도 2006년 1월 9일 영롱이의 진위 여부와 관련해 "영롱이 모체의 체세포를 확보해야 하는데 황 교수 쪽에서 '그 체세포가 영롱이 모체의 조직인지 아닌지 확실하지 않다'고 해서 조사하지 않았다"고 판정 불가 입장을 밝혔다. 황 교수가 평범한 송아지를 '한국 최초의 복제소'라고 우긴 것이라 해도 확인할 방법이 전혀 없는 상황에 처한 것이다.

하지만 영롱이가 진짜 복제소인지는 조심스럽게 따져 볼 수 있다. 태어난 지 7년째 되는 영롱이는 아주 건강하다. 복제소의 생존율이 보통 50% 미만이라는 것을 고려하면 영롱이의 건강은 의구심을 자아낼 만하다. 더구나 영롱이는 2001년 4월 자연교배를 통해 새끼까지 낳았다. 인공수정된 소가 새끼를 낳을 확률이 35%에 불과하다는 것을 염두에 두면, 복제소 영롱이가 이렇게 새끼를 낳은 것 자체가 특별한 일이 아닐 수 없다. 그러나 제대로 된 기록이 없는 만큼, 영롱이는 한국 과학계의 영원한 미스터리로 남을 전망이다.[7]

스타 과학자가 된 황우석 교수

이렇게 과학적으로 의문투성이인 영롱이와 진이는 황우석 교수에게는 '복덩어리'와 같은 존재였다. 황 교수는 영롱이 덕분에 1999년 '올해의 과학자상'을 포함해 수많은 상을 타며 '스타 과학자'로 부상하기 시작했다. 하지만 이렇게 대중적인 주목을 받은 것보다 더 중요한 것은 영롱이와 진이를 기반으로 형성되기 시작한 황 교수의 인적 네트워크이다. 그는 영롱이와 진이의 탄생을 기회로 권력과의 '연줄'을 적극적으로 활용했고, 또 이를 기반으로 자신의 네트워크를 확장하는 탁월한 능력을 보여 줬다. 영롱이 탄생에 얽힌 황 교수의 증언을 들어 보자.

교수로 부임한 1986년 이후 한 해도 거르지 않고 나는 정부 부처에 연구비 지원 신청서를 냈다. 모두 거절됐다. 자연과학·의학·약학·공학 등 귀족 학문이 아닌 수의학 교수였기 때문이다. 영롱이가 임신된 지 4개월이 됐을 때 두꺼운 연구비 신청서를 갖고 과학기술부에 찾아갔다. '이런 분야에 연구비를 지원할 수 없다'는 책임자의 말에 '준비한 계획서를 한 번이라도 들춰 봐야 하는 것 아니냐'고 따져 물었다. 내가 하도 큰소리를 치니 '도대체 뭔데 그러냐'고 물었고, 나는 '이게 복제라는 거다. 당신이 지원한다면 큰 보람을 느낄 수 있을 것이다'라고 대답했다. 한 달 뒤 과학기술부에서 연구비를 타 가라고 전화가 왔다. 그리고 영롱이 분만 한 달 전 당시 강창희 과학기술부 장관은 나를 불러 지대한 관심을 표명했다. 지금은 든든한 후원자가 된 강 장관은 '연구비 받고 싶으면 내일까지 이름을 지어 오라'고 농담을 했다.[8]

실로 눈물겨운 진술에 등장한 강창희 전 과학기술부 장관은 황우석 교수의 대전고 선배로 1998년 3월부터 이듬해 3월까지 장관으로 재직했다. 그는 평소 "과학기술부 장관 시절 황 교수를 지원하는 데 큰 역할을 했다"고 공언해 왔다. 그는 영롱이의 이름을 지어 준 것으로 알려져 있으나 사실 그의 역할은 단순히 이름을 지어 준 것보다 훨씬 더 컸다. 앞서 살펴본 황 교수의 증언은 그의 큰 역할이 바로 연구비 지원과 관련된 것이었음을 시사한다. 이후에도 그는 한나라당 내 황 교수 인맥의 핵심 고리 역할을 한 것으로 알려져 있다. 그는 지난 2004년 총선 전 황 교수를 만나 비례대표 의원을 제안했다. 이 제안에 대해 황 교수는 '수락 의사'를 밝히며 '의정 활동과 연구를 병행'할 뜻을 밝혔다고 한다.[9] 강 전 장관은 더 나아가 황 교수가 위기에 처한 2005년 12월 초에도 이런 인연을 계기로 황우석 살리기에 적극 나섰다.

영롱이와 진이는 황우석 교수가 국가과학기술정책 결정 과정의 핵심에 진입하는 계기도 마련해 주었다. 황 교수는 1999년 3월 22일까지 과학기술부 장관으로 재직한 강창희 전 장관의 후원 덕에 그해 4월 1일 첫 구성된 국가과학기술위원회 회의 중 대통령과 장관들 앞에서 직접 복제소 탄생에 대해 보고할 수 있는 기회를 얻게 된다. '진이眞伊'라는 이름은 이 자리에서 김대중 전 대통령이 직접 작명해 준 것이다. '역사를 앞서 가면서 시대를 초월해 칭송받는 작품을 남긴 황진이처럼 온 국민의 사랑을 받는 소가 돼라'는 뜻.

여기서 황우석 교수의 또 다른 네트워크 관리 능력을 언급하는 것이 좋을 듯하다. 황 교수는 김 전 대통령이 퇴임한 뒤에도 한 번 맺은 인연의 끈을 놓지 않았다. 2004년 여름 직접 김대중 도서관을 방문해 '실사구시實事求是'라는 휘호를 받은 데 이어, 2005년 1월에도 새해 인사차 방문해 "김 대통령이 써 준 휘호를 안방에 걸어 놓은 후 일이 잘 풀렸다"는 덕담을 하는 것을 잊지 않았다. 심지어 황 교수는 2005년 10월 세계줄기세포허브 개소식 즈음엔 김 전 대통령에게 환자로 등록할 것을 권했다고 한다. 파킨슨병으로 거동이 불편한 장남 김홍일 의원에게도 환자로 등록하면 치료가 가능하다고 장담하기도 했다.

결국 그는 1999년 8월 31일 발표된 두뇌한국21(이하 'BK21') 사업 지원 대상에 포함돼 정기적으로 연구비를 받게 됐다. 또 국가과학기술위원회 산하 정책전문위원회 위원으로 발탁돼 과학기술계의 권력자로 행사할 수 있는 기반을 갖추게 된다. 과학기술부 공무원들로부터 연구비 지원 신청서를 퇴짜 맞던 무명의 과학자가 일약 스타 과학자로 '대변신'한 것이다.

황우석 교수와 언론의 '밀월 관계'

이 시기는 황우석 교수가 최초로 언론과 관계를 맺는 시점이기도 하다. 『경향신문』 과학 분야를 담당하며 비교적 오랫동안 황 교수를 취재해 온 이은정 기자는 한국과학문화재단이 운영하는 『사이언스타임즈』에 황 교수에 대한 글을 연재한 적이 있다. 이 글은 과학계와 언론의 관계를 잘 보여주는 한 본보기로 언론사에 기록될 법한데, 의외로 유용한 정보가 많다. 이은정 기자는 황 교수의 언론 데뷔 상황을 이렇게 기록하고 있다.

그때(1998년 가을)가 황우석 교수가 기자들에게 알려지기 시작한, 언론에 막 데뷔하기 시작한 시점일 것이다. 당시 과학기술부 출입 기자들은 매달 두 번씩 과학자를 초청해 최근의 과학기술 동향을 공부하는 세미나를 운영하고 있었다. 그 세미나 중 하나로 황우석 교수가 초청

인사로 왔다.[10]

이 자리에서 황우석 교수는 기자들에게 체세포 핵이식을 통한 동물복제에 대해 설명했다. 이은정 기자는 황 교수가 내용을 쉽게 설명하고 있었지만 "황 교수도 초보자였던 것 같다"고 기억했다. 1998년 가을이면 이미 대리모 배 속에서 영롱이가 자리 잡은 지 수개월이나 지난 후인데도 체세포 핵이식을 통한 동물복제에 대해서 황 교수가 '초보자'로 보였다는 이 기자의 기억은 흥미롭다.

영롱이가 태어나기 1년 전만 해도 황우석 교수는 체세포 핵이식을 통한 동물복제에 대해서 심각하게 회의했던 것으로 보인다. 소의 임신 기간이 9~10개월이라는 것을 염두에 두면 이미 1998년 3~4월은 영롱이의 수정란이 착상됐어야 할 시점이다. 그러나 황 교수는 1998년 3월 『한겨레』와의 인터뷰에서 "체세포를 가지고 임신에 성공하려면 일단 체세포에서 떼어 낸 복제수정란이 발육돼야 하고, 그 다음에는 이 수정란을 소의 자궁에 넣었을 때 착상이 돼야 한다"며 "윌머트 박사의 실험을 재연해 본 결과 아예 발육조차 제대로 안 돼 체세포복제에 정말 무슨 문제가 있지 않느냐 하는 생각이 짙게 든다"고 말하고 있다.[11] 이런 황 교수를 직접 경험해 놓고도 당시 과학기술부 출입 기자들은 영롱이가 태어났을 때 아무런 의구심도 제기하지 않았다.

기자들의 이런 이해할 수 없는 행보는 3년 후에도 그대로 반복된다. 2002년 1월, 농림부가 2000년부터 황우석 교수와 함께 추진했던 체세포 핵이식을 통한 복제소 보급사업에서 "복제수정란을 이식한 대리모 838마리 중에서 39마리가 태어났다"고 보고한 것과는 달리 여섯 마리만이 복제된 것으로 확인됐다. 39마리에 대한 DNA 지문분석을 실시한 결과 여섯 마리만 복제된 것으로 확인됐다는 것이다. 그리고 나중에 드러난 바에 의하면, 서울대에서 공급한 복제수정란에서 태어났다는 복제소 세 마리는 '진짜'라는 확증도 없는 것으로 밝혀졌다.[12]

이런 상황에서 영롱이와 진이의 진위 여부를 의심하는 기자는 아무도 없었다. 영롱이와 진이 때문에 10억 원이나 들어간 사업이 '가짜'라는 사실이 드러났는데도 기자들은 아무런 호기심도 갖지 못한 것이다.

같은 해 8월 농림부 산하 농촌진흥청 축산기술연구소는, 아직 탄생도 하기 전에 "국내 최초로 형질전환 복제소를 생산하는 데 성공했다"는 보도자료를 낸 데 대해 이은정 기자는 칼럼을 썼다. 불행하게도 이 형질전환 복제소는 태어난 지 30분 만에 죽었다.

이은정 기자는 칼럼에서 "선진국에서는 복제동물 탄생 이후 철저한 검증을 거쳐 발표하는 것이 상례"라며 "최초의 체세포복제동물 돌리의 경우 탄생 6개월 만에 발표했고 미국 미주리대의 형질전환 복제돼지 발표도 6개월 걸렸다"고 지적했다. 그는 "유전자 검사도 하지 않은 채 출산 당일 발표하는 것은 있을 수 없는 일"이라며 "철저한 확인 없이 '일단 발표부터 하고 보자'는 태도는 국제적인 망신을 부르고 생명공학 연구에 대한 불신을 가져와 과학자 스스로의 입지를 좁힌다"고 덧붙였다.[13] 모두 맞는 말이다. 하지만 그는 황우석 교수의 연구에 대해서는 이런 원칙을 적용하지 않았다. 황 교수와 국내 언론사 과학 담당 기자들의 '밀월 관계'는 이렇게 시작됐다.

기왕에 얘기가 나왔으니 이은정 기자가 스스로 고백하는 황우석 교수와 기자들 사이의 밀월 관계의 한 예를 살펴보자. 2000년 봄 황우석 교수는 이 기자에게 전화를 했다. "나와 꼭 갈 곳이 있으니 지금 당장 나오라." 그날 황 교수는 서울대공원 동물원에서 암사자의 배 속에 '호랑이 수정란' 넣는 일을 했다. 핵을 제거한 고양이 난자에 호랑이 체세포를 넣은 뒤 이것을 사자 자궁에 착상하는 기이한 일을 직접 본 이 기자는 당연히 비교적 난자를 구하기 쉬운 고양이복제 대신 왜 이 같은 일을 하는지 질문을 던져야 했다. 하지만 대학에서 생물학을 전공했다는 그는 "이 광경을 지켜보면서 흥분되기도 하고 혹시 사자가 갑자기 깨면 어쩌나 무서운 생각도 들었다"고 기록하고 있을 뿐이다.[14]

황우석 교수는 이런 '특혜'를 여러 기자에게 제공했던 듯하다. 『한겨레21』 과학 담당 김수병 기자도 비슷한 고백을 하고 있다. 황 교수는 이은정 기자를 부른 지 1년이 지난 2001년 2월 다시 서울대공원 동물원으로 김 기자를 부른다. 체세포 핵이식을 통해 만든 호랑이 수정란을 대리모인 사자 자궁에 넣는 시술을 보여 주기로 한 것이다. 물론 복제호랑이는 아직까지 태어나지 않고 있다. 김 기자도 의아하게 생각하기는 한 듯하다.

계절이 두 번 바뀌어도 백두산 호랑이 탄생 소식은 들리지 않았다. 황 교수에게 어찌됐는지 물었을 때 '생각했던 것보다 어려움이 많다' 는 짤막한 대답이 날아왔다.[15]

김수병 기자 역시 더 이상 의문을 가지지 않았다. 오히려 황우석 교수를 위한 변명을 마다하지 않았다. 더 나아가 황 교수가 개를 복제한 데 이어 호랑이도 멋지게 복제할 것이라는 기대감을 감추지 않았다.

(호랑이복제) 프로젝트는 황 교수의 수많은 과제 가운데 하나였다. 거기에만 매달릴 순 없는 노릇이었다. 시간이 지나면서 ...... 진행 상황마저 파악되지 않았다. 대신 황 교수는 인간배아 줄기세포 복제에 성공하면서 생명공학의 세계적 권위자로 우뚝 섰다. 황 교수의 국제적 활동을 지원하는 '바이오 연구지원 대사' 까지 신설되고 '복제개' 를 탄생시키기에 이르렀다 ...... 복제개 성공을 계기로 백두산 호랑이가 야생에서 생명력을 발휘하길 바란다.[16]

이은정 기자처럼 김수병 기자도 호랑이복제에 대한 과학적 검토는 생략했다(황우석 교수의 호랑이복제 프로젝트가 왜 '난센스' 인지는 3장에서 자세히 살펴보겠다).

이렇게 정부(농림부 · 과학기술부), 정계(청와대), 언론(과학 담당 기자들)과 공식적 · 비공식적으로 네트워크를 형성한 황우석 교수는 2000년대 들어 본격적으로 날개를 펴게 된다. 그 날갯짓에 과학계뿐만 아니라 한국 사회 전체가 들썩거리기까지는 약 5년이라는 시간이 걸렸다. 도대체 그 시간 동안 무슨 일이 있었던 것일까. 이제부터는 그 5년 동안 황 교수를 중심으로 한 이른바 '과학기술동맹' 이 어떻게 형성됐는지 살펴보도록 하자.

주

1 황우석 교수는 2006년 3월 20일 서울대 징계위원회에서 파면 결정을 받았다. 따라서 더 이상 '교수'라는 호칭은 적절하지 않을 수 있지만, 관례적인 호칭으로 '교수'를 사용한다.

2 황우석·최재천·김병종, 『나의 생명 이야기』, 효형출판, 2004, 62~63쪽.

3 이은정, 「'브루셀라 백신 소동'과 황우석 교수(상)」, 『사이언스타임즈』, 2005. 6. 23.

4 이은정, 앞의 글.

5 백병걸 이메일 인터뷰, 2006. 2. 20.

6 황우석·최재천·김병종, 앞의 책, 62쪽.

7 최근 한 과학사학자는 영롱이에 이어 탄생했다는 최초의 복제한우 진이의 경우 관련 논문이 여러 편 있다는 주장을 폈다(김근배, 「동물복제에서 인간배아복제로: 황우석 연구팀의 복제기술」, 『역사비평』 통권 74호, 2006년 봄호, 30쪽). 하지만 그가 언급한 여러 논문 중 진이가 진짜 복제동물인지 밝혀줄 수 있는 증거로 채택될 만한 것은 단 한 편도 없다. 그 논문은 모두 체세포 핵이식을 통한 복제와 관련된 기술적인 내용을 담고 있을 뿐 진이의 진위 여부를 판별할 수 있는 내용을 포함하고 있지 않기 때문이다. 이런 혼란은 황 교수의 논문 전반에 대해서 진위 여부를 면밀히 검토해야 할 필요성을 간과한 데서 비롯된 것으로 보인다.

8 황우석, 「또 다른 나는 있는가: 생명복제」, '사이언스21 어드벤처' 2회 강연회, 서울대 문화관 대강당, 2004. 12. 16.

9 「황우석 금배지 달 뻔」, 『조선일보』, 2005. 12. 31.

10 이은정, 앞의 글.

11 「'돌리'는 실수였나?」, 『한겨레』, 1998. 3. 16.

12 「황우석 신화, 어떻게 만들어졌나!」, MBC 〈PD수첩〉, 2006. 1. 10.

13 이은정, 「1시간 앞도 못 본 농진청」, 『경향신문』, 2002. 8. 22.

14 이은정, 「백두산 호랑이 극비복제작전」, 『사이언스타임즈』, 2005. 7. 14.

15 김수병, 「낭림이와 황우석」, 『한겨레21』 572호, 2005. 8. 11.

16 김수병, 앞의 글.

2장

과학기술동맹의 탄생과 성장

2005년 황우석 교수의 『사이언스』 발표 논문이 조작됐다는 사실이 알려진 뒤 정신과 전문의 A 씨의 의견을 들을 기회가 있었다. 그는 황 교수의 대담한 논문 조작에 대해서 다음과 같은 의미심장한 얘기를 들려주었다.

전 국민 아니 전 세계를 상대로 '사기'를 치는 사람의 경우 든든한 '배경'이 있다는 자신감이 무엇보다도 중요하다. 즉 내가 거짓말을 쳤을 경우에도 발각될 가능성이 거의 없다는 자신감, 더 나아가 설혹 발견됐더라도 누군가가 보호해 줄 것이라는 자신감이 없다면 이런 거짓말을 하기는 쉽지 않다. 황우석 교수는 누가 보더라도 든든한 '배경'이 자신을 보호해 줄 것이라고 믿었던 것 같다.[1]

그렇다면 황우석 교수가 그렇게 믿었던 든든한 '배경'은 무엇이었을까? 황 교수는 대통령부터 연예인까지 포괄하는 광범위한 네트워크를 형성해 왔다. '황우석 네트워크'는 단순히 한 과학자의 인맥 관리 현황을 보여 주는 것을 넘어 지난 몇 년간 한국을 움직였던 힘의 실체를 보여 준다는 점에서 눈여겨볼 필요가 있다. 일단 황 교수가 동물복제에서 인간배아 연구로 본격적으로 방향타를 튼 2000년으로 눈길을 돌려 보자.

황우석 교수는 1998년부터 인간배아 연구의 가능성을 모색했던 것으로 알려졌으며, 2000년 8월 인간복제배아를 만들어 배반포blastocyst 단계까지 배양한 사실을 언론에 발표해 큰 반향을 일으켰다. 당시 황 교수는 남성의 체세포 핵을 난자에 이식했다고 언론에 발표했으나, 실제로는 소의 난자를 이용한 '이종간 핵이식' 방법을 사용했다. 당시만 하더라도 난자를 구하는 것은 쉬운 일이 아니었기 때문이다.

2000년 당시는 1990년대 후반부터 논의돼 오던 〈생명윤리법〉을 제정하기 위한 움직임이 정부와 시민단체에서 활발하던 때였다. 정부에서는 과학기술부와 보건복지부가 경쟁적으로 〈생명윤리법〉 제정을 위한 활동에 돌입한 상황이었고, 시민단체와 종교계도 〈생명윤리법〉 제정에 목소리를 높이던 시점이었다. 〈생명윤리법〉 제정을 둘러싼 논란은 2000년 10월 1일 과학기술부 산하 생명윤리자문위원회가 출범하면서 한층 가열됐다.

생명공학의 규제에 대해 과학계·시민단체·종교계 등의 합의를 모색하던 생명윤리자문위원회는 7개월에 걸친 논의 끝에 2001년 5월, 황우석 교수의 핵심 연구, 즉 인간배아복제를 금지할 것을 전격 제안했다. 이때부터 2003년 말 생명공학계의 이해 관계가 대폭 반영된 〈생명윤리법〉이 제정될 때까지 격렬한 논쟁이 벌어졌다. 이 과정에서 국내 생명공학계의 실력자들은 하나의 목표를 향해 든든한 동맹 관계를 맺고 시민단체와 종교계를 견제하면서 정부를 압박했다. 물론 이 동맹의 중심에는 황 교수가 있었다.

이때 황우석 교수가 가장 중점을 두었던 것은 언론에 등장해 인간배아 연구의 당위성을 대중들에게 설파하는 일이었다. 그는 2000년 8월 인간배아복제를 통해 배반포 단계까지 배양한 사실을 공개한 뒤 『주간동아』와 가진 인터뷰에서 "인간배아복제는 거스를 수 없는 인류 과학사의 도도한 흐름이며 그것이 오히려 윤리적인 일"[2]이라고 강조했다. 그는 생명윤리자문위원회의 법안이 나온 뒤에는 "만약 〈생명윤리법〉이 치료 목적의 배아복제조차 허용하지 않을 경우 이와 관련한 모든 연구를 포기하겠다"며 "과학기술계 종사자로서 안타까움을 금할 수 없다"고 강하게 반발하기도 했다(〈생명윤리법〉 제정 과정에 대해서는 이 책의 4장을 참조).[3]

황우석 교수는 언론을 적절히 활용하는 동시에 공동의 전선을 형성할 동반자들을 찾기 시작한다. 이 시기 황 교수는 앞으로 수년간 든든한 동맹 관계를 맺는, 이른바 '황우석 사단'으로 불릴 이들을 여럿 만나게 된다. 특히 그의 가장 든든한 동지 두 사람과 운명적인 만남을 갖게 되는데, 바로 박기영 전 청와대 정보과학기술보좌관과 노성일 미즈메디병원 이사장이 그

주인공이다. '황우석 신화'는 이 두 사람을 떼어 놓고서는 이야기할 수 없다.

황우석과 박기영, 부적절한 관계의 시작

과학잡지 『네이처』는 2005년 11월 「규제기구여, 부디 일어서라」라는 사설을 통해 이례적으로 박기영 전 청와대 보좌관의 실명을 거론하며 비판했다.[4] 이 잡지는 "대통령 보좌관인 박기영은 황우석 교수의 2004년 『사이언스』 발표 논문의 공저자 중 한 사람이기 때문에 (황 교수의 연구를 둘러싼 윤리 문제) 조사를 주도할 인물로 적격이 못 된다"며 "특히 그가 이 연구에서 자신의 역할을 '생명윤리 자문역'이었다고 설명한 것을 염두에 두어야 한다"고 지적했다.

이 잡지는 더 나아가 "(황 교수 연구팀에서) 박기영의 실제 역할은 여전히 수수께끼에 싸여 있다"며 "이번 사안에 대한 조사는 다른 누가 맡더라도 그보다는 잘할 것"이라고 꼬집었다. 국제적인 학술잡지가 한 정부의 과학기술정책을 총괄하는 핵심 관료를 실명으로 비판하는 것은 매우 이례적인 일이다. 그렇다면 도대체 박 전 보좌관이 어떤 역할을 했기에 『네이처』까지 나서서 그 문제점을 지적하게 된 것일까?

박기영 전 보좌관과 황우석 교수의 인연은 2001년으로 거슬러 올라간다. 생명윤리자문위원회의 〈생명윤리법〉을 놓고 찬반 논란이 뜨겁던 2001년 6월 국회에서 열린 한 토론회에 당시 순천대에 재직 중이던 박 전 보좌관은 경제정의실천시민연합(이하 '경실련') 과학기술위원회 위원장 자격으로 참여했다. 이 자리에서 그는 남다른 감각을 발휘하며 황 교수에게 강한 인상을 심어 주었다. 박 전 보좌관은 "정부의 엄격한 감독하에 잉여배아뿐만 아니라 복제배아 등을 이용한 연구를 모두 허용해야 한다"고 주장했다. 당시 복제배아 연구를 반대하던 시민단체들의 반발을 무릅쓰고 과학계 편을 든 것이다.

박기영 전 보좌관의 발표 이후 경실련 과학기술위원회에는 다른 시민단체들의 항의가 빗발쳤다. 나중에 확인해 보니 이날 박 전 보좌관이

"경실련의 입장"이라며 내놓은 의견은 그의 개인 의견일 뿐이었다. 당시 경실련 과학기술위원회에서 활동하던 대전 소재 연구소의 과학기술자 B 씨는 다음과 같이 증언하고 있다.

어느 날 갑자기 경실련 과학기술위원회 명의로 '인간배아복제에 찬성한다'는 취지의 입장이 나갔다는 보도가 나와 깜짝 놀랐다. 나중에 확인해 보니 박기영이 독자적으로 결정해 내놓은 것이었다.[5]

1980년대 중반, 청년과학기술자협의회의 전신인 YMCA '두리암'에서 과학기술자운동과 관계를 맺었던 박기영 전 보좌관은, 이 일이 결정적 계기가 되어 과학기술(자)운동과 멀어진 대신 황우석 교수와는 아주 가까운 사이가 됐다.

박 전 보좌관은 노무현 정부가 들어선 뒤 자타가 공인할 만큼 황우석 교수의 가장 든든한 후원자를 자처했다. 정부는 1998년부터 최소 380억 원의 예산을 들여 황 교수에게 재정적 지원을 했고, 그중 265억 원의 예산 집행은 박 전 보좌관이 청와대에 재직한 이후에 결정됐다. 통상적인 예산 편성과 다르게 갑자기 편성된 이 예산은 박 전 보좌관에 의해서 주도된 것이다. 결국 이렇게 무리하게 편성한 예산은 부작용을 낳고 말았다. 이때 신설된 '최고 과학자 연구지원사업'은 지금까지도 황 교수를 위해서 만들어졌다고 비난받고 있다. 당시 과학기술부는 제대로 된 절차도 없이 황 교수를 최고 과학자로 선정하면서, 젊은 과학자에게 배정된 예산까지 무리하게 전용하는 일을 마다하지 않았다(황 교수에 대한 정부의 연구비 지원 등에 대해서는 이 책의 5장을 참조).

파국을 향한 유착 관계

2005년 11월 황우석 교수의 2004년 『사이언스』 발표 논문에 쓰인 난자의 출처를 둘러싸고 윤리 문제가 제기되면서 두 사람의 유착 관계가 본격적으로 거론되기 시작했다. 박기영 전 보좌관은 식물학자인 자신의 전공과 전혀 상관없이 황 교수의 2004년 논문에 공동저자로 이름이 올랐다. 황 교수의 연구에 포함된 생명윤리 관련 내용을 지켜보고 자문했다는 것이 공동저자가 된 이유였다. 하지만 박 전 보좌관은 2004년 4월 『네이처』와의 인터뷰에서 "나는 (황 교수의) 논문에 구체적으로 기여한 바가 없다"고 밝혔다.

인터뷰 내용이 국내에 알려지자 박기영 전 보좌관은 다시 한번 말을 바꿨다. 그는 "황우석 교수가 수행한 여러 연구의 생명윤리 문제에 대해서 연구하고 조언했다"며 "자신이 논문의 공저자로 들어간 것은 떳떳하다"고 해명했다. 더 나아가 박 전 보좌관은 『네이처』와 생명윤리학회 등에서 제기했던 '난자 출처가 의심스럽다'는 의혹에 대해서도 "『사이언스』에 논문이 실릴 때 윤리적 검토가 다 끝났다"며 황 교수를 적극적으로 옹호했다.

과연 그의 해명은 사실일까? 박기영 전 보좌관이 황우석 교수와 공식적으로 함께한 프로젝트는 정보통신부가 지원한 '광우병 내성 유전자 조작 소와 인공 장기의 사회적 인식'에 대한 연구였다. 이를 줄기세포 연구에 대한 자문이라고 주장한다면 할 말이 없다. 박 전 보좌관은 줄기세포 연구가 한창이던 2003년 황 교수의 실험실을 방문해 연구원들과 피자를 주문해 같이 먹는 따뜻한 관심을 보였다고 한다. 같이 피자를 먹으며 생명윤리 문제에 대해 진지한 토론이라도 했다는 것일까?

박기영 전 보좌관이 황우석 교수와 공식적으로 프로젝트를 수행하는 과정에서 받은 연구비도 논란거리다. 박 전 보좌관은 이 과정에서 각각 1억 5,000만 원과 1억 원씩 총 2억 5,000만 원의 연구비를 받았다고 공식 해명했다. 그런데 정작 서울대를 통해 지급된 연구비는 2억 원뿐이다. 줬다는 쪽은 2억 원이라는데, 받았다는 쪽은 2억 5,000만 원이라는 것이다. 언론에서 황 교수가 연구비가 아닌 돈을 챙겨 줬을 가능성을 조심스럽게 거론하는 것도 이런 사정 때문이었다.[6] 심지어 박 전 보좌관은 연구 기간 만료일까지 최종 연구보고서도 제출하지 않아 구설수에 올랐다.

결국 황우석 교수의 2004년 『사이언스』 발표 논문에 쓰인 난자의 출처에는 연구원으로부터 난자를 채취하고 매매된 난자를 사용하는 등 심각한 윤리 문제가 있었다는 사실이 밝혀졌다. 심지어 황 교수의 해명대로 연구원의 난자 제공이 '자발적'이었는지에 대해서도 의문이 끊이지 않는 상황이다. 난자를 제공한 것으로 알려진 한 연구원은 실험 과정에서 난자를 많이 손상시켰고, 이에 대해서 큰 부담을 느꼈다는 이야기가 전해지고 있다. 또 다른 난자 제공 연구원은 난자를 제공한 시점에 한 의과대학 교수로 임용되면서 대가성 논란이 일기도 했다. 하지만 박기영 전 보좌관은 이런 심각한 윤리 문제가 제기되는 가운데서도 현재까지 입을 열지 않고 있다. 연구에 대한 윤리 문제를 자문한 공로로 공동저자가 됐다는 사람이 정작 심각한 윤리 문제가 있었음이 밝혀졌는데도 도무지 책임지려는 모습을 보이지 않는 것이다.

황우석 교수의 2005년『사이언스』발표 논문이 조작된 것은 아닌지, 또 줄기세포가 실제로 있는지 없는지를 둘러싼 논란의 과정에서도 박기영 전 보좌관은 노골적으로 황 교수의 편을 들었다. 2005년 11월 27일 노무현 대통령은 MBC 〈PD수첩〉에 대한 여론이 악화되자 청와대 국정브리핑에 기고한 글을 통해 박 전 보좌관이 〈PD수첩〉의 태도에 대해 큰 우려를 표명한 사실을 밝히기도 했다. 〈PD수첩〉이 줄기세포 진위 논란과 관련해 상당히 신빙성 있는 의혹을 제기했음에도 불구하고, 박 전 보좌관이 일방적으로 황 교수만을 옹호하는 보고를 노 대통령에게 해 온 사실이 드러난 것이다. 나중에 논문 조작 사실이 드러난 뒤에도 그는 단 한마디의 해명도 하지 않았다.

정치권력과 과학권력의 유착

박기영 전 보좌관은 결국 자신에 대한 책임 여론이 불거진 지 2개월이 넘은 2006년 1월 20일 노무현 대통령에게 사표를 제출했다. 하지만 그가 사표를 제출하고 이것을 청와대가 수리하는 과정을 살펴보면 상식적으로 납득할 수 없는 대목이 한두 가지가 아니다. 청와대는 1월 23일 사표를 수리하면서 "박기영 보좌관이 공식 업무 수행에 지장을 느껴 이병완 비서실장에게 사표를 제출했다"며 "청와대는 본인의 뜻을 존중해서 처리하게 됐다"고 밝혔다. 표면적으로 드러난 사표 제출과 수리 이유만 따져 보면 박 전 보좌관은 굳이 사표를 낼 잘못을 한 게 없고 청와대도 책임을 물을 의사가 없다는 것이다. 비판 여론이 비등하기 때문에 어쩔 수 없이 사표를 제출했고 또 그것을 수리했다는 식이다.

심지어 '황우석 띄우기'에 몰두했던 대부분의 언론들조차도 명백히 드러난 박기영 전 보좌관의 잘못을 인정하고 있는 마당에, 모르쇠로 일관하고 있는 청와대의 입장을 어떻게 이해해야 할까? 바로 이 대목에서 왜 황 교수와 박 전 보좌관의 만남이 중요한지가 설명된다. 박 전 보좌관이 이 상황에서 떳떳한 것은, 또 청와대가 선뜻 그를 떠밀지 못한 근본 이유는 바로 노무현 정부 자체가 황 교수와 긴밀하게 연결돼 있었기 때문이다. 황 교수는 박 전 보좌관을 매개로 정권의 정점에 있는 노무현 대통령과 긴밀한 관계를 맺었던 것이다.

노무현 대통령은 2003년 12월 10일 황 교수의 실험실을 처음 방문한다. 노 대통령은 실험실 방문에 앞서 그 실체가 모호한 광우병 내성 유전자조작 복제소 등에 대해서 "기술이 아니라 마술이라 느꼈다"며 "동북아 시대, 2만 달러 시대의 가능성과 희망을 확실히 발견했다"고 칭송했다. 노 대통령은 실험실을 방문해서는 아예 "감동에 몸이 떨릴 만큼 감전됐다"는 극찬을 늘어놓으며 황 교수에 대한 정부의 적극적인 지원을 약속했다.

물론 이렇게 노무현 대통령이 '감전'된 배경에는 황우석 교수의 주도면밀한 대응이 있었다. 이날 황 교수는 노 대통령에게 2004년 2월 『사이언스』에 체세포 핵이식 복제배아에서 줄기세포를 확립한 사실이 발표된다는 내용을 슬쩍 흘렸다. 집권한 지 1년 가까운 기간 동안 김대중 정부의 정보통신산업에 버금가는 새로운 성장 동력을 찾는 데 골몰해 오던 노 대통령 입장에서는 황 교수를 확실히 키워야겠다는 결심이 서는 순간이었을 것이다.

노무현 대통령의 '황우석 띄우기'는 최고 과학자 연구지원사업에서 절정에 달한다. 박기영 전 보좌관은 2005년 5월 25일 청와대 국정브리핑에 기고한 글에서 "최고 과학자 연구지원사업은 노 대통령이 처음 제안했고, 구체적인 실천 방안을 위해 아이디어도 직접 말해 줬다"며 "황 교수의 연구 성과에 대해서 마음속으로 가장 기뻐하는 사람은 바로 노 대통령"이라고 전했다. 박 전 보좌관과 과학기술부가 예산 전용이라는 편법까지 써 가며 황 교수를 지원할 수밖에 없었던 배경에는 황 교수에 '감전'된 최고 권력자의 의지가 깊숙이 작용했던 것이다.

노무현 대통령은 2005년 10월 19일 세계줄기세포허브 개소식에 참석해 다시 황우석 교수에 대한 전폭적인 지원 의사를 밝혔다. 이 자리에서 노 대통령은 황 교수의 연구를 둘러싼 생명윤리 논란에 대해서도 자신의 해법을 제시했다. 그는 준비해 간 연설 원고 내용까지 즉석에서 수정해 "생명윤리에 관한 여러 가지 논란이 훌륭한 과학적 연구와 진보를 가로막지 않도록 잘 관리해 나가겠다"고 발언했다. 이런 노 대통령의 발언에 대해 송상용 아시아생명윤리학회 회장은 "이것은 한국이 야만국임을 세계에 알린 망언"이라고 개탄했다.[7]

한편 노무현 대통령의 세계줄기세포허브 개소식 방문은 같은 달 출범한 대통령 직속 의료산업선진화위원회가 내놓은 목표와 함께 살펴봐야 한다. 의료산업선진화위원회는 생명공학 분야의 연구 성과를 산업화해 이를 기반으로 한 의료서비스산업을 차세대성장동력산업으로 육성하려는 것을 목표로 하는 기구이다. 이 기구가 황우석 교수와 무슨 관계가 있는지 알고 싶다면 명단을 살펴보면 된다. 황 교수, 노성일 이사장 등 낯익은 이름이 위원 명단에 보인다. 박기영 전 보좌관이 간사를 맡고 있었던 것은 이 기구의 목적을 분명히 알 수 있게 해 주는 대목이다(황 교수와 의료산업선진화위원회에 관해서는 9장 참조).

황우석 교수와 노무현 대통령의 긴밀한 관계는 2005년 11월 말부터 본격화된 줄기세포 진위 논란 국면에서 분명히 드러났다. 이미 노 대통령은 11월 27일 청와대 국정브리핑을 통해 당시 박기영 보좌관으로부터 〈PD수첩〉의 취재 내용에 대해 들어 알고 있음을 비쳤다. 노 대통령은 이 보고에 대해 "도저히 납득이 가지 않는 일"이라고 밝혔다. 노 대통령은 여기에 그치지 않았다. 그는 1주일이 지난 12월 5일 열린 수석보좌관회의에서 "황 교수의 연구 성과에 대한 검증 문제는 이 정도에서 정리되기를 바란다"며 사실상 입장 정리를 시도했다. 전날 YTN이 〈PD수첩〉의 취재윤리 문제를 제기한 후 사실상 〈PD수첩〉 자체가 존폐 위기에 처한 상황에서 나온 발언이었다.

문제는 이뿐만이 아니었다. 현 정부에서 대표적인 황우석 교수 지원그룹인 이른바 '황금박쥐'의 멤버 중 하나인 김병준 전 청와대 정책실장은 이미 〈PD수첩〉의 취재 내용을 상세히 알고 있던 김형태 변호사를 2005년 11월 28일에 만났던 것으로 확인됐다. 이 자리에서 김 변호사는 청와대 개입의 필요성을 역설했다.[8] 이뿐만이 아니다. 청와대와 국가정보원은 여러 가지 경로를 통해서 〈PD수첩〉의 취재 내용을 비교적 소상히 파악하고 있었다.

정상적인 보고 시스템이 작동하고 있었다면, 이미 12월 초에 노무현 대통령은 여러 가지 경로를 통해서 〈PD수첩〉의 취재 내용을 자세히 알고 있었을 가능성이 높다. 노 대통령이 황우석 교수의 논문 조작 사실을 알면서도 12월 5일 황 교수의 줄기세포 진위 논란을 접자고 주장한 것은 정황만 놓고 보자면 이런 사정 때문이다. 만약 생물학연구정보센터 Biological Research Information Center, 이하 '브릭BRIC'[9]의 과학자들과 이들의 문제 제기에 주목한 『프레시안』 등의 노력이 없었다면, 노 대통령의 의도대로 황 교수 줄기세포 진위에 대한 문제 제기는 봉쇄됐을 것이다.

이런 정황을 염두에 둔다면 노무현 대통령이 박기영 전 보좌관에게 쉽게 책임을 묻지 못하는 이유는 훨씬 더 명확해진다. 노 대통령 스스로 황 교수의 줄기세포 진위 논란에 대해 결정적인 의사결정을 한 마당에 진실을 은폐하려는 책임을 누구에게 전가할 것인가? 김환석 시민과학센터 소장의 지적대로, 노 대통령의 곤란한 처지는 정치권력과 과학권력이 유착했을

때, 정권이 어떤 위기에 빠져 드는지를 여실히 보여 주었다.[10]

이해찬·정동영 등 정치인들의 행보

사실 최고 권력자의 의지가 작동하고 있는 상황에서 노무현 정부의 실세들이 황우석 교수를 전폭 지원하는 것은 당연한 일이었다. 이 중에서도 이른바 대표적 '실세' 이해찬 전 국무총리와 여당 당권파의 핵심인 정동영 열린우리당 전 의장이 황 교수와 맺은 관계를 자세히 살펴볼 필요가 있다. 이들이 '황우석 사태' 내내 보였던 모습은 힘을 가진 이들의 '어긋난 우정'이 얼마나 국가적으로 큰 피해를 초래할 수 있는지를 보여 주기 때문이다.

황우석 교수와 이해찬 전 총리는 서울대 72학번 동기로 20년 지기라고 한다. 학창 시절에는 둘 사이에 큰 친분이 없었다. 이 전 총리는 황 교수의 인기가 최고조에 이르렀던 2005년 5월, "황 교수는 대전고 출신이었고, 친구들 가운데 대전고 출신이 많아 그를 알고는 있었지만 왕래는 없었다"며 "1984년 황 교수가 나를 찾아오면서 친분이 생겼다"고 밝혔다. 이렇게 친분을 맺은 뒤 황 교수는 서울대 문리과대학 72학번 모임 '마당'에도 가끔 참석하는 등 친분 관계를 유지해 온 것으로 알려졌다.

이런 두 사람의 관계는, 이해찬 전 총리가 교육인적자원부 장관으로 재직하던 1999년 BK21 사업을 만든 뒤 황우석 교수가 수혜자가 되면서 결실을 맺게 됐다. 이 전 총리는 이에 대해서 "생명공학산업이 생소해서 잘 알려지지 않았을 때 BK21 사업을 통해 (황 교수를) 지원했다"며 "교육인적자원부 장관 때 추진했던 BK21 사업을 통해 황 교수와 같은 과학자가 나오는 성과를 거뒀다"고 감격했다. 김대중 전 대통령도 2005년 "황 교수가 BK21 지원을 받은 데는 이해찬 당시 교육인적자원부 장관의 공이 더 크다"고 관련 사실을 확인한 바 있었다.

이제 황우석 교수의 또 다른 후원자인 정동영 전 의장에 대해서 살펴보자. 정 전 의장 역시 황 교수와 같은 서울대 72학번 동기이다. 두 사람은 1996년 정 전 의장이 15대 총선에 당선된 뒤 국회 과학기술정보통신위원회에 속해 있을 때 처음 만난 뒤 친분을 유지해 온 것으로 알려졌다. 두 사람의 관계가 본격화된 것은 정 전 의장이 열린우리당 당권파의 핵심으로 떠오른 뒤다. 정 전 의장은 2004년 4월 총선을 앞두고 비례대표 의원으로 추천하기 위해 황 교수와 접촉했다. 정 전 의장은 2003년 말 열린우리당을 창당할 때도 황 교수 영입을 추진하기도 했다.

이런 정동영 전 의장의 관심에 화답이라도 하듯 황우석 교수도 정 전 의장에게 남다른 관심을 표시했다. 황 교수는 2004년 4월 정 전 의장이 '노인 폄하' 발언으로 곤욕을 치른 뒤 단식할 때 지지 방문해 눈길을 끌었다. 당시 열린우리당을 취재하고 있던 다큐멘터리 감독 C 씨는 자신이 출입한 3일 내내 당사에서 황 교수를 볼 수 있었다며 다음과 같이 회고했다.

나는 처음에는 그가 당직자인 줄 알았다. 정동영 의장 옆에서 살다시피 하면서 당사에 머물고 있었기 때문이다. 자세히 보니 황우석 교수였다.[11]

여당의 유력한 차기 대선 주자인 정동영 전 의장과 황우석 교수의 '밀월 관계'는 한쪽이 몰락한 뒤에도 표면상으로는 계속됐다. 황 교수의 논문 조작 사실이 드러난 2006년 1월 13일, 정 전 의장은 "황 교수가 머리 숙여 진지하게 사죄·용서를 구한 만큼 너그러운 마음으로 받아 주고 재기의 기회를 주자"며 '남다른 우정'을 과시했다. 하지만 이런 '어긋난 우정'은 결코 오래갈 수 없는 법이다. 정 전 의장은 1주일도 채 안 되서 "지금 국민들이 실망하는 것은 황 교수의 정직성과 도덕성이 실추했다는 것"이라며 "과학계의 생각과 내 생각이 다르지 않다"고 한발 빼는 모습을 보였다.

여기서 '노무현 대통령의 대변자'로 불리는 또 다른 여권 실세 유시민 보건복지부 장관의 행보를 살펴보는 것도 중요하다. YTN의 '청부 취재'로 〈PD수첩〉이 존폐 위기에 처한 시점에서, 그는 2005년 12월 7일 전남대에서 열린 한 강연 중 한때 개혁 성향을 대표하는 지식인으로 이름을 날렸던 사실을 무색하게 하는 발언을 쏟아 냈다. 한때 지식인이었던 자신의 존재 이유를 스스로 부정하는 이 발언은 기억할 필요가 있다.

〈PD수첩〉 PD가 황우석 교수를 검증하겠다는 것은 터무니없는 짓이다. 내가 가서 검증하는 것과 똑같다. 기자나 나나 생명공학에 대해 모르는 것은 마찬가지다. 그래도 나는 보건복지 위원회 위원을 2년이나 했기 때문에 좀 안다. 〈PD수첩〉이 부당한 방식으로 과학자를 조지니까 방송국이 흔들흔들하고, 광고 끊어지고 난리 아니냐.

이런 발언에도 불구하고 유시민 의원은 당시 김근태 장관에 이어서 보건복지부 장관으로 임명됐다. 홍성태 상지대 교수는 "이 무식하고 위험한 발언을 한 유시민 의원을 보건복지부 장관으로 임명한 것은 노무현 대통령의 잘못"이라며 "황우석 사태 내내 잘못을 저지른 보건복지부에 같은 잘못을 저지른 자가 장관으로 임명되어 개혁할 수 있을지 의심스럽다"고 비판했다.[12] 보건복지부는 2005년 1월 23일 서울대 수의과대학 기관윤리위원회 Institutional Review Board, 이하 '서울대 수의과대학 IRB'의 거짓 조사 결과를 그대로 발표해 황 교수에게 면죄부를 주고도 이런 사실에 대해서 책임지려는 모습을 보이지 않고 있다.

한나라당 역시 열린우리당과 다르지 않았다. 앞에서 살펴본 정동영 전 의장과의 밀월 관계에도 불구하고 황우석 교수는 '양다리 걸치기'를 잊지 않았다. 앞서 지적했듯이, 황 교수는 2004년 초 한나라당 비례대표 의원 추천을 제안받고 수락하기까지 했다. 막판에 황 교수가 마음을 바꿔 '국회의원 황우석'은 미수에 그쳤지만, 애초 그가 국회의원직을 수락했던 이유는 쉽게 짐작할 수 있다.

한나라당의 유력한 차기 대권 주자들 역시 황우석 교수에게 강한 애정을 보였다. 한나라당 박근혜 대표는 2004년 4월 '황우석 교수 후원회 결성식'에서 처음 황 교수와 만난 뒤 계속 교류를 이어 왔다. 황 교수는 2004년 12월 박 대표의 동생 박지만 씨 결혼식에도 참석해 주목을 끌었다. 또 박 대표는 2005년 12월 11일 병원에 입원해 있던 황 교수를 문병해 "우리나라의 보배 중의 보배"라고 그를 치켜세웠다. 더 나아가 2005년 12월 13일에는 "황 교수 문제까지 이 사회는 이념적으로 풀고 있다"며 "보수·진보 편을 갈라 이념 잣대로 재단하면 우리의 미래는 어떻게 되겠느냐"며 황 교수의 논문 진위 문제를 제기한 세력을 '좌파'로 몰아붙이기도 했다.

황우석 교수를 가장 맹목적으로 감싸고 돈 사람은 손학규 경기도 지사이다. 손 지사는 2005년 12월 8일 '황우석 바이오센터 기공식'에서 "황 교수를 탄압하는 행위는 난치병 질환으로 고생하고 있는 사람들을 짓밟는 행위"라며 "국민들이 궐기를 해서라도 황 교수를 해치는 사람들을 배격하고 격리시켜야 한다"고 주장했다. 손 지사는 더 나아가 이날 자신의 홈페이지를 통해 황 교수의 연구에 문제 제기를 하는 세력을 "보이지 않는 악인"이라고 주장했다. 하지만 결국 손 지사는 한나라당 대권 후보 중에서 제일 '합리적'이라 평가받던 자신의 이미지를 망치고 말았다. 또 총 295억 원이 투입된 '황우석 바이오센터' 역시 무산 위기에 처했다.

이렇게 대선 주자들이 황우석 교수에게 애정을 쏟고 있는 상황에서 한 편의 코미디도 연출됐다. 2005년 『사이언스』 논문이 발표된 후 한나라당은 국회 과학기술정보통신위원회 소속 서상기 의원을 위원장으로 하는 '과학기술지원특별위원회'를 구성했다. 이 위원회의 간사를 맡은 김희정 의원은 한나라당(H)과 황 교수(H)가 하나가 되어 '넘버 원(O)'이 된다는 'H_2O 프로젝트'를 제안하기도 했다.

이 과정에서 서상기 의원은 "연구비 사용이 복잡해 영수증 처리 문제 때문에 연구 책임자의 책임 문제가 나올 수 있다"며 "법 규정을 고쳐서 회계 처리 업무 때문에 나중에 본의 아니게 생길 수 있는 책임 문제로부터 자유롭게 해 줄 필요가 있다"는 어이없는 주장을 하기도 했다. 그러나 황 교수의 논문 조작이 드러나자 한나라당의 태도는 돌변했다. 한나라당은 '황우석진실조사특별위원회'(위원장 김석준 의원)를 구성했던 것이다. 특히 김희정 의원은 위원회 간사를 다시 맡으면서, 황 교수의 정치 후원금을 문제 삼는 정치 공세를 펼치는 능력을 발휘하기도 했다.

'황우석 사태'의 분수령이 됐던 2005년 12월 6일, 여·야당을 초월한 42명의 국회의원들은 '(가칭) 황우석 교수를 돕는 국회의원 모임' 결성을 발표하면서 황우석 교수 살리기에 마지막으로 뛰어들었다. 황 교수에 대한 대중의 열광에 편승해 앞뒤 안 가리고 대중의 '빗나간 희망'에 야합한 이들의 이름은 꼭 밝혀 둘 필요가 있다.

강성종, 구논회, 권선택, 김낙순, 김영주, 김성곤, 김영춘, 김원웅, 김재홍, 김춘진, 김태홍, 김혁규, 노현송, 박상돈, 변재일, 서재관, 서혜석, 선병렬, 심재덕, 양승조, 염동연, 유기홍, 윤원호, 이근식, 이상민, 이은영, 임종석, 조경태, 조배숙, 홍창선(이상 열린우리당 30명), 고흥길, 김영숙, 김형오, 심재철, 이강두, 이인기, 이해봉, 진수희(이상 한나라당 8명),[13] 김학원(이상 자민련 1명), 류근찬, 신국환, 정진석(이상 무소속 3명).

노성일 이사장과의 만남

황우석 교수와 노성일 이사장의 만남은 박기영 전 보좌관과의 만남보다 1년 정도 늦었다. 2002년 10월 31일 전국경제인연합회 생명과학산업위원회는 전경련회관에서 국회 보건복지위원회 소속 의원들이 참석한 가운데 간담회를 열었다. 이 간담회에서 황 교수는 노 이사장과 운명적으로 만난다. 1999년 영동제일병원에서 개명한 미즈메디병원의 노 이사장은 당시 배아줄기세포 연구에 박차를 가하고 있었다. 도대체 황 교수는 왜 노 이사장을 찾았을까? 흔히 '도원결의'라 불리는 이날의 만남에 대해서 황 교수는 다음과 같이 증언하고 있다.

(2002년) 어느 날 전경련회관 지하 다방에서 서울대 의과대학 산부인과 문신용 교수, 미즈메디병원 노성일 원장과 나 셋이서 머리를 맞대고 있었다. 그 자리에서 상호간의 역할이 정해졌다. 이미 불임 관련 실험으로 일가의 경지를 이룬 문 교수님 팀은 총괄 조정과 복제배아의 배양 등 기초 부분을 담당하기로 했다. 노 원장께서는 윤현수 박사와 같은 백전노장의 베테랑과 함께 줄기세포 수립과 그 이후 배양을 책임지기로 했다. 우리 팀은 10여년간 소와 돼지

등 동물복제에 대해 나름의 노하우를 축적하고 있었다. 각 팀의 역할치고는 꽤나 잘 짜여진 그림이었다. 우리 연구팀은 연전에 이미 류영준·이유진 씨의 의사·간호사 부부가 합류해 줄기세포 분야에서 무언가 작품을 만들어 보자는 열의가 불타고 있었다.[14]

2002년부터 본격적으로 인간배아 연구를 모색하던 황우석 교수는 이미 수정란 줄기세포를 확립하는 등 인간배아 줄기세포 배양 기술을 갖고 있던 노성일 이사장과의 협력을 적극적으로 모색했던 것으로 보인다. 당시 황 교수는 체세포 핵이식을 통해 복제배아를 만드는 기술은 있었으나 줄기세포를 확립하거나 분화하는 기술은 갖고 있지 않았다. 더구나 인간배아 줄기세포를 확립해 배양하는 데에는 다년간의 경험을 통해 축적된 기술이 무엇보다도 필요했다. 하지만 황 교수에게 노 이사장과의 협력이 절실했던 진짜 이유는 다른 데 있었다. 줄기세포를 확립하고 배양하는 것만 놓고 본다면 국내 최초로 수정란 줄기세포를 확립한 적이 있는 문신용 교수로도 충분했기 때문이다.

황 교수와 문 교수 모두에게 절실히 필요했던 것은 바로 인간배아 연구에 꼭 필요한 '싱싱한' 난자였다. 인간배아복제를 통해 줄기세포를 확립하기 위한 국제적 경쟁은 누가 '싱싱한' 난자를 얼마나 많이 확보하느냐에 따라 승패가 결정되는 상황이었다. 실제로 황 교수가 2004년 『사이언스』 논문에 발표한 것처럼 체세포 핵이식을 통해 만든 복제배아에서 줄기세포를 추출했을 때, 전 세계 과학자들은 242개나 되는 난자를 도대체 어떻게 구했는지를 가장 궁금해했다. 실제로 황 교수는 2002년 말부터 2005년 말까지 총 2,221개의 난자를 공급받았다. 물론 이 중 대부분은 노성일 이사장으로부터 받은 것이다.

흥미로운 것은 선뜻 황우석 교수와 이런 계약을 맺은 노성일 이사장의 의도이다. 노 이사장은 2001년까지만 해도 배아복제 줄기세포 연구에 적극적이지 않았다. 그는 2001년 8월 『국민일보』와의 인터뷰에서 "인공수정은 정자와 난자가 만날 수 있도록 길을 터 주는 것으로 윤리적인 부담이 없지만 체세포 핵이식을 통해 인간을 복제하는 것은 과학기술의 월권일 수 있다"며 "인간이 그 결과를 책임질 수 있느냐"고 반문하기도 했다.[15] 하지만 노 이사장은 2002년부터 배아복제 줄기세포 연구에 대한 입장을 급선회했다.

노성일 이사장의 이런 변화는 2002년 들어서 배아복제 줄기세포 연구에 대한 정부와 생명공학계의 풀무질이 본격화된 데서 기인한 것으로 보인다. 과학기술부는 2002년 후반부터 줄기세포 연구 지원을 위해서 1년에 100억 원씩 10년간 1,000억 원을 지원하기로 한 '세포응용연구사업단'을 출범시켰다. 더구나 이를 담당하는 세포응용연구사업단의 총괄책임자는 '도원결의'의 또 다른 주인공 문신용 교수였다. 노 이사장이 황 교수와 전폭적인 신뢰 관계를 맺게 된 것은 바로 이때부터였다.

좀더 구체적으로 왜 노성일 이사장이 배아복제 줄기세포 연구에 본격적으로 뛰어들었는지 그 이유를 짐작할 만한 대목이 있다. 노 이사장은 2004년 9월 30일 "1,000억 원을 투입해 2007년께 판교에 1만 2,000여 평 규모 세계 최고 수준의 여성전문병원을 완공할 계획"이라며 "이 부지에는 줄기세포를 이용한 난치병 치료를 전담하는 '줄기세포 재생의학센터'를 설립할 것"이라고 원대한 포부를 밝혔다.[16] 1991년 6월 영동제일의원으로 개원한 뒤 1999년 미즈메디병원으로 개칭할 때까지 진료 영역을 확대해 온 노 이사장은 황 교수를 딛고 세계로 진출할 꿈을 꾼 것이다.

2006년 1월 12일 황우석 교수는 자신의 논문 조작에 대한 서울대 조사위원회 발표에 대해 변명하는 기자회견에서 바로 이 건을 언급했다. 황 교수는 "노성일 이사장이 판교에 여성전문병원과 줄기세포 재생의학센터를 설립하는 이른바 '판교 프로젝트'에 도움을 줄 것을 요청했으나 이를 거부한 탓에 그와의 관계가 소원해졌다"고 밝혔다. 노 이사장은 이런 황 교수의 주장에 대해서 "황 교수와 관계가 소원해진 것은 그가 줄기세포의 상용화 가능성을 허황되게 부풀리고 다녔기 때문"이라며 반박했다. 하지만 노 이사장이 '판교 프로젝트'를 위해서 1년 가까이 노력해 온 점을 염두에 두면 황 교수의 주장은 개연성이 충분하다고 할 수 있다.

노성일 이사장의 구상은 엉뚱한 데서 진행되고 있었다. 황 교수는 2005년 들어 노 이사장과 관계가 소원해진 후 서울대병원과 함께 세계줄기세포허브를 마련하는 데 공을 들였다. 이뿐만이 아니다. 황 교수는 2005년 한 척추전문병원과 줄기세포를 이용한 '척추병원'을 세우기로 하고 협력을 모색한 것으로 알려졌다. 이 병원은 노무현 정부의 핵심 인사와 긴밀한 관계를 맺고 있다고 한다. 공교롭게도 이 척추병원 구상이 맨 처음 나온 곳은 바로 '황금박쥐' 모임이었다. 황 교수에 대한 노 이사장의 '외사랑'은 보기 좋게 배신당한 것이다.

'자본'과의 유착

많은 사람들이 알고 있던 황우석 교수는 연구밖에 모르는 '가난한' 학자였다. 연구원들에게 라면만 사 주어 '라면 황'이라는 별명을 얻거나, 국제 특허 출원 비용이 없어 쩔쩔매거나, 비행기의 이코노미석을 애용한다는 일화는 그의 이런 인상을 굳혔다. 그의 연이은 거짓말이 백일하에 드러난 뒤에도 많은 사람들이 미련을 버리지 못하는 것은 이렇게 만들어진 그의 인상과도 무관하지 않을 것이다.

그러나 '가난한' 과학자 황우석 교수는 애초부터 없었다. 가장 압권은 그가 수년간 기업으로부터 '후원금 거두기' 행보를 통해 확보한 금액이다. 그는 영롱이를 발표한 직후부터 기업체 사장들을 찾아다니며 '모금 활동'을 벌였다. 대부분의 기업들은 "워낙 훌륭한 분으로 평가받던 때여서 그냥 순수하게 후원금을 준 것일 뿐"이라고 해명하고 있다. '사회적 책임'을 다하는 것과는 거리가 먼 국내 기업들이 과연 '순수한' 의도로 막대한 돈을 줬을까?

감사원이 2006년 2월 6일 정부와 민간의 지원으로 황우석 교수에게 들어간 연구비를 조사한 결과를 살펴보자.[17] 감사 결과, 삼성그룹은 황 교수에게 30억 원을 신산업전략연구원[18]을 통해 지원했다. 삼성은 감사 결과가 나오기 전까지만 해도 황 교수에게 들어갔던 돈은 없었다고 공식적으로 해명해 왔다. 그러나 한국 사회에서 가장 큰 기득권을 가진 삼성과 황 교수의 연이 닿지 않았을 리 없다. 실제로 삼성은 황 교수가 실험에 사용할 개코 원숭이를 급하게 찾자 삼성전자 윤종용 부회장의 지시로 찾아 주기도 했다.[19]

동신제약과 같은 제약회사를 계열사로 거느린 SK그룹의 경우 황우석 교수에게 훨씬 더 강한 집착을 보였다. SK 역시 2000년 9월 29일 공동 연구 협약 명목으로 황 교수에게 30억 원을 지원했다. 황 교수는 이 후원금을 본인 계좌에 넣고 자의적으로 썼다. SK는 2005년 9월 28일 '황우석 교수 후원회'를 통해 10억 원을 황 교수에게 전달했다. SK 주변에서는 이보다 훨씬 더 많은 돈이 황 교수에게 전달됐을 가능성이 입에 오르내리고 있다.[20]

LG그룹도 황우석 교수의 '후원금 거두기'의 그물을 벗어나지 못했다. 황 교수가 영롱이를 세상에 선보인 직후 계열사 LG화학을 통해 연구비 명목으로 8억 원을 지원했다. 그 후에도 이 기업은 계열사 LG생명과학을 통해서 공동 연구를 제의하며 수십억 원대의 거액을 황 교수에게 전달했다가 다시 돌려받은 것으로 알려졌다. 당시 황 교수는 LG생명과학이 제시한 연구 방향과 달라 이 돈을 받을 수 없었던 것으로 알려졌다.[21]

이뿐만이 아니다. 포스코는 2004년부터 황우석 교수를 석좌교수로 임용하고 5년간 매년 3억 원씩을 지급하기로 했다. 2004년부터 2005년까지 총 6억 원이 황 교수에게 지급됐다. 농협중앙회 역시 2005년 9월 1일 10억 원의 후원금을 황 교수에게 전달했다. 매번 비행기 이코노미석을 타고 다닌다는 황 교수의 앓는 소리에, 대한항공은 10년간 국내외 전 노선의 1등석을 무료로 이용하게 했다. 이쯤 되면 황 교수의 후원금 거두기 그물에서 벗어난 기업이 대단해 보일 정도다.

기업 차원의 후원 외에도 재계의 명망가들은 공식·비공식적으로 막대한 자금을 황우석 교수에게 건넸다. 그중 가장 대표적인 인물은 7년 동안 한국무역협회장을 역임한 동원그룹 김재철 회장이다. 황 교수 후원회장을 맡고 있기도 한 그는 동원그룹의 계열사 및 산하 재단을 통해 공식적으로 두 차례에 걸쳐 기업 차원에서 총 4억 원을 건넸다. 지난 2000년 4월 동원F&B는 서울대 수의과대학을 통해 3억 원을 주었고, 2004년 5월 14일에는 동원육영재단을 통해 후원회에 1억 원을 건네는 방식이었다.

김재철 회장은 이외에도 개인적으로 수억 원을 지원한 것으로 전해졌다. 이렇게 물심양면으로 지원했던 그는 논문 조작 등이 드러난 뒤에도 황 교수를 감싸기에 급급했다. 그는 2006년 1월 17일 『한국경제신문』과의 인터뷰에서 "아직도 나는 황 교수가 남을 속일 사람이라고 생각하지 않는다"며 "다만 성격이 급해 주위 환경에 비해서 속도를 좀 위반한 것뿐"이라는 독특한 평가를 내놓았다.[22] 하긴 그가 7년간 재임했던 무역협회를 둘러싼 온갖 비리 의혹에 비하면 황 교수의 논문 조작은 그다지 대수롭지 않게 보일 수도 있겠다.[23]

이렇게 기업으로부터 지원받는 과정에서 웃지 못할 촌극이 발생하기도 했다. 황우석 교수가 국제 특허 출원 비용이 없어 어려움을 겪고 있다는 내용이 『중앙일보』를 비롯한 일부 언론을 통해 크게 보도되자, 태완D&C라는 부동산회사는 2004년 12월 30일 후원회를 통해 6억 원을 쾌척했다. 황 교수는 애당초 2004년 『사이언스』 발표 논문에 대한 특허 지분의 40%를 갖는 대가로 노성일 이사장이 특허 출원 비용을 대기로 했다며, 이 6억 원을 바이오 이종 장기 등 다른 연구 성과에 대한 특허 출원 비용으로 지출했다. 황 교수의 돈 끌어 쓰는 재주가 남다름을 여실히 보여 주는 일이 아닐 수 없다.

하지만 이런 과정은 황우석 교수와 노성일 이사장이 결별하는 데 촉매 작용을 했다. 이미 앞에서 설명한 판교 프로젝트 때문에 그다지 좋은 관계가 아니었던 두 사람은 이 일로 인해 결정적으로 틀어진 것으로 보인다. 이런 정황을 옆에서 지켜본 서울대 산학협력재단 관계자는 "이 일을 계기로 노 이사장이 황 교수의 욕심이 지나치다고 판단해 불신의 골이 파일 대로 파였다"며 "이 특허 문제 갈등이 원만하게 수습되지 않고 갈수록 곪아 가면서 결별 수순을 재촉한 것"이라고 증언했다.[24]

이 촌극은 황우석 교수에게 또 다른 수모로 돌아왔다. 서울대 조사위원회를 통해 논문 조작 사실이 알려진 지 얼마 후 6억 원을 쾌척했던 태완D&C가 이를 돌려줄 것을 요청하고 나선 것이다. 6억 원을 쾌척한 당사자는 "황 교수를 유망한 과학자로 믿고 기술 특허의 국내 보유를 위해 기부했으나 논문 조작 사실이 드러나고 관련 기술이 존재하지 않음이 밝혀졌으므로 후원금은 반환돼야 할 것"이라고 한국과학재단 측의 후원금 입금계좌에 대해 가압류를 신청했다.[25]

'황우석 지킴이'를 자처한 사람들

진정한 친구는 위기에 알아본다고 했던가? 2005년 11월 중순 이후 위기에 처한 황우석 교수를 위해 나선 이른바 '황우석 지킴이'의 실체를 살펴볼 필요가 있다. 우선 가장 눈에 띄는 사람은 2005년 이후 사실상 황 교수의 대변인을 자처했던 안규리 서울대 교수이다. 2002년 황 교수의 연구에 결합한 안 교수는 2005년『사이언스』논문에 공동저자로 이름을 올린 후 본격적인 황 교수 대변인 역할을 해 왔다. 특히 안 교수는 2005년 12월 초 YTN 기자와 동행해 미국 피츠버그대를 방문해 김선종·박종혁 연구원의 인터뷰를 주선하고 황 교수의 돈까지 건네는 등의 사실이 알려지면서 큰 비판을 받았다.

안규리 교수는 이런 일련의 비판에 대해서 자신의 역할이 '제한적'이었음을 강조해 왔다. 안 교수는 2005년 12월 29일 평화방송에 보낸 이메일에서 "황우석 교수의 요청으로 〈PD수첩〉 취재와 관련된 사실 관계를 김선종 연구원에게 확인하기 위해 피츠버그를 방문했다"며 "YTN 기자 동행, 피츠버그대 연구원들에게 돈을 전달하는 것 등은 모두 황 교수의 지시대로 움직인 것"이라고 설명했다.[26] 하지만 황 교수팀 일원으로 피츠버그 행에 동행했던 윤현수 한양대 교수는 "12월 1일 공항에 나가 보니 안 교수가 YTN 기자 동행을 포함한 피츠버그 행과 관련한 모든 준비를 다 해 놓은 상태였다"며 "안 교수는 여정 내내 모든 계획을 짜고 일행은 그 계획대로 움직

였다"고 다른 설명을 내놓고 있다.[27]

안규리 교수는 논문 조작에 대해서도 "2005년 12월 초에 줄기세포가 없다는 것을 처음 알았다"며 논문 조작에 관여한 사실이 없음을 여러 차례 강조했다. 안 교수는 "서울대 조사위원회에서 조사를 받고 나서야 자신이 했던 '면역 적합성 항원Human Leukocyte Antigen, HLA' 검사 시점에 이미 논문이 제출됐다는 사실을 알았다"고 해명했다.[28] 하지만 이런 안 교수의 해명은 앞뒤가 맞지 않는다. 『사이언스』 발표 논문에는 분명히 제출 시점(2005년 3월 15일)이 기록돼 있기 때문이다. 만약 2005년 12월까지 안 교수가 이런 사실을 몰랐다면, 황 교수의 대변인 역할을 했던 그는 정작 자신이 공동저자로 참여했던 논문을 거들떠보지도 않았다는 얘기가 된다.

12월 논문 조작 의혹이 본격적으로 제기되면서 오랫동안 칩거했던 안 교수는 결국 서울대로부터 정직 2개월의 징계를 받았다. 매번 언론과의 접촉 때마다 "한 번 더 환자를 돌볼 수 있는 기회를 달라"고 호소해 왔던 그의 소망이 실현된 셈이다. 하지만 안 교수가 훨씬 더 강도 높은 징계를 받아야 한다는 의학·과학계의 여론이 높다. 안 교수가 그토록 강조해 왔던 난치병 환자와 그 가족들이 이번 '황우석 사태'를 통해 겪은 참담한 심정을 염두에 둔다면 더욱더 그렇다.

한편 안규리 교수와 함께 진실이 밝혀지는 데 큰 장애물 역할이 됐던 또 다른 인물이 바로 YTN의 김진두 기자다. 김 기자는 안 교수와 함께 미국 피츠버그대에 가서 김선종·박종혁 연구원을 인터뷰한 뒤 12월 4일 〈PD수첩〉의 취재윤리 문제를 전격적으로 제기했다. 그 보도의 효과는 대성공이었다. 같은 날 MBC는 전격 사과할 수밖에 없었으며, 다음날 전 언론에 대서특필되면서 〈PD수첩〉은 취재 내용을 보도하지 못하게 됨은 물론 프로그램 자체가 폐지될 위기에 처했다.

하지만 황우석 교수의 논문 조작 사실이 드러나면서 이날 김진두 기자의 보도는 '청부 취재'라는 불명예를 안게 됐다. 심지어 YTN은 며칠 뒤인 2005년 12월 10일 김선종 연구원을 취재하는 과정에서 논문 조작과 관련된 중요한 사실이 누락됐음을 암시하는 보도를 했다가 서둘러 내리는 해프닝을 벌이기도 했다. 더 나아가 김 기자가 피츠버그 행에서 연구원들에게 전달될 돈 3만 달러 중에서 1만 달러를 운반한 사실이 확인되면서 그의 처신에 대한 여론의 비판을 피할 수 없었다. 김 기자는 '동행하는 처지에 안규리 교수의 부탁을 거절할 수 없어서 1만 달러를 가방에 넣은 뒤 시카고 공항에서 돌려줬다'고 해명했으나 사실상 성격을 알 수 없는 돈의 '운반책' 역할을 한 사실을 부정할 수 없다.

김진두 기자는 논문 조작 등의 사실이 드러난 뒤에도 반성은커녕 변명으로 일관했다. 2005년 12월 30일 김 기자는 이렇게 변명했다. "당시 어느 기자가 환자맞춤형 줄기세포가 가짜라는 것을 상상이나 했겠느냐. 〈PD수첩〉은 확실한 제보자가 있었고 〈PD수첩〉과 『오마이뉴스』, 『프레시안』의 강양구 기자는 정보 교류가 돼 그런 사실을 알았겠지만 우리는 그렇지 못했다. 당시 과학부 기자들도 황우석 교수 논문에 오류가 있을 가능성은 있다고 생각했지만 줄기세포가 가짜라는 생각은 하지 못했다."[29]

이미 11월 말 〈PD수첩〉이 확보한 여러 가지 사실의 구체적 내용들이 언론계에서 상당히 공유되어 보도되기도 했다. 『프레시안』 등이 〈PD수첩〉과 별도의 정보 교류가 없었다는 사실은 양측 모두 여러 차례 확인하고 있다. 특히 11월 말 〈PD수첩〉의 논문 조작과 관련된 중요한 취재 내용 대부분이 다른 언론을 통해서 공개된 사실만 봐도 이 점은 쉽게 알 수 있다. 김진두 기자의 해명은 잘못을 인정하지 않는 기회주의적 변명에 불과하다.

'황우석 사태'가 전개되는 과정에서 눈에 띄는 또 다른 사람은 〈PD수첩〉의 취재 과정 중 황 교수의 대리인 역할을 했던 리더스미디어 윤태일 사장이다. 1988년 한국민주청년단체협의회 조직국장, 1991년 고 김귀정 양 사망대책위원회 부대변인 등을 지낸 왕년의 민주화운동의 주역 윤 사장은 과거 경험을 황 교수를 지키는 데 십분 활용했다.

우선 윤태일 사장은 회원이 10만 명이 넘는 황우석 교수를 지지하는 온라인 여론의 진원지 역할을 한 '아이러브 황우석 cafe.daum.net/ilovehws'의 운영자였다. 그는 이 인터넷 커뮤니티에 글을 올리면서, '황우석 사태'의 주요 국면마다 사실상 황우석 지지자들의 행동 지침이라고 할 수 있는 의견을 제시해 왔다. 이 커뮤니티는 사태가 진행되는 동안 내내 〈PD수첩〉 방영 중단, 서울대 조사위원회 조사 방해, 황 교수 동정여론 확산 등 온라인 여론을 주도했다.

특히 윤태일 사장은 YTN의 〈PD수첩〉 취재윤리 위반을 보도하기 하루 전인 2005년 12월 3일 게시판에 올린 글에서 "〈PD수첩〉에 대한 대응 수위를 한 단계 높일 때가 가까이 온 것 같다"며 "(〈PD수첩〉의 취재가) 비윤리적 취재이기 때문에 미국에 있는 (김선종) 연구원의 증언은 〈PD수첩〉에게 뇌관이 되어 돌아올 것이 확실하다"는 글을 남기는 등 이미 관련 내용을 아는 듯한 글을 남기기도 했다. 윤 사장이 사실상 사태 내내 황 교수의 언론 대응에 주도적으로 관여했다는 의혹을 살 만한 대목이다. 게다가 윤 사장은 『내일신문』 홍보실장과 YTN 기획조정실장을 역임했다.

실제로 그는 자신이 커뮤니티 운영자라는 것이 밝혀진 직후 같은 해 12월 12일 게시판에 올린 글에서 "황우석 교수님을 지키기 위해 제가 할 수 있는 모든 일을 하려고 했고, 많은 논의에서 제 의견을 개진했으며 기자회견문 작성 등 업무에도 적극적으로 참여했다"고 밝혀 그가 사태 내내 주도적 역할을 했음을 인정했다. 다만 윤태일 사장은 이번 사태와 관련해 "YTN과 접촉한 적이 없다"며 자신이 황 교수와 YTN 사이의 다리 역할을 했다는 일부 언론의 의혹에 대해서는 부인으로 일관하고 있다.[30]

사태가 진행되는 내내 황 교수 지키기에 앞장선 그 역시 결말은 좋지 못했다. 그는 2006년 2월 13일 전격적으로 커뮤니티의 운영자직을 사퇴했다. 이때 그가 올린 글은 대중의 비이성적인 열정을 이용하는 것이 어떤 결말에 이르는지를 잘 보여 주었다. 극도의 공격적 성향을 표출하고 있는 일부 황 교수 지지자들이 '온건한' 대응을 주문한 윤태일 사장에게 반기를 든 것이다.

그는 게시판에 올린 글에서 "(커뮤니티의 운영에 관해) 의견 개진 수준을 넘어 일부에서 도를 넘는 명예훼손과 발언을 해 힘들었다"며 "자식들에게까지 위협적인 상황이 연출되어 감당할 수 있는 수준을 넘었다고 판단했다"고 밝혔다. 윤 사장은 그동안 자신을 음해한 글 등 관련 자료를 수집해 자신을 괴롭힌 이들에게 민·형사상 대응을 할 것을 밝히기도 했다. 하지만 그들을 이렇게 만드는 데 혁혁한 공을 세운 이가 바로 본인이라는 사실을 윤 사장은 알고 있을까?

'황우석 지킴이'로 기록돼야 할 이는 윤태일 사장뿐만이 아니다. 대중들에게 부각이 덜 됐지만, 황우석 교수의 줄기세포 연구의 윤리적 문제를 은폐하는 데 상당한 역할을 했으며, 서울대 수의과대학 IRB 위원으로 활동하고 있는 정규원 한양대 교수에 대해서도 그 행적을 기억해야 한다. 국가생명윤리심의위원회 위원과 한국생명윤리학회 회원으로도 활동하고 있는 정 교수는 황 교수의 2005년 『사이언스』 발표 논문에 대한 윤리 문제에 대해 자문하는 등 긴밀한 관계를 유지하다, 나중에는 '자신도 피해자'라며 책임을 회피하는 모습을 보였다.

정규원 교수는 2005년 11월 〈PD수첩〉이 황우석 교수가 실험에 쓰인 난자를 확보하는 과정에서 연구윤리를 위반했다는 점을 폭로하자, 2005년 논문과 관련해서는 황 교수의 난자 취득 과정에 아무런 윤리 문제가 없다고 밝혀 사실상 황 교수에게 '면죄부'를 줬다. 그는 미국 케이스웨스턴리저브대에서 생명윤리학을 가르치고 있는 현인수 교수와 함께 2005년 6월부터 두 달간 황 교수 실험실에서 줄기세포 연구의 윤리 문제에 대한 평가 작업을 한 뒤, 『미국생명윤리저널 *The American Journal of Bioethics*』에 논문을 실어 "2005년 『사이언스』 발표 논문에 실린 줄기세포 연구는 난자 제공 등에서 국제 기준보다 엄격한 절차를 거쳐 이루어졌다"며 치켜세웠던 것이다.[31]

하지만 정규원 교수는 실제보다 훨씬 더 많은 난자를 실험에 쓴 사실이 드러나자, 2006년 1월 2일 CBS 〈노컷뉴스〉와의 인터뷰에서 모든 책임을 황우석 교수에게 전가하는 기민함을 보였다. 황 교수의 윤리 문제에 면죄부를 준 역할을 한 데 대해서 사과하고 반성하기는커녕 '나도 피해자'

라는 요지의 인터뷰를 한 것 자체부터가 어이없는 일이다. 더 큰 문제는 이날 인터뷰 내용인데, 자세히 살펴보면 문제가 한두 가지가 아니다. 정 교수는 이 인터뷰에서 "안규리 교수가 2005년 1월 23일 강력한 윤리 규정을 제시해 주길 부탁해 만들어 줬다"며 "하지만 황 교수의 2005년 12월 16일 기자회견을 보면서 난자 취득 과정에서 윤리 규정을 준수했다는 황 교수의 말이 거짓이었음을 알게 됐다"고 해명했다.[32]

정규원 교수가 속았다는 사실을 뒤늦게 깨닫게 해 준 황우석 교수의 발언은 "논문을 3월 15일 제출했다"는 것이다. 난자를 제공받은 뒤 줄기세포를 확립하는 데 석 달 이상 걸리는 점을 감안한다면, 정 교수가 1월 23일에 만들어 준 윤리 규정에 맞춰 제공받은 난자로 아무리 빨리 줄기세포를 확립해 논문을 쓰더라도 3월 15일까지 논문을 제출하는 것은 불가능한 일이었다. 이날 인터뷰에서 정 교수는 "황 교수의 논문 제출이 2005년 5월이라고 알고 있었고, 나중에 알고 보니 안규리 교수는 논문 제출을 4월로 알고 있었다"고 덧붙였다. 이런 정 교수의 해명에 실소할 수밖에 없다. 황 교수의 『사이언스』 논문은 5월 19일에 인터넷에 발표됐다. 『사이언스』가 시사주간지가 아닌 마당에야 5월에 제출된 논문이 5월 19일에 발표되는 것은 불가능한 일이다.

게다가 2005년 『사이언스』 발표 논문에는 분명히 제출 시점(2005년 3월 15일), 게재허가 시점(2005년 5월 12일), 발표 시점(2005년 5월 19일)이 명시돼 있다. 그런데 황우석 교수가 12월 16일 기자회견에서 논문을 "3월 15일 제출했다"고 말한 뒤에야 자신이 잘못 알고 있었다는 사실을 깨달았다니! 정 교수는 도대체 황 교수의 논문을 읽어 보기나 한 것일까? 이번 일로 정 교수는 과학의 윤리 문제를 언급할 학자 자격이 없음을 스스로 입증한 셈이 됐다.

이 밖에도 '황우석 지킴이'는 무수히 많다. 한희원 씨는 국가인권위원회 인권침해조사국장 신분으로 2년여 동안 황우석 교수와 긴밀한 관계를 맺으며, 특히 2005년 7월 이후 외부의 황 교수 비판에 대한 방어 논리를 만들어 온 것으로 알려졌다. 2005년 11월 24일 황 교수의 난자 출처를 둘러싼 의혹을 해명하는 기자회견을 앞둔 대책회의에서는 "법적·윤리적으로 아무 문제가 없다"는 입장을 내세우며 기자회견문 작성에 관여하기도 했다.

『시카고 트리뷴*Chicago Tribune*』 한국 특파원으로 있으면서 황 교수의 외신용 보도자료를 작성하는 데 도움을 준 김성희 기자도 있다. 그녀는 2005년 12월 2일 MBC 〈PD수첩〉의 기자회견에 참석해 "줄기세포가 가짜라는 것이냐"며 공격적인 질문을 던져 눈길을 끌기도 했다.

앞에서 살펴봤듯이 노무현 대통령을 필두로 한국 사회를 쥐락펴락하는 수많은 이들이 황우석 교수를 감싸는 상황에서, 황 교수를 '순수하게' 지지하는 사람들을 보는 심정은 서글프기까지 하다. 희귀·난치병 치료에 대한 '실낱 같은 희망' 때문에 그를 지지하는 가수 강원래 씨와 같은 사람이나 황 교수의 연구가 가져다 줄 것으로 기대했던 경제적 이익과 같은 이른바 '대박'의 꿈을 황 교수에게 투사한 수많은 평범한 사람들은 또 다른 희생양일 뿐이다. 여기서 반드시 잘잘못을 짚고 넘어가야 할 집단이 있다. 바로 이렇게 수많은 선량한 사람들을 희생양으로 만드는 데 앞장섰으면서도 여전히 반성하지 않고 있는 언론이다.

주

1 정신과 전문의 A 씨 인터뷰, 2005. 12.

2 「인간배아복제, 오히려 윤리적이다」, 『주간동아』 249호, 2000. 8. 31.

3 「황우석, "배아복제 금지되면 관련 연구 포기"」, 『연합뉴스』, 2001. 5. 18.

4 「『네이처』 사설 "한국 정부 나서서 황우석 조사해야"」, 『프레시안』, 2005. 11. 17.

5 경실련 과학기술위원회 B 씨 인터뷰, 2004. 5. 13.

6 「연구비 차이 왜? 식물학자가 영향 평가 왜?」, 『한겨레』, 2006. 1. 19.

7 송상용, 「누가 대한민국을 '야만국'으로 전락시켰던가」, 『프레시안』, 2005. 12. 24.

8 「청와대 정책실장, 11월 28일 '황우석 의혹' 알아」, 『프레시안』, 2005. 12. 16.

9 국내 생물학 분야 연구자의 정보 공유와 의견 교환을 목적으로 한국과학재단과 포항공대의 지원으로 1996년 1월에 설립됐고, 같은 해 5월부터 인터넷을 통한 정보 서비스를 시작했다 (http://bric.postech.ac.kr).

10 김환석, 「황우석 사태로 본 한국 사회의 현재와 미래」, 『황우석 사태로 본 한국 사회의 현재와 미래』, 생명공학감시연대 토론회, 사회복지공동모금회관, 2006. 1. 18.

11 다큐멘터리 감독 C 씨 인터뷰, 2005. 12. 2.

12 홍성태, 「황우석 사태와 한국 사회: 정언학 유착망과 박정희 체계의 덫」, 『황우석 사태로 보는 한국의 과학과 민주주의』, 2006년 민주사회정책연구원 심포지엄, 민주화운동기념사업회 교육장, 2006. 2. 2.

13 이 중에서 한나라당 진수희 의원은 같은 당 송영선 의원과 함께 황우석 교수 연구에 난자 제공 의사까지 밝혔다.

14 황우석, 「인간배아복제 연구 '드림팀'」, 『세계일보』, 2004. 10. 11.

15 「무엇이 문제인가……과학의 '월권' 인류 파멸 우려」, 『국민일보』, 2001. 8. 29.

16 「미즈메디 "2007년 판교에 세계 최고 여성병원 설립"」, 『연합뉴스』, 2004. 9. 30.

17 감사원, 「'국가연구개발사업 관리실태' 감사결과 중간발표」, 2006. 2. 6.

18 이 '신산업전략연구원'의 실체도 의문투성이다. 황우석 교수의 후원금 가운데 삼성, SK 후원금 각각 30억 원을 포함해 총 63억 8,000만 원이 한국과학재단 등 공식 통로를 거치지 않고 송병락 전 서울대 부총장이 원장으로 있는 이곳을 통해 입금됐다. 황 교수는 2002년 이곳에 자신이 소유하고 있던 경기도 화성시 신왕리 일대 땅 1만 1,000평을 기증하기도 했다. 이 땅은 황 교수가 1989년 당시 1억여 원에 샀으며, 당시 평당 9,000원 선이었던 땅값이 현재 30만~40만 원 선으로 뛰어올라 시가 30억~40억 원 선에 이른다. 황 교수는 2000년부터 2003년까지 이곳의 이사를 지냈다.

19 매일경제 과학기술부, 「바분 원숭이를 구하라」, 『세상을 바꾸는 과학자 황우석』, 매일경제신문사, 197~200쪽.

20 「황 교수가 받은 거액지원금 사용처 논란」, 『조선일보』, 2006. 1. 18.

21 앞의 글.

22 「7년 만에 동원그룹으로」, 『한국경제신문』, 2006. 2. 20.

23 「무역협회 '김재철 괴담'의 진실」, 『뉴스메이커』 660호, 2006. 1. 27.

24 「황우석과 노성일, '6억 원'과 '특허 지분' 때문에 갈라서」, 『프레시안』, 2006. 2. 13.

25 사실 확인도 없이 황 교수의 말을 받아 특허 출원 비용의 부족함을 호소했던 『중앙일보』는 이 소동도 자세히 보도하는 성의를 보였다. 「"황우석 후원금 돌려주오" 6억 원 얼굴 없는 기부자 가압류 신청」, 『중앙일보』, 2006. 1. 20.

26 「안규리 "내 역할은 '제한적', 모든 것 황우석이 지시"」, 『프레시안』, 2005. 12. 29.

27 「"줄기세포 '바꿔치기'는 황우석 팀이 했을 것"」, 『프레시안』, 2005. 12. 28.

28 「안규리 교수 "논문 조작 사전에 몰랐다"……본보에 메일 보내와」, 『동아일보』 인터넷판, 2006. 1. 2.

29 「"누가 당시 줄기세포가 가짜라 생각했나"」, 『업코리아』, 2005. 12. 30.

30 「황 교수 대리인 '안티 MBC' 주도했다」, 『오마이뉴스』, 2005. 12. 13.

31 Kyu Won Jung and Insoo Hyun, "Oocyte and Somatic Cell Procurement for Stem Cell Research", *The American Journal of Bioethics*, 5(6) Jau/Feb, 2006. 『미국생명윤리저널』 2006년도 1, 2월호에 게재된 이 논문은 11월에 게재가 확정되어 학회 홈페이지에 올라왔으며, 언론은 이를 근거로 황 교수 논문에 문제가 없다고 보도했다. 하지만 이 논문은 2006년 2월 초 『미국생명윤리저널』 편집장 직권으로 취소됐다.

32 「정규원 "안규리와 나, 황(黃)에게 난자 문제 속았다"」, CBS 〈노컷뉴스〉, 2006. 1. 2.

주요 사건과 인물

1999년

사건 복제소 영롱이, 진이

정부 김대중, 강창희, 이해찬

언론 이은정

2000 ~ 2003년

사건 이종간 배아복제, 복제돼지, 광우병 내성소

정부 정동영, 노무현, 박기영

언론 박방주

2004 ~ 2005년

사건 『사이언스』 논문 조작

정부 '황금박쥐', 노무현

언론 홍혜걸, 김훈기, 홍사훈, 이영완, 김길원

기타 황우석 교수 후원회(과학재단), 아이러브황우석(인터넷 카페)

2005년 11월

사건 〈PD수첩〉 방영, 황우석 사태 발발

정부 유시민, 노무현, 박기영, 김병준, 오 명, 손학규

3장

과학기술의 덫에 갇힌 언론

2005년 8월 3일 오전 11시 서울대 수의과대학 대형 강의실. 황우석 교수는 100여 명의 내·외신 기자 앞에 섰다. 세계 최초의 복제개 '스너피 Snuppy'가 태어난 지 101일 만에 세상에 공개되는 자리였다. 이미 그때는 이 황우석 교수의 '가짜 줄기세포' 의혹을 본격적으로 파헤치기 시작했던 시점이지만, 황 교수의 얼굴에서 불안감은 찾아 볼 수 없었다. 바로 두 달 전 『사이언스』에 조작된 논문을 발표한 과학자치고는 여유가 넘쳐 보였다.

약 30분에 걸친 발표 후 기자들의 질문이 이어졌다. 강의실을 꽉 채운 기자들이 여기저기서 손을 들었지만 그는 단상 앞에 있는 기자들 서너 명만을 번갈아 가며 지목했다. 물론 답변하기 전에 덕담도 잊지 않았다. "역시 (『중앙일보』) 박 차장님은 숫자에 강해서 질문을 받을 때마다 사람을 당황스럽게 합니다", "(『경향신문』) 이 기자님 전공은 못 속이는 것 같습니다. 미생물학과 출신다운 아주 날카로운 질문이었습니다."

모체가 수컷인 복제개의 성별(당연히 수컷이다!) 따위를 묻는 질문을 던져 놓고 덕담을 들은 기자들은 과연 기분이 좋았을까? 알 수 없는 일이다. 단 지극히 '한국적'인 이런 화기애애한 분위기를 외신 기자들은 시종일관 흥미롭다는 듯 지켜보았다. 대중을 대신해 복제개의 탄생이 갖는 여러 의미를 캐물어야 할 기자와 그 공격에 맞서 방어를 수행해야 할 과학자 사이의 관계치고는 뭔가 기이했기 때문이다.

보수·진보 언론의 의견 일치

황우석 교수는 1999년 2월 국내 최초의 복제소 영롱이와 함께 대중 앞에 화려하게 등장한 뒤 복제개 스너피를 공개한 2005년 8월까지 끊이지 않고 세상의 이목을 집중시키고 있었다. 인기 절정의 연예인도 재충전을 이유로 잠시 대중의 눈 밖에 벗어나는 경우가 다반사인 현실을 염두에 둔다면, 자신에 대한 지속적인 열광 상태를 유지시키는 그의 능력은 과학적 업적과는 별개로 이미 세계 최고 수준에 이른 듯했다. 하지만 이렇게 그에 대한 열광 상태를 유지시키는 데 있어서 가장 큰 역할을 한 것은 유독 황 교수에게 호의적인 한국의 언론이었다.

그간 황우석 교수에 대한 언론의 관심은 진보·보수를 가리지 않았다. 우선 보수 언론을 대표하는 『조선일보』는 그의 가장 든든한 지지자이자 발언 창구 역할을 해 왔다. 황 교수는 2004년 인간배아복제를 통해 줄기세포를 추출한 사실을 『사이언스』에 발표한 직후, 미국 시애틀 현지에서 직접 『조선일보』에 기고해 설레는 심정을 밝혔다.[1]

그는 2005년 1월 1일에도 『조선일보』에 「바이오산업에 한국의 미래 달렸다」라는 기고를 통해 세계적인 '스타 과학자'로서 새해를 맞는 자신의 포부를 펼쳐 보였다.[2] 『조선일보』와 황 교수 사이의 이런 각별한 인연은 그 뒤에도 계속됐다. 같은 해 8월 과학기술부가 200억 원을 들여 서울대에 '황우석 연구동'을 세운다고 발표하자마자, 그는 『조선일보』에 「감사와 다짐의 길목에서」라는 글을 통해 만 1년 6개월에 걸친 전폭적인 후원에 대한 감사의 뜻을 밝혔다.[3]

『한겨레』 역시 다르지 않았다. 『조선일보』라면 악다구니를 쓰며 달려들던 『한겨레』 역시 황우석 교수와는 각별한 관계를 유지했다. 가장 압권은 2005년 6월 7일부터 『한겨레』가 '제2창간운동'을 시작하면서 황 교수를 전면에 내세운 일이다. 황 교수는 '제2창간운동본부' 공동본부장으로 위촉됐을 뿐만 아니라, 6월 18일부터는 아예 이 운동을 홍보하는 광고의 주인공으로 등장했다. 「황우석 교수님과 한겨레, 닮았습니까」라는 광고는 수차례에 걸쳐 『한겨레』에 실렸다.

『한겨레』는 그동안 다른 언론과 비교했을 때 과학기술의 사회적 문제를 조명하는 데 비교적 신경 쓰는 모습을 보여 왔다. 또 『한겨레』는 황

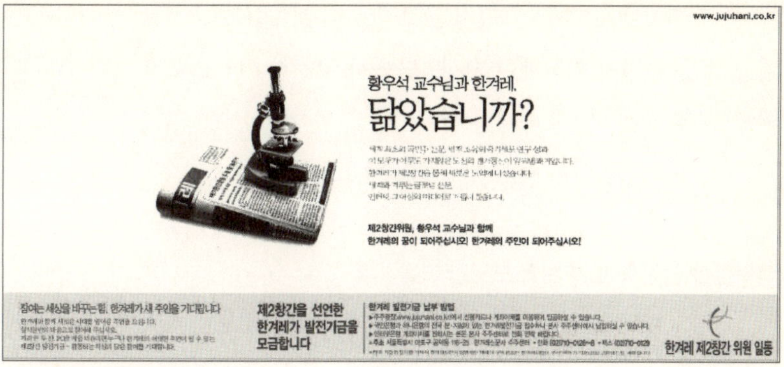

2005년 6월 18일자 『한겨레』 광고

우석 교수의 배아복제 줄기세포 연구에 대해서도 비교적 균형 잡힌 모습을 보이려고 애써 왔다. 2005년 5월 황 교수가 두 번째로 『사이언스』에 인간배아복제를 통한 줄기세포 연구 성과를 발표한 뒤에도 아홉 차례에 걸쳐 사설, 편집부국장, 외부 필진의 칼럼을 통해 그의 연구에 대해서 직·간접적인 비판을 한 터였다.[4]

이와 같은 『한겨레』의 모습을 기억하는 이 신문의 구성원들과 독자들 상당수는 황우석 교수를 제2창간운동의 전면에 내세우는 모습에 적잖이 당황할 수밖에 없었다. 한겨레신문사 노동조합은 자체 소식지에 이렇게 황 교수를 제2창간운동 전면에 내세우는 것을 비판하는 글을 싣기도 했다.[5]

이런 사정 탓이었을까? 『한겨레』는 '황우석 사태'를 반전시킬 수 있는 〈PD수첩〉의 '김선종 연구원과의 인터뷰 녹취록'을 이미 12월 초에 확보해 놓고서도 보도하지 않았다. 또 12월 4일 YTN이 〈PD수첩〉의 취재윤리 위반 사실을 보도하자마자 이에 편승해 도리어 〈PD수첩〉을 강도 높게 비판했다.[6] 불과 며칠 뒤인 12월 10일 『프레시안』이 동일한 녹취록을 공개해[7] 사태가 반전되는 계기를 마련했다는 점을 염두에 두면, 이런 『한겨레』의 태도에는 해명이 필요할 것이다. 하지만 『한겨레』는 이와 관련해 명시적으로 어떤 해명도 하지 않았다.

진보·보수를 가리지 않고 황우석 교수와 언론이 맺은 이런 긴밀한 관계를 어떻게 이해해야 할까? 단순히 국민적 영웅으로 떠오른 스타 과학자에 대한 언론의 호의적인 관심이라고 생각하기에는 왠지 석연치 않다. 도대체 황 교수와 언론 사이에 무슨 일이 있었던 것일까?

백두산 호랑이 복제가 계속 보도된 이유

1999년 영롱이 복제로 스타 과학자로 떠오른 황우석 교수는 곧바로 복제호랑이를 탄생시킬 뜻을 밝혔다. 개 복제 성공 이후 다시 언론에 오르내렸던, 복제를 통한 멸종위기 동물 복원 계획의 닻을 올린 것이다. 하지만 소문만 무성하던 복제호랑이는 이따금 황 교수의 인터뷰 때나 등장했을 뿐 여전히 그 실체는 베일 속에 가려져 있다.

언론 보도만 놓고 볼 때 복제호랑이 탄생은 시간 문제였다. 국내 최초의 복제소 영롱이를 세상에 선보인 지 불과 몇 달이 지난 1999년 8월과 12월, 황우석 교수는 언론을 통해 백두산 호랑이 복제 계획을 발표했다. 이듬해 4월에는 대리모에 호랑이 수정란을 착상했기 때문에 조만간 백두산 호랑이가 태어날 것이라는 얘기도 들리기 시작했다. 호랑이 난자를 구하기 쉽지 않기 때문에 다른 고양이과 동물의 난자를 이용한 것과 같은 구체적인 방법까지 언론을 통해 소개됐다.[8]

하지만 어찌된 영문인지 2000년 중순을 기점으로 백두산 호랑이와 관련된 언론 보도는 뚝 끊겼다. 2000년 4월 대리모에 호랑이 수정란을 이식하긴 했지만 착상에 실패하거나 유산돼 결국 실패로 끝났다는 얘기만 간헐적으로 들릴 뿐이었다. 물론 이런 상황에서도 틈만 나면 황우석 교수는 호랑이복제의 당위성을 역설했다. 2001년 5월에도 황 교수는 막힘이 없었다.

우리가 몇 년째 백두산 호랑이 복제 실험을 하고 있는 거 아시지요? 앞으로 몇 십만 번 더 실험을 해야 할지 모릅니다. 과연 성공할 수 있을지도 장담 못합니다. 그래도 우리는 그 일을 합니다. 그게 과학자에요. 왜냐하면 우리가 해야 하고, 하고 싶고, 또 성공한다면 상당한 학문적

희열을 주는 일이니까요. 실패의 과정 속에서도 가치 있는 과학적 결과를 얻을 수도 있고요.[9]

하지만 황우석 교수는 또 거짓말을 했다. 우선 과학적인 사실부터 확인해 보자. 도대체 호랑이복제의 가능성은 어느 정도나 될까? 황 교수가 한창 호랑이복제를 한다고 주장하고 있을 때는 고양이과 동물 중 비교적 난자를 쉽게 구할 수 있었던 고양이복제도 여러 가지 기술적 어려움 때문에 계속 실패하던 시기였다. 당시 미국에서는 수년 전부터 고양이복제를 시도해 왔지만 계속 성공하지 못하고 있었다. 고양이의 수정란 분할 과정은 사람을 포함한 다른 포유류보다 몇 배나 빠르고 생리적 특성도 독특하기 때문에 체외 배양 조건이 상당히 까다로웠던 것이다.

더구나 황우석 교수가 백두산 호랑이를 복제하기 위해 시도한 방식은 설명하기도 복잡한 '3원 이종간 복제' 방식이었다. 동물복제를 위해서는 모체의 체세포 핵을 심을 난자가 필요하다. 하지만 황 교수는 호랑이 난자를 구하는 것이 쉽지 않기 때문에 대신 고양이 난자를 이용했고, 나중에는 고양이 난자도 구하기 어려워 소의 난자를 사용하기도 했다. 동물복제에 전혀 문외한이라도 이 복제 방식에 대한 설명을 듣고 나면 이런 과정을 거쳐 백두산 호랑이를 복제하는 것이 과연 가능할지 의심하지 않을 수 없다.

일단 고양이와 소의 난자에 핵을 이식해 수정란을 만든 다음에는 이것을 착상시킬 대리모를 찾아야 한다. 온·한대 지역 호랑이의 발정기는 2월에서 4월까지로 한정돼 있기 때문에 대리모를 구하는 일도 쉽지 않다. 황우석 교수는 호랑이 대신 임신 기간이 평균 105일로 호랑이와 비슷한 사자를 대리모로 쓰는 방법을 택했다. 호랑이 체세포와 고양이 난자로 만든 수정란을 암사자에 이식한 다음 백두산 호랑이가 태어나길 기다린 것이다.

이렇게 황우석 교수가 호랑이복제로 아까운 시간을 낭비하는 동안 미국에서는 2002년 2월 세계 최초로 고양이복제에 성공한다. 만약 백두산 호랑이 대신 고양이복제에 나섰다면, 그는 세계 최초로 개와 고양이를 동시에 복제한 과학자로 기록됐을지도 모른다. 하지만 그는 백두산 호랑이 복제가 불가능하다는 사실을 잘 알고 있었을 텐데도 무모한 실험을 계속 시도했다. 물론 이따금 언론에 알리는 것을 잊지 않고 말이다.

그렇다면 이렇게 그가 백두산 호랑이 복제에 집착한 이유는 무엇일까? 언론에 노출되는 것을 의식한 '언론 플레이'라는 점 말고는 다른 합리적인 이유를 찾는 것이 불가능해 보인다. 멸종된 백두산 호랑이를 복제해 탄생시키겠다는 것만큼이나 한국 언론과 대중의 관심을 끌 만한 게 또 어디 있겠는가? 더구나 그는 호랑이복제와 관련한 모든 것을 언론에 실시간으로 발표해 계속 시선을 끌어 모았다.

'신생대 공원' 환상 부추겨 온 언론

황우석 교수의 호랑이복제 소동과 관련해 수많은 기자들이 「'복제 백두산 호랑이' 내년쯤 '어흥'」[10] 류의 기사를 써내며 한몫 거들었다. 하지만 그중에서도 가장 눈에 띄는 기사는 호랑이복제 소동이 한물간 뒤 나왔다. 호랑이복제 얘기가 거의 언론에서 자취를 감춘 2003년 11월 19일 KBS는 난데없이 황우석 교수의 입을 빌려 다시 호랑이복제를 거론했다.

이날 KBS 〈뉴스 9〉는 "최종적으로 이 호랑이복제가 성공하면 연구팀은 맘모스 등 멸종된 동물을 호랑이와 똑같은 방법을 이용해 복원시킬 계획"이라고 보도했다.[11] 졸지에 황우석 교수 덕분에 우리는 세계 최초로 '신생대 공원'을 가질 뻔한 것이다. 잘 알다시피 현재의 과학기술로 멸종한 동물을 되살리는 것은 소설·영화에서나 가능한 일인데도 KBS 〈뉴스 9〉는 황 교수의 얘기만을 앵무새처럼 따라했다.

이날 이 내용을 보도한 사람은 바로 홍사훈 기자였다. 그는 2년 뒤 황 교수의 논문 조작 논란이 본격화될 때도 중요한 국면마다 황 교수 측의 입장에 경도된 보도를 해 여론을 호도하는 데 앞장서 왔다. 특히 그가 2005년 12월 4일 KBS 2TV 〈일요뉴스타임〉에 출연해서 "『사이언스』는 일반인이 아무리 돈을 많이 줘도 못 보는 전문지"라고 주장한 것은 한심한 보도의 전형으로 회자됐다. 『사이언스』가 저명한 과학잡지인 것은 사실이지만 누구나 접근해 볼 수 있는 데다, 황 교수의 논문 조작 이전에도 이 잡지는 연구 부정을 이유로 게재한 논문을 취소한 적이 많았기 때문이다.

하지만 홍사훈 기자는 논문 조작의 진실이 어느 정도 드러난 뒤에도 반성은커녕 변명으로 일관했다. 심지어 그는 같은 해 12월 22일 디시인사이드dcinside.com '과학갤러리'에 글을 올려 그간 황우석 교수에 편향된 기사를 썼던 사실은 인정하면서도 "논문 조작은 사실 학계의 관행"이라고 주장해 과학계의 거센 반발을 사기도 했다.

> 마지막으로 제가 황우석 교수 쪽에 경도돼 기사를 쓴다는 문제입니다. 인정합니다. 황 교수와 제가 친했던 것(?) 맞습니다 …… 그러나 한번 여기 계신 분들 생각해 보시죠. 그건(논문 조작은) 사실 학계의 관행이었습니다. 논문 써 본 사람(물론 저는 써 본 적이 없습니다)치고 현재 진행 중인 일부 시료(실험) 성공 가정해서 안 써 본 사람 있나요 …… 관행이 아니었다고, 절대 용서할 수 없는 파렴치한 행위였다고 정말 과학자들 말할 수 있나요?[12]

물론 이런 어처구니없는 발언은 과학계의 거센 반발을 사 홍사훈 기자는 채 하루도 못 돼 자신의 발언을 취소하고 사과해야만 했다. 이런 소동을 지켜보면서 '과학갤러리'의 한 누리꾼(ID: 결국)은 홍 기자의 행태를 이렇게 꼬집었다.

> 황우석 교수는 '연구'를 한 게 아니라 '정치'를 했다. 정부·정치권 인사를 통해서 연구비를 끌어 오고 유명인 나오는 행사에 다 끼어 대중적 인기 모으고 섀튼을 끌어들여 『사이언스』에 논문을 발표하고 비서울대 출신 연구원의 낮은 지위를 이용해 난자도 마구 채취한 것이 그 예이다. 이런 포섭 대상들에는 황 교수에게 유리한 기사를 써 줄 당신도 있었다.

논문 없는 과학은 가능한가

황우석 교수는 2005년 8월 3일 세계 최초의 복제개가 태어난 사실을 발표하면서 "과학자는 논문으로 말해야 하는데 이런 기자회견을 가지게 돼 쑥스럽다"는 얘기를 했다. 누구나 동의할 수 있는 이런 언급은 과거의 그를 기억하는 많은 이들을 곤혹스럽게 만들었다. 그간 언론과 대중의 주목을 받은 그의 굵직한(?) 연구들에서 도무지 논문을 찾아볼 수 없었기 때문이다. 가장 대표적인 예는 바로 여전히 '검증' 중이라는 '광우병 내성소'이다.

황우석 교수는 영롱이 이후 연이어 실패한 호랑이복제 외에는 딱히 눈에 띄는 과학적 성과를 제시하지 못했다. 하지만 그는 2003년 12월 10일 광우병에 걸리지 않는 소를 세계 최초로 생산해 냈다는 발표를 통해 다시 한번 (과학계가 아닌) 언론과 대중의 주목을 받았다. 병의 원인도 제대로 규명되지 않았는데 그 병에 대한 내성을 가진 소를 개발했다는 한 과학자의 발표에 전 언론과 대중이 열광한 이 기묘한 상황을 한 사회학자는 이렇게 묘사하고 있다.

> '프리온prion'이라는 것의 실체와 '광우병'의 원인이 제대로 밝혀지지 않은 상황에서 그런 '쾌거'가 나왔다는 건 여러모로 어리둥절한 일이다. 그 호들갑스런 뉴스와 기사들은, 그렇게 '생산'한 소가 광우병에 걸리지 않는다는 걸 어떻게 입증할 수 있느냐와 관련한 부분에 대해서는 이상할 만큼 침묵했다. 그리고 한국을 먹여 살릴 그 소가 정말 먹을 수 있는 소인지, 혹은 세계인이 그 소를 기꺼이 먹어 줄 것인가라는, '유치한' 의문 또한 '당연히' 품지 않았다.[13]

실제로 그 소가 정말로 광우병에 걸릴지 안 걸릴지 전혀 알 수 없는 상황에서 황우석 교수가 광우병 내성소를 탄생시켰다고 발표한 것이 어떤 의미를 갖고 있는지는 기자들은 물론 황 교수 본인도 잘 알고 있었다. 이 연구는 '프리온 학설'을 내놓은 스탠리 프루시너Stanley B. Prusiner 박사의 "프리온을 과발현시키거나 아예 제거한다면 광우병에 안 걸리는 개체가 만들어질지도 모른다"는 주장을 소에 적용시켜 본 것뿐이다. 이 때문에 황 교수의 연구도 '프리온을 과발현'하는 것과 '프리온을 아예 제거'하는 양쪽 방향으로 진행됐고 그중에서 '과발현'한 소만 살아남았다. 정확히 말하면 광우병 '내성소'가 아니라 '프리온이 과발현되는 소'라고 표현해야 했지만, 논문을 발표하는 대신 언론에 먼저 공개한 황 교수는 과장법을 택했다.

이런 상황을 염두에 뒀는지 황우석 띄우기에 앞장섰던 『조선일보』조차도 "광우병 내성소 생산은 사람에게도 전염병을 갖는 광우병에 걸리지 않는 소를 대량 사육할 수 있게 돼 인류가 광우병 공포 없이 쇠고기를 안심하고 먹을 수 있다는 의미를 갖지만 광우병 내성소가 실제로 광우병에 걸리지 않는지 3~5년간 임상실험을 통해 입증해야 한다"고 앞뒤가 안 맞는 기사를 내놓고 있다.[14] 칭찬을 잔뜩 해 놓고서 실제로는 광우병에 '걸릴지 말지 알 수 없다'는 식으로 빠져나갈 구멍을 만들어 놓은 것이다.

심지어 황우석 교수 자신도 발표한 지 한 달 남짓 지난 뒤 『한겨레』와의 인터뷰에서 이런 사실을 인정한다. 그는 "원래 소를 만들고 과발현된 세포가 외부의 변형 프리온과 결합했을 때 반응을 시험관 실험으로 확인한 뒤, 먹었을 때 몸 안에서 발현 여부를 알아보는 생체 실험이 필요했다"고 고백하고 있다. 황 교수 본인도 이 소가 광우병에 걸릴지 안 걸릴지 전혀 알 수 없는 상황에서 결과를 발표한 사실을 인정한 것이다.

이처럼 성급하게 발표한 이유는 "일본에 연구 성과가 넘어갈 것을 우려한 탓"이라고 했다. 하지만 황 교수와 언론의 이런 주장은 6개월이 채 지나기 전에 자가당착에 빠지고 말았다. 일본의 한 연구팀이 '프리온을 제거한 광우병에 안 걸리는 소를 탄생시킨 것'이다. 이 소의 탄생이 갖는 의미를 일본 언론을 따라 보도한 『문화일보』를 보며 생각해 보자.

선천적 광우병 미발병 소를 개발한 이유는 의약품용 항체 생산에 필요한 동물 중 소에서 추출 가능한 치료약을 제조할 때 이 소가 광우병에 조금이라도 감염될 가능성이 있다면 소비자의 불신을 받기 때문이다. 따라서 아예 선천적 광우병 미발병 소를 연구해 내기에 이른 것 …… 이번 연구 성과는 의약품 사업용일 뿐 광우병에 감염되지 않는 소를 식용으로 보급하는 일은 아직 생각지 않고 있다.[15]

일본 광우병 내성소에 대한 이런 보도는 불과 6개월 전 적절한 검증 절차도 거치지 않은 채 황 교수의 연구 결과 발표에 대해서 호들갑을 떤 것과 크게 비교된다. 사설까지 동원해 "세계 축산시장 장악과 함께 광우병 정복이란 생명공학의 쾌거"[16]라고 묘사했던 6개월 전의 흥분된 모습의 보도는 전혀 찾아볼 수 없다.

광우병 내성소에 대한 과장 보도

광우병 내성소 파동과 관련해서도 역시 눈에 띄는 기사가 있다. 『조선일보』는 2005년 5월 13일 한 면을 터 황우석 교수의 광우병 내성소가 '검증'을 위해 일본으로 간다는 기사를 내보냈다.[17] 이미 1년 전 일본에서 광우병 안 걸리는 소를 개발했다는 사실이 알려졌는데도, 이 신문은 전혀 아랑곳하지 않고 황 교수 측의 얘기만을 앵무새처럼 반복했다.

『조선일보』는 황 교수와 함께 동물복제 연구를 진행하던 이병천 교수의 말을 따 "일본에 우리의 앞선 과학기술을 전해 준다는 점에서 백제 왕인王仁 박사가 일본에 건너가 문물을 전해 준 일에 비교될 만한 사건"이라며 광우병 내성소의 도일渡日 의미를 설명했다. 황 교수도 같은 맥락에서 한마디 거들었다. "21세기의 왕인 박사가 될 수 있도록 최선을 다하겠다."

『조선일보』는 더 나아가 "최종적으로 광우병 예방 효과가 입증되면 전 세계인들이 광우병 걱정 없는 쇠고기를 먹게 되는 획기적 사건으로 기록될 전망"이라고 덧붙였다. 하지만 이 역시 황우석 교수의 바람일 뿐이다. 유전자조작 식품에 대한 전 세계적인 거부감을 고려한다면 황 교수의 광우병 내성소가 검증된다 하더라도 전 세계인들이 이 소를 안심하고 먹어 줄 것이라는 기대는 터무니없는 것이기 때문이다. 하지만 당시는 황 교수의 행보에 누구도 이의를 제기하지 못하던 때였다(더 자세한 내용은 8장 참조).

이렇게 황우석 교수 측의 얘기만을 전달하던 『조선일보』에서 과학을 담당하는 이영완 기자도 홍사훈 기자와 마찬가지로 논문 조작 논란이 한창이던 2005년 말 굵직굵직한 오보를 생산하는 데 앞장섰다. 그중에서도 단연 눈에 띄는 것은 황 교수가 〈PD수첩〉에 의해 시달리는 사이 황 교수팀이 준비하던 연구를 일본의 과학자들이 먼저 선수 쳤다는 보도이다. 이 신문은 2005년 12월 6일 "〈PD수첩〉의 '협박·회유 취재'에 황 교수가 휘청하는 사이 '세계 첫 논문'을 일본에 빼앗겼다"며 크게 보도했다.

그렇지 않아도 4일 YTN이 제기한 취재윤리 위반 문제로 크게 흔들리던 〈PD수첩〉은 이 보도 탓에 결정타를 맞았다. 하지만 불과 한나절도 못 돼 이 보도는 오보로 밝혀졌다. 일본의 과학자들이 발표한 논문은 이미 2005년 5월 29일 제출된 것으로 확인됐다. 〈PD수첩〉이 같은 해 6월에야 첫 제보를 통해 황우석 교수의 줄기세포 연구와 관련된 여러 가지 문제점을 취재하기 시작한 것을 염두에 두면 〈PD수첩〉 때문에 황 교수팀이 일본의 과학자들에게 선수를 빼앗겼다는 것은 명백한 오보다. 황 교수 측의 말만을 그대로 받아 적은 탓에 중요한 국면에서 굵직한 오보를 낸 것이다.

기왕에 얘기가 나왔으니 두고두고 회자되고 있는 이영완 기자의 기사를 하나 더 언급하고 넘어가자. 이 기자는 황 교수가 조작된 논문을 『사이언스』에 발표한 직후 브라질 출장을 동행 취재한 뒤 2005년 6월 16일 「황우석 교수는 공항에서도 뛰어다닌다」는 2박 3일 취재기를 써 눈길을 끌었다.[18] 크게 화제가 된 이 기사는 언론이 황 교수를 신화화하는 데 어떤 역할을 했는지 잘 보여 준다. 기사의 마지막 대목을 그대로 인용해 보자.

> 이번 출장은 별 탈 없이 끝났다. 한 가지 불상사라면 외국인들에게 황우석 교수팀의 성공의 상징으로 인식된 쇠젓가락이 브라질을 빠져나오지 못한 일. 황 교수는 미국에 있는 제자에게 선물을 줄 금도금 수저 한 벌을 준비했다. 브라질 입국 때까지는 공항 검색대에서 몇 번 조사받는 것으로 그쳤지만, 출국 때는 검색원이 젓가락을 손에 쥐고 흉기가 되는 시범을 보이는 통에 결국 두고 올 수밖에 없었다. 그 검색원은 자신이 흉기로 본 물건이 수많은 사람을 살릴 귀중한 밑거름이었는지를 알 수 없을 것이다.

파국을 예견케 했던 언론과의 유착 관계

앞에서 살펴봤듯이 황우석 교수와 언론 사이의 긴밀한 관계는 언제든지 부적절한 관계로 변질될 가능성이 있었다. 2005년 국정감사 기간 황 교수와 민주노동당이 자료 제출 여부를 놓고 갈등할 때 일부 보수 언론이 보인 태도는 아주 전형적인 예이다.

『조선일보』는 2005년 10월 7일자에 「황우석 '민주노동당 때문에 연구 못할 지경'」이라는 눈에 띄는 제목의 기사를 내보냈다. 이틀 전 황 교수가 삼성전자 황창규 사장의 상가喪家를 방문한 자리에서 민주노동당에 대한 불만을 털어놓은 내용을 그대로 전한 것이다. 이 신문에 따르면 황 교수는 "민주노동당이 국정감사에 필요하다며 별별 자료를 다 요구하고 있다"며 "연구원들이 자료 작성에 시간을 빼앗기다 보니 연구에 엄청난 지장을 받고 있다"고 말했다. 그는 또 "우리 연구팀이 중국 연변 처녀들의 난자를 불법적으로 거래했다는 소문이 있다며 민주노동당이 자료 제출을 요구해 왔다"며 "이는 터무니없는 얘기로 줄기세포 연구에 필요한 모든 난자는 〈생명윤리법〉에 따라 합법적으로 구하고 있다"고 덧붙였다.[19]

『조선일보』가 대변한 이런 황우석 교수의 주장은 바로 거짓말로 밝혀졌다. 민주노동당이 당시 요구한 것은 서울대 수의과대학 IRB가 2005년 1월 25일 개최했다는 회의에 제출된 황 교수의 연구에 대한 심의 서류와 회의록이었다. 더구나 민주노동당은 서울대 수의과대학이 연구의 구체적인 내용이 공개된다는 이유로 공개를 꺼리자 관련 자료의 열람만을 요청해 놓은 상태였다.

황우석 교수가 당시 '중국 연변 처녀들의 난자 불법 거래'를 언급한 부분은 더욱더 납득할 수 없는 일이다. 실제로 이때 민주노동당은 "공식 문서나 유선상의 통화에서 '중국 연변 처녀들의 난자 불법 거래'와 같은 의혹을 제기한 바도 없고 관련 소문을 들어 본 적도 없다"며 반박했다. 민주노동당은 더 나아가 "만약 그런 의혹이 제기되고 있다면 황 교수가 먼저 해명해야 할 것"이라고 반격하고 있는 데도 황 교수는 침묵했다.[20]

이렇게 황우석 교수와 민주노동당 사이에 논란이 한창 진행 중일 때 『중앙일보』 인터넷판이 내보낸 기사를 기억할 필요가 있다. 당시 『중앙일보』는 「네티즌 "민주노동당, 황우석 괴롭히지 말고 너나 잘하세요"」라는 기사를 내보냈다.[21] 황 교수와 민주노동당 양측의 주장에 대한 인터넷상의 찬반 입장을 정리한 이 기사는 제목을 통해 속내를 노골적으로 드러냈다는 점에서 보수 언론이 이번 일에서 누구 편인지를 다시 한번 확실하게 보여 줬다.

이로부터 불과 몇 달 후 황우석 교수가 보였던 석연치 않은 태도의 진짜 이유가 만천하에 드러났다. 황 교수가 매매된 난자 2,000여 개를 노성일 미즈메디병원 이사장으로부터 3년 여에 걸쳐 공급받아 실험에 써 온 사실이 드러난 것이다. 더구나 이렇게 많은 난자를 공급받아 놓고도 제대로 된 배아복제 줄기세포를 하나도 수립하지 못한 사실도 밝혀졌다. 이렇게 황 교수와 언론의 부적절한 관계는 파국으로 귀결됐다.

황 교수의 '기자 챙기기'

2006년 3월 24일, 인터넷 포털사이트에 한 전직 의학전문기자의 증언이 알려지면서 여론이 크게 들썩거렸다.

2004년 8월 미국 존스 홉킨스대로 연수를 떠나기 직전에 황우석 교수팀에 대해 갖고 있던 호감이 흔들리는 일이 생겼다. 한 기자가 황 교수의 신용카드로 고급 술집을 자유롭게 이용한다는 사실을 알았기 때문이다. 기자들에게는 검소한 생활을 그렇게 강조하더니……. 나는 뒷머리를 홍두깨로 '퍽' 맞은 기분이었다. 그러나 내가 본 것, 들은 것이 사실이 아니기를 빌며 미국행 비행기에 올랐다.[22]

언론계에서는 공공연한 입소문으로 널리 알려진 이 얘기의 진실은 당시 현장에 있었던 황우석 교수와 기자들만이 알 것이다(물론 이른바 '황우석의 기자들'은 이런 증언에 대해서 묵묵부답으로 일관하고 있다). 그러나 이 같은 증언은 황 교수와 언론의 긴밀한 관계가 도대체 어디서 비롯된 것인지 생각하게 된다.

가장 먼저 떠오르는 것은 황우석 교수의 남다른 기자 챙기기 노력이다. 상당수 과학기술자들이 기자들의 과학기술 관련 보도에 대해서 "깊이가 없고 심지어 전혀 다른 뜻을 전달할 뿐만 아니라 때로는 연구 결과에 섣부른 의미를 달아 비약하고 사실을 왜곡한다"[23]며 기자들과 접촉하는 것 자체를 기피하는 것과 비교해 보면 그의 이런 태도는 독특하다.

이렇게 황 교수가 언론을 중요하게 생각하게 된 데는 배경이 있을 법하다. 황 교수와 같은 1970년대 초반에 대학에 들어간 이들은 '경기고-서울대'와 같은 학맥의 위력을 잘 아는 세대다. 황 교수 역시 충청도 지역의 최대 학맥인 '대전고-서울대' 인맥에 포함돼 있었다. 하지만 가난한 산골에서 태어나 상대적으로 그 세가 미약한 수의과대학을 졸업해 모교에서 교수를 하는 그가 한국 사회의 주류로 부상하기는 쉽지 않았을 것이다.

이런 한계를 누구보다도 잘 알고 있던 황우석 교수는 외곽에서 치고 들어가는 방법을 택했다. 외부에서 각광을 받아 주류 학계, 나아가 한국 사회의 주류 인사들이 그를 찾게 만든 것이다. 이를 위한 가장 효과적인 방법은 바로 언론으로부터 주목을 받아 대중을 지지자로 만드는 것이었다.

실제로 황우석 교수의 기자 챙기기는 유명하다. 황 교수가 기자를 위한 휴대전화를 따로 들고 다니며 심지어 수업 중에도 기자들로부터 전화가 오면 통화를 마다하지 않는다는 것은 잘 알려진 일이다. 황 교수의 각별한 기자 챙기기는 심지어 서울대 내 언론사에도 해당된다. 서울대 수의과대학을 졸업한 현직 기자 D 씨는 다음과 같이 회고한다.

학교 다닐 적에 수의과대학 교지편집위원회에서 활동했다. 황우석 교수는 지도교수가 아니었는데도 신임 편집위원회가 구성될 때마다 자진해서 식사를 함께 하는 자리를 마련하곤 했다. 이런 경험은 편집위원회 구성원들에게 아주 좋은 인상으로 남았다. 황 교수가 의도하지는 않았겠지만 교지편집위원회 출신 중에는 졸업 후 언론계·출판계 등에 자리를 잡아 황 교수에게 직·간접적으로 도움을 주기도 했다.[24]

황우석 교수의 기자 챙기기와 관련해 더 인상적인 다른 사례도 있다. 2005년 5월 『사이언스』에 두 번째 줄기세포 연구 결과가 게재된 뒤 공항에서 귀국 기자회견을 하면서 황 교수는 『연합뉴스』의 한 기자에게 통신사의 권리를 포기하고 일반 언론사처럼 보도 제한 embargo, 이하 '엠바고' 을 지켜준 데 대한 각별한 고마움을 표시했다. 『연합뉴스』와 같은 통신사는 엠바고를 전제로 12시간 전에 언론사를 대상으로 관련 보도를 할 수 있게 돼 있다. 하지만 『연합뉴스』는 황 교수와의 관계를 의식해 이런 권리를 행사하지 않았다. 황 교수가 이런 모습을 따로 언급해 칭찬한 것이다. 황 교수의 기자 챙기기 수준을 알 만한 대목이다.

사실 이런 황 교수의 언급은 『연합뉴스』와 해당 기자 입장에서는 수치스러운 일이다. 통신사와 기자로서 책임을 방기해 놓고서 칭찬을 받은 꼴이기 때문이다. 하지만 『연합뉴스』와 해당 기자는 황 교수의 칭찬 한마디에 감동한 나머지 이를 별도 기사로 올렸을 뿐만 아니라 심지어 관련 내용을 동영상으로도 서비스했다.[25] 기를 쓰고 엠바고를 무시하는 언론사의 관행도 문제지만 국가 기간통신사라고 자기 정체성을 내세우는 언론사와 소속 기자가 제 임무를 못 한 것을 오히려 자랑스러워 하는 현실, 황 교수 앞에만 서면 한 없이 작아지는 국내 언론의 적나라한 현주소라고 생각할 수밖에 없는 대목이다.

이렇게 칭찬을 받은 탓인지 당사자인 김길원 기자는 2005년 11월부터 황우석 교수의 줄기세포 연구를 둘러싼 여러 가지 문제가 제기되자 노골적으로 황 교수를 보호하는 데 앞장섰다. 난자 출처를 둘러싼 논란이 본격화된 2005년 11월 22일 김 기자는 자신의 블로그에 「황 교수팀 진실은 무엇일까요」라는 글을 올려 "선진국과 비교했을 때 이제야 걸음마 단계를 디딘 수준인 우리나라 생명과학계의 현실을 염두에 두면 윤리 문제도 뒤처질 수밖에 없다"며 "국익의 관점에서 황 교수와 관련된 문제를 접근해야 한다"는 소신을 밝혔다. 이런 김 기자의 태도는, TV 토론에까지 나와서 "진실보다 국익이 우선이다"라고 발언한 『중앙일보』 홍혜걸 기자[26]와 '오십보백보'라고 할 만하다.

애국주의에 빠진 과학기술 보도

황우석 교수와 언론과의 관계에서 주목해야 할 또 다른 중요한 점을 짚어 보자. 앞에서 한국과 일본의 광우병 내성소 보도에 차이가 있는 것에서 알 수 있듯이, 한국 과학기술 보도에는 '애국주의'나 '민족주의'가 강하게 드러난다는 것이다. 세계 어느 나라보다도 민족주의가 힘을 발휘하는 한국에서 애국주의가 과학기술 보도의 중요한 특징으로 지적되는 것은 당연한 일이다.

미국·일본·유럽과 같은 과학기술 선진국에서 해내지 못한 일을 우리 과학기술자가 해냈다는 사실은 과학기술 연구 자체보다 더 대중의 관심을 끌기 마련이다. 이러다 보니 언론은 국제 과학잡지의 의례적인 통계 기사도 국내 과학계를 칭찬하는 기사로 둔갑시켜 보도하기도 한다. 과학기술부는 2005년 10월 26일 배포한 보도자료에서 『네이처』가 "한국인 필자들의 연구 성과를 소개하며 별도의 기사를 통해 한국의 생명공학과 과학기술에 놀라움을 표하고 있다"고 알렸고, 이를 일부 기자들은 그대로 받아썼다.

그러나 확인 결과 과학기술부의 이 보도자료는 애초에 사실 관계도 확인하지 않은 엉터리였다. 『네이처』의 이 기사는 해당 호에 실린 성균관대 김경규 교수의 국적이 한국임을 감안해 짧게 『네이처』와 관계된 우리나라 관련 통계를 실어준 것일 뿐이다. 이런 통계 기사는 다른 나라 학자들이 논문을 기고할 때에도 올리는 의례적인 것이다. 『네이처』의 이전 호들에는 덴마크·브라질·스코틀랜드·일본·칠레 등의 통계가 똑같은 형식으로 실려 있었다.[27]

황 교수에 대한 보도에서 애국주의에 호소하는 언론의 태도는 절정에 달했다. '태극기를 꽂고 왔다'는 제목이 등장한 것은 이 같은 태도를 가장 선정적으로 보여 주는 예라 할 수 있다.[28] 대중과 언론의 생리를 누구보다도 잘 아는 황 교수 역시 언론의 태도에 발맞춰 "과학에는 국경이 없지만 과학자에게는 조국이 있다"는 식의 애국주의에 호소하는 말과 행동을 쏟아내곤 했다. 물론 언론은 이 같은 황 교수의 말과 행동을 매번 대서특필했다.

이런 애국주의에 대한 강조는 어처구니없는 오보를 낳기도 했다. 미국의 한 연구기관에서 1조 원 이상의 연구비를 제의했는데, 황우석 교수가 이를 거절했다는 소식도 그중 하나이다. 이 소식은 『조선일보』, 『동아일보』, 『서울신문』 등 대부분의 언론을 통해 크게 보도됐다. 심지어 청와대 고위관계자도 "최근 미국의 한 주 정부에서 황 교수를 유치하기 위해 1조 원 이상의 연구비를 제공하겠다고 제안했다"며 "그러나 황 교수는 자신의 연구결과가 국가적 차원에서 활용돼야 한다는 뜻에서 이를 거절한 것으로 안다"고 밝혔다.[29]

그러나 얼마 후 수많은 국민을 감동시킨 이 소식은 실제로는 전형적인 '카더라' 통신이었던 것으로 드러났다. 며칠 후 황 교수는 "언론에 그런 말을 한 적이 없으며 (사실 여부도) 확인해 줄 수 없다"고 슬그머니 한 발 뺐다.[30] 물론 이에 대해서 처음 보도했던 대다수의 언론들은 황 교수의 이런 해명에 대해서 추가 보도하지 않았으며, 대부분의 국민들은 아직도 황 교수가 1조 원의 연구비 지원도 거부하고 조국에 남은 애국자로 알고 있다.

아이로니컬하게도 이런 애국주의는 사대주의와 내통하고 있다. 국제기구의 권위에 기대 '황우석 띄우기'를 시도했던 언론은 오보도 마다하지 않았다. 가장 압권은 '유엔UN 연설 소동'과 관련된 보도이다. 『사이언스』에 첫 번째 줄기세포 연구 성과가 발표된 지 몇 달 뒤 2004년 6월 2일 국내 언론은 일제히 "황우석 교수가 유엔에서 과학자로서는 국내 최초로 연설을 한다"고 크게 보도했다. 이 소식을 듣자마자 의구심이 생길 수밖에 없었다. 2004년은 유엔에서 인간배아 연구 규제를 놓고 찬반 격론이 벌어진 때였기 때문이다.

나중에 확인해 보니 이 보도는 낯 뜨거운 오보로 밝혀졌다. 한국의 최고 과학자를 띄우려는 애국심이 넘치다 보니 유엔 연설까지 조작한 것이다. 물론 황 교수가 유엔 회의장에서 연설을 한 것은 사실이다. 치료 목적의 인간배아 줄기세포 연구를 찬성하는 미국의 한 민간단체가 찬성 측에 힘을 실어주기 위해 유엔 회의장을 빌려서 행사를 개최했고, 생명윤리 논란 때문에 미국·유럽에서는 상상도 할 수 없는 연구 성과를 낸 자신들의 든든한 우군 황 교수를 강연자로 초청한 것이다. 예를 들어 한 시민단체가 국회 회의장을 빌려 행사를 개최하고 그 자리에 황 교수를 초청해 연설을 들었다고 하자. 이것을 "황우석 교수가 국회에서 과학자로서는 최초로 연설을 한다"고 보도한다면 눈 밝은 국민들이 납득할 수 있을까?[31]

과장을 넘어 왜곡 보도까지

이렇게 황우석 교수에 대한 언론의 호들갑을 애국주의로 설명하는 것은 꽤 설득력이 있지만 현실의 다른 면들을 간과할 가능성이 있다. 언론이 과학기술 보도에 있어서 열광 상태를 조장하는 것은 세계 곳곳에서 일반적으로 발견되는 모습이다. 단지 그 정도에 차이가 있을 뿐이다. 최첨단의 현대 과학기술에 대한 보도일수록 이런 경향은 더욱더 심해진다. 언론의 '황우석 띄우기'에는 뭔가 다른 이유가 있다.

이와 관련해 이 책 전체에서 설명하고자 하는 '과학기술동맹'이라는 개념을 다시 한번 강조하고 싶다. 과학기술을 매개로 황우석 교수와 같은 과학자와 언론이 서로 결합·유착돼 강고한 기득권 체제를 형성하고 있는 것이다. 이것은 언론으로 하여금 사실fact에 기반을 둔 진실 규명이라는 기본적인 원칙마저도 위반케 했다. 단순히 애국주의적 과장을 넘어서는 부정직한 보도는 '과학기술동맹'을 통해서 가능했던 것이다.

그런 징후는 이미 이전부터 여러 차례 나타났다. 지난 2004년 황우석 교수의 첫 인간배아 줄기세포 연구 성과가 『사이언스』에 발표된 몇 개월 뒤 『네이처』는 「한국의 줄기세포 스타들, 윤리적 의혹에 시달리고 있다」라는 제목으로 황 교수의 난자 획득 경위, IRB 통과 문제, 청와대 정보과학기술보좌관이 공동저자로 포함된 경위에 대한 의문 등 여러 가지 윤리적 의혹을 제기했다.

국내 언론이 황 교수 입만 쳐다보고 있을 때 『네이처』가 지적한 이런 중요한 내용에 대해서 『동아일보』, 『프레시안』, 『한겨레』를 제외한 대부분의 언론들은 제대로 그 내용을 소개하지 않고 짧은 설명을 붙인 후 바로 황 교수의 반발과 해명을 그대로 싣는 모습을 보였다. 심지어 『네이처』가 『사이언스』의 경쟁지이고 특종을 놓쳤기 때문에 황 교수의 연구 성과를 훼손시키려 한다고 크게 보도했다.

또 다른 사례를 살펴보면 황우석 교수와 언론의 동맹 관계는 더욱 더 적나라하게 드러난다. 먼저 『중앙일보』에서 오랫동안 과학기술을 담당해 온 박방주 기자가 2001년 〈생명윤리법〉 제정을 둘러싼 논란 과정에서 어떻게 황 교수를 도왔는지 살펴보자. 같은 해 5월 22일 과학기술부 생명윤리자문위원회가 지난 7개월간의 논의를 정리해 〈생명윤리법〉의 골격을 공개적으로 토론하는 공청회에서 진교훈 당시 생명윤리자문위원회 위원장은 '악의적인 보도'라며 박 기자에게 공개적으로 유감을 표명했다.

박방주 기자는 1주일 전부터 『중앙일보』에 「'인간배아 연구 금지' 시안, 생명공학에 직격탄」 류의 기사를 연이어 실으면서 〈생명윤리법〉이 사실상 인간배아 연구 전체에 대한 금지 법안이라는 인상을 갖게 하는 데 큰 역할을 했다. 생명윤리자문위원회가 준비한 법안은 인간배아 연구는 허용하되 황우석 교수가 시도하려 했던 복제배아 연구만 금지하려는 것이었기 때문에, 엄격히 말해 황 교수를 제외한 생명공학계가 크게 반발할 이유는 없는 것이었다. 하지만 박 기자의 보도는 과장된 내용으로 갈등을 부추겼고 생명공학계 전반이 〈생명윤리법〉 제정에 반대하게 만들면서 혼란을 증폭시켰다.

실제로 박방주 기자의 기사를 들여다보면, 그가 황우석 교수의 배아복제 연구를 의식한 것이었음이 명백하다. 홍혜걸 기자와 같이 쓴 한 기사에서 박 기자는 "시안대로 〈생명윤리법〉이 통과되면 그동안 서울대 황우석 교수가 성공한 체세포복제 …… 연구는 더 이상 하기 어렵게 된다"[32]며 사실상 황 교수의 배아복제 줄기세포 연구를 지칭해서 생명윤리자문위원회의 법안을 비판했다.

이렇게 우여곡절 끝에 제정된 〈생명윤리법〉 제정 과정을 누구보다도 잘 아는 기자는 바로 「황우석 "미 생명공학기술 고지에 태극기 꽂고 왔다"」라는 기사를 썼던 『동아일보』의 김훈기 기자다. 그는 〈생명윤리법〉 제정 과정을 추적해 박사학위 논문까지 썼다. 하지만 황 교수의 줄기세포 연구를 둘러싼 논란이 불거졌던 지난 수개월간 그가 보였던 모습은 실망스럽기 짝이 없었다.

심지어 YTN이 〈PD수첩〉의 취재윤리 위반 사실을 보도하고 노무현 대통령이 "이만 덮자"라고 말하는 등 사실상 진실을 향한 노력이 꺾일지도 모르는 시점이었던 12월 5일부터 1주일간, 그는 기자로서 자신의 책무를 포기하며 노골적인 '황우석 편들기'에 매진했다. 특히 1주일간 '브릭BRIC'의 용기 있는 생명과학자들이 문제 제기했던 광범위한 논문 조작의 증거를 황우석 교수의 말을 그대로 옮기며 묵살하려 했던 것은 반드시 기억해야 할 것이다.

김훈기 기자는 12월 10일 한 면을 터서 쓴 기사에서 "〈PD수첩〉 방영이 중단된 이후 『사이언스』에 발표한 환자맞춤형 줄기세포가 가짜라고 주장하는 익명의 주장은 모두 네 건"이라며 "(이 주장은) 익명의 국내 생명과학자들이 '브릭BRIC' 웹사이트에 의혹을 제기하면 『프레시안』이 이를 여과 없이 전달해 삽시간에 확산되는 양상"이라고 보도했다.[33] 물론 김 기자가 사태가 진행되는 동안 '여과 없이' 전달한 황 교수 측의 주장은 나중에 대부분 위기를 모면하기 위한 거짓으로 드러났다. 의식했든 의식하지 않았든 김 기자의 '황우석 살리기'는 '과학기술동맹'의 모습을 적나라하게 보여 줬다.

과학기술과 언론, 어떤 관계를 맺어야 하는가

황우석 교수와 언론이 맺어 온 관계를 살펴보았을 때, 언론의 과학기술 보도 방향이 근본적으로 선회돼야 할 필요성을 느낀다. 과학기술시대에 언론이 해야 할 일은 과연 무엇인가? 현대 과학기술 활동을 끊임없이 감시하고, 그것의 사회적 영향을 성찰하며, 그 감시와 성찰의 결과를 대중들과 공유하는 것이야말로 언론이 지향해야 할 모습이 아닐까? 이것은 기자들이 항상 추구해야 할 사실에 대한 철저한 조사, 대담한 해석, 비판적 탐구의 연장선상에 놓여 있다는 점에서 비현실적인 요구라고 볼 수도 없다.

이런 면에서 볼 때 황우석 교수가 한국 언론의 과학기술 보도에 기여한 가장 큰 공헌은 '기본으로 돌아가라'는 원칙을 다시 한번 상기시켜 준 것이다. 기본을 지키지 않은 언론은 결국 뼈아픈 반성을 할 수밖에 없다. 이은정 기자 주도로 '황우석 띄우기와 감싸기'에 주력해 왔던 '진보 언론' 『경향신문』은 결국 12월 24일, 기본으로 돌아갈 것을 다짐하는 사과를 할 수밖에 없었다. 좀 길지만 같이 읽어 보자.[34]

무너진 것은 '황우석 신화'만이 아니다. 진실 추구라는 기본 사명을 방치했던 언론도 그 신뢰의 근간을 잃어버렸다. 아직도 신화의 붕괴를 믿고 싶지 않은 국민들의 실망, 한 줄기 희망을 붙들었던 난치병 환자들의 절망을 이토록 키운 것은 바로 언론이기 때문이다.
'황우석 신화'는 거짓과 조작으로 잉태됐으나 그것을 수립하고 확장해 온 것은 언론이다. 외롭게 분투해 온 이성과 성찰의 힘들이 모아져 진실의 자락들이 드러나는 마지막 순간까지도 애써 눈을 감으려 한 것이 바로 이 땅의 소위 주류 언론들이다.
언론은 맹목의 질주에 동참했고, 허위의 신화를 만든 공범이었다. 그래서 진실에 의해 그 허위가 드러나는 것을 끝내 두려워했다. 황우석 교수의 연구가 곧 엄청난 국가적 이익을 가져오고, 당장에 난치병 환자를 치유할 수 있을 것이라는 장밋빛 환상을 성대하게 홍보해 왔기에 그것을 깨는 엄혹한 진실을 추적하지 않으려 했다.
'왜'라는 기본적 질문조차 거부하는 그 거대한 광기 앞에 외롭게 맞서 온 MBC 〈PD수첩〉과 『프레시안』 등 '또 다른' 언론이 있었기에 이제 진실의 앞에 섰다. 여기서 사실과 과학의 영역에 이념을 들이대고, 진실을 향해 힘들게 질문을 던져 온 이성의 노력에 색깔론까지 입힌 보수 언론의 야만성만을 탓하는 것은 아니다.
우리는, 『경향신문』은 과연 이성과 진실의 편에 제대로 서고자 성찰했던가. 우람한 허위의 성채를 향해 진실의 물음을 던지고, 답을 구해 왔는가. 이 질문에 우리는 온전히 자유롭지 못하다. 황 교수의 일거수일투족을 경마식으로 따라 보도하며 희망을 과장했고, 그 연구의 진짜 자리보다는 그 허울에 발맞춰 오지 않았는가. 경중의 차이를 이유로 "우리는 그렇지 않았다"고 답할 수가 없다.

거대한 해일이 되어 닥친 여론이라는 광풍 앞에서, 믿기 힘들지만 그래도 진정 물으려 하는 용기보다는 '객관'과 '균형'이라는 미명에 의탁하려 했음을 감히 인정하지 않을 수 없다. 그래서 국민들이 고개를 떨어뜨리는 이 참담한 지경에 이르게 한 방조자였을 수도 있었다는 자성의 칼을 벼릴 수밖에 없다. 우리는 이 뼈아픈 자성을 통해 오로지 진실과 정의의 편에 서고자 하는 언론의 본연에 충실하고자 하는 노력을 게을리 하지 않을 것임을 다짐하고 또 다짐한다.

주

1 「인간배아복제 최초 성공」, 『조선일보』, 2004. 2. 13.

2 「바이오산업에 한국의 미래 달렸다」, 『조선일보』, 2005. 1. 1.

3 「감사와 다짐의 길목에서」, 『조선일보』, 2005. 8. 12.

4 시간 순으로 정리하면 다음과 같다(이하 모두 『한겨레』 게재). 김환석, 「줄기세포 논쟁 깊게 보기」, 2005. 5. 23; 조홍섭, 「'황우석 신드롬'의 뒤안」, 2005. 5. 26; 허문영, 「황우석 영웅 탄생과 한국 사회의 문화적 실천 결핍」, 2005. 6. 2; 김종철, 「안락을 위한 전체주의」, 2005. 6. 3; 서경, 「배아줄기세포와 생명」, 2005. 6. 7; 김환석, 「부자의 과학과 빈자의 과학」, 2005. 6. 8; 최성각, 「돌밭에서 줄기세포를 생각하다」, 2005. 6. 9; 박충구, 「황우석 박사 줄기세포의 열 가지 문제」, 2005. 6. 14; 「생명윤리 논의에서도 앞서 가라」, 2005. 6. 15.

5 「제2의 창간, 황우석처럼」, 한겨레신문사 노동조합, 『진보언론』 169호, 2005. 6. 23.

6 「인권은 진실 규명에 선행한다」, 『한겨레』, 2005. 12. 4.

7 「"나는 시키는 대로 할 수밖에 없었다"」, 『프레시안』, 2005. 12. 10.

8 실제로 이 책 1장에서 살펴본 대로 『경향신문』 이은정 기자와 『한겨레21』 김수병 기자는 수개월이 지난 뒤 각각 2000년과 2001년 황우석 교수의 요청으로 암사자의 자궁에 호랑이 수정란을 이식하는 현장에 초청받은 사실을 고백하기도 했다.

9 「복제소 '영롱이' 아빠, 서울대 황우석 교수」, 『동아일보』, 2001. 5. 25.

10 「'복제 백두산 호랑이' 내년쯤 '어흥'」, 『조선일보』, 2000. 10. 4.

11 홍사훈, 「한국 호랑이 복제로 되살린다」, KBS 〈뉴스 9〉, 2003. 11. 19.

12 「KBS 기자 "논문 조작은 과학계 관행" 주장 파문」, 『프레시안』, 2005. 12. 22.

13 이충웅, 『과학은 열광이 아니라 성찰을 필요로 한다』, 이제이북스, 2005, 209~210쪽.

14 「동물 단순 복제에서 기능성 복제로」, 『조선일보』, 2004. 12. 11.

15 「'광우병 안 걸리는 소' 개발」, 『문화일보』, 2004. 5. 31.

16 「광우 복제소, 생명공학의 쾌거」, 『경향신문』, 2004. 12. 12.

17 「다급해진 일본 "공동 연구하자" SOS」, 『조선일보』, 2005. 5. 13.

18 이영완, 「황우석 교수는 공항에서도 뛰어다닌다」, 『조선일보』 인터넷판, 2005. 6. 16.

19 「황우석 "민주노동당 때문에 연구 못할 지경"」, 『조선일보』, 2005. 10. 7.

20 「'연변 처녀' 난자 불법 거래? 황우석 교수가 해명하라」, 『프레시안』, 2005. 10. 7.

21 「네티즌 "민노, 황우석 괴롭히지 말고 너나 잘하세요"」, 『중앙일보』 인터넷판, 2005. 10. 7.

22 이성주, 『황우석의 나라』, 바다출판사, 2006, 138쪽.

23 오철우, 「과학과 언론의 소통 가능성」, 『대중의 과학기술 이해』, 2004년 한국과학기술학회 후기학술대회, 2004. 12. 4.

24 현직 기자 D 씨와의 인터뷰, 2005. 11.

25 「황우석, 『연합뉴스』에 진심으로 감사」, 『연합뉴스』, 2005. 5. 20.
26 「황우석 연구윤리 논란」, MBC d, 2005. 11. 24.
27 「『네이처』는 한국 생명공학에 놀란 적 없다」, 『프레시안』, 2005. 11. 4.
28 「황우석 "미 생명공학기술 고지에 태극기 꽂고 왔다"」, 『동아일보』, 2004. 2. 9.
29 「황우석 "줄기세포 복제 기술 국가 위해 쓰여야"」, 『동아일보』, 2004. 8. 11.
30 「'배아복제 어디까지……' 국제 조약 성사될까」, 『한겨레』, 2004. 8. 18.
31 「『네이처』는 과연 오보를 인정했을까?」, 『프레시안』, 2004. 6. 8.
32 「'인간배아 연구 금지 시안' 생명공학에 직격탄」, 『중앙일보』, 2001. 5. 16.
33 「줄기세포 '조작' 주장 vs. 황우석팀 반박」, 『동아일보』, 2005. 12. 10.
34 「언론의 본연을 되새긴다」, 『경향신문』, 2005. 12. 24.

4장

황우석 손바닥 위의 생명윤리법

우여곡절 끝에 2003년 12월 29일 국회는 7년간의 지루하면서도 뜨거웠던 논쟁을 일단락 짓고 〈생명윤리법〉을 통과시켰다. 1998년부터 시민단체들이 줄기차게 주장했던 결과 제정된 것이다. 하지만 1년간의 유예기간이 지나 2005년 1월부터 발효되면서 문제점에 대한 비판이 불거졌다. 허점투성이일 뿐만 아니라 어떻게든 생명공학을 발전시키려는 정부 정책에 면죄부를 만들어 주는 꼴이 됐다는 것이다.

무엇보다도 국가생명윤리심의위원회 활동 부진에 가장 원성이 높았다. 법률이 발효된 지 4개월이 지나서야 겨우 위원회를 구성했으며, 7월에야 첫 회의를 개최했기 때문이다. 국가생명윤리심의위원회의 당연직 위원으로 참가하고 있는 일곱 명의 정부 부처 장관의 바쁜 일정을 고려하면 애초부터 활발한 활동을 기대하기 어려웠다. 또한 이 위원회의 간사를 맡고 있는 보건복지부는 2005년 7월에 배아 연구 계획을 신청받아 승인 여부를 심사하면서 국가생명윤리심의위원회와는 별도로 위원회를 구성하여 처리하면서 국가생명윤리심의위원회를 무력화시키려는 것이 아니냐는 우려 섞인 분석도 나오기 시작했다.[1] 게다가 '황우석 사태'가 터지자 국가생명윤리심의위원회가 나서서 조사해야 한다는 주장에 미온적으로 대처하더니만, 급기야는 양삼승 위원장이 황 교수의 기자회견문 작성에 참여했다는 사실이 드러나면서 전격 사퇴하는 일까지 벌어지기도 했다.[2]

〈생명윤리법〉 통과 이후

법 내용에 있어서는 법률이 통과된 순간부터 문제가 제기됐다. 가장 뜨거운 쟁점이었던 인간배아복제 연구가 원칙적으로 허용됐기 때문이다. 엄격한 규제를 전제로 인간배아 연구를 허용할 수 있지 않겠냐는 시민단체 내부의 온건한 입장에서도 인간배아복제 연구만큼은 명백히 반대하고 있었다. 그러나 〈생명윤리법〉은 인간배아복제마저 허용하고 있었던 것이다. 〈생명윤리법〉이 제정되면 연구가 위축될 것이라며 엄살을 부렸던 연구자들 중 일부는 살며시 입가에 미소를 머금었을지도 모른다.

황우석 교수의 배아복제 연구는 〈생명윤리법〉 제정 논의와 시기적으로 나란히 진행되고 있었다. 이는 마치 양쪽 강변에서 나란히 달리는 경주와도 비슷했다. 한쪽에서 법으로 금지하기 이전에 인간배아복제 연구를 진척시키기 위해 황 교수가 달려가고 있었다면, 다른 한쪽에서는 배아복제 연구의 금지 여부를 두고 갑론을박하면서 정부와 국회가 마지못해 어기적거리며 뛰고 있는 형국이었다. 그 결과 황 교수는 자신의 원하는 거의 모든 것을 얻은 반면, 후발 연구자들에게는 〈생명윤리법〉이 오히려 장벽으로 작용하는 의도하지 않은 결과를 빚게 됐다.

여기서는 〈생명윤리법〉 제정이 결과적으로 '황우석 전용 구멍'을 만들어 주는 과정이었다는 점을 보여 주고자 한다. 하지만 그 이전에 잠시 1998년의 일부터 살펴보도록 하자.

이보연 교수의 '세계 최초' 배아복제 해프닝

1998년 말 웃지 못할 해프닝이 일어났다. IMF를 맞았던 다음 해인 1998년 말, 고단했던 한 해를 접으면서 지인들과 소주 한 잔을 기울이고 있던 중이었다. 이중 삼중으로 화면이 겹치는 고물 TV 9시 뉴스에서 앵커가 곤혹스러운 표정으로 우리나라에서 이루어진 인간복제 소식을 전하고 있었다. 경희의료원 이보연 교수팀이 세계 최초로 인간배아복제를 시도했다는 것이다. 이제는 벌써 까마득한 옛일로 기억될지 모르지만, 전 세계 언론을 통해서 보도된 대형 사건이었다.

그러나 정작 이보연 교수팀은 자신들의 배아복제 연구가 세계 최초라는 것을 모르고 있었고, 국내 언론뿐만 아니라 전 세계 언론의 뜨거운 관심과 취재에 오히려 당혹해하고 있었다. 그들은 어처구니없게도 이미 영국 로슬린연구소의 윌머트 박사팀이 인간배아복제를 시도한 것으로 잘못 알고 있었다는 것이다.

아닌 밤중에 홍두깨 격으로, 한국의 이보연 교수팀이 로슬린연구소를 지목하자 이 연구소 역시 또다시 전 세계 언론의 주목을 받았다. 그러나 로슬린연구소는 세계 최초로 인간배아복제 연구를 진행하지도 않았을 뿐더러, 윤리적 논란이 많은 연구와 연관되어 언론의 입에 오르내리는 것이 결코 자랑스러운 일도 아니었기 때문에 곤혹스러울 수밖에 없었다. 로슬린연구소 측은 즉각 부인했다. "우리는 결코 인간배아복제를 시도하지 않았다. 한국의 이보연 교수팀이 세계 최초다." '세계 최초'라는 명예(?)를 넘겨주는 것은 영국인의 예의 바른 겸손 때문이 아니다. 자칫 잘못하면 전 세계 여론과 과학기술자 사회의 오해를 사서 연구 활동에 큰 지장을 받게 될 것을 우려했기 때문이다. 과학 전통이 오래된 서구의 경우, 연구를 정당화하고 합법화할 아무런 법과 제도가 없는 상황에서 윤리적 논란이 많은 연구를 강행한다는 것은 일종의 자살 행위였던 것이다.

하지만 이보연 교수팀은 인간배아복제를 둘러싼 세계적 우려와 각국의 규제에 관한 논쟁 현황에 대해 무지했다. 생명을 다루는 생명과학 분야의 연구자에게 필수적인 생명윤리 쟁점에 대한 성실한 인식과 학습 그리고 충분한 고민이 결여될 경우, 어떤 일이 벌어질 수 있는지를 보여 주는 사례로서 생명윤리 교과서에 실릴 만한 일이었다. 게다가 인간배아복제 성공 소식을 학회나 논문이 아닌 언론을 통해서 발표했다는 점도 구설수에 올랐다. 연구 내용을 동료 연구자들의 검증 절차 없이 언론을 통해서 먼저 발표하는 것은 과학자로서 적절한 태도가 아니라는 비난이 일어났던 것이다. '기자회견 과학'의 출현과 과학 연구 발표의 왜곡된 관행이 자리 잡게 될 것이라는 우려가 제기됐다. 이 모든 것은 7년 후 '황우석 사태'를 통해서 고스란히 재현됐다. 물론 비교할 수 없을 정도로 큰 충격과 함께.

조사위원 황우석 교수의 '이중 플레이'

이보연 교수팀 사건으로 인해서 사회적인 비판 여론이 뜨겁게 일자, 대한의사협회 산하 대한의학회는 곧바로 '생명복제소위원회'라는 이름의 위원회를 구성해서 이 사건을 조사하도록 했다. 이 위원회의 위원장은 서정선 서울대 의과대학 교수가 맡았고, 황우석 교수, 생명공학연구원 이경광 박사, 그리고 문신용 교수가 위원으로 참가했다. 황 교수가 여기에 참가하게 된 것은 이미 그가 1995년에 수정란 핵이식을 통해서 복제소를 만들어 내는 등 주목할 만한 성과를 보여 주고 있었기 때문으로 보인다. 또한 그가 생명과학·의학계에서 이미 상당한 지위를 점하고 있었다는 점을 엿볼 수 있는 대목이다.

소위원회가 조사를 진행한 날은 크리스마스이브였다. 소위원회는 그날 오전 경희의료원 이보연 교수팀을 방문해 세 시간에 걸쳐서 조사했고, 1999년 1월 22일에 한 장짜리 보고서를 대한의학회에 제출했다. 그런데 이 소위원회는 언론을 통해 알려진 것과는 달리, 이보연 교수팀의 윤리적 문제를 조사하고 검토하기 위한 것이 아니었다. 그들의 목적은 정말 이보연 교수팀이 '인간배아복제를 했는지, 했다면 성공했는지'에 관한 순전히 '과학적·직업적' 관심사에 머물러 있었다. 위원회는 "경희의료원 연구팀의 인간배아복제 실험이 4세포기 단계까지 성공적으로 수행됐다는 사실을 확인할 수 없었다"고 무미건조하게 결론지었다.[3]

하지만 다행스럽게도 대한의사협회의 관심은 좀 더 폭이 넓었다. 대한의사협회에 소속된 대한의학회로부터 이보연 교수팀에 대한 조사보고서를 전달받은 열흘 후, 대한의사협회는 자신들의 입장을 담은 성명서를 발표했다. 모든 회원들은 〈생명복제 연구에 관한 지침〉이 제정될 때까지 인간배아복제를 하지 말라는 것이었다. 일종의 '모라토리엄(연구의 일시중지)'이 선언된 것이다. 그러나 수의사로서 대한의사협회 회원이 아닌 황우석 교수는 어떻게 되는 것일까? 대한의사협회는 "회원이 아닌 연구자들에게도 이에 협조해 주기를 요청"한다고 명시적으로 밝히고 있었다.[4] 게다가 황 교수는 이 성명의 기초가 됐던 조사보고서를 작성한 일원이었으니, 대한의사협회의 협조 요청은 남달랐을 것이다.

그런데 황우석 교수는 이런 요청에 응했을까? 결론부터 말해서 황 교수는 대한의사협회의 요청을 따르지 않았다. 황 교수는 다음 해인 2000년 8월 소 난자를 이용한 인간배아복제를 시도해서 복제배반포를 발생시켰다고 언론을 통해서 발표했다. 그러나 대한의사협회는 당시까지 〈생명복제 연구에 관한 지침〉을 제정하지 못하고 있었기 때문에, 여전히 모라토리엄은 유효한 상태였다. 결국 그는 대한의사협회의 인간배아복제 연구를 잠정 중단해 달라는 모라토리엄을 어기고 연구를 강행했으며, 모라토리엄 선언을 위반한 것에 대해서는 아무런 해명도 없었다.

그렇다면 대체 황우석 교수는 언제부터 인간배아복제 실험을 시작한 것일까? 인간배아복제 성공이 보도된 것이 2000년 8월이니, 연구는 그 이전에 시작된 것이다. 그는 이미 2000년 7월에 그 연구의 결과로 특허청에 특허를 출원했는데,[5] 그에 따르면 특허에 대한 우선권 주장은 2000년 1월로 되어 있다. 이로 미루어 보아 황 교수가 이미 1999년도 어느 시점부터 연구를 시작한 것은 틀림없어 보인다.

황우석 교수 스스로도 1999년 가을 공개된 자리에서 배아복제 연구를 진행하고 있다는 점을 직접 밝힌 바 있다. 황 교수는 1999년 9월 10일 연세대에서 개최된 유네스코 한국위원회 주관 '생명복제기술합의회의'에서 "솔직한 사실을 모두 말할 수 없다. 국익의 차원에서 모든 것을 다 말할 수는 없다. 하지만 사람의 세포로 (인간배아복제 연구를) 이미 하고 있다"고 발언했다.[6] 국익이라는 모호한 명분 뒤에 숨으면서도 자신이 이미 인간 체세포를 이용해서 복제 연구를 했다고 당당히 밝힌 것이다.

이런 발언은 그해 1월 대한의사협회가 모라토리엄을 선언한 지 채 아홉 달도 지나지 않은 시점에 이루어진 것이다. 또한 유네스코 한국위원회의 '생명복제기술합의회의'에서 시민 패널이 인간배아복제 연구도 역시 금지해야 한다는 보고서를 발표한 이후에도 황 교수는 아랑곳하지 않고 연구를 강행했다. 물론 이 보고서가 법적 강제력을 가진 것은 아니지만, 본인 스스로 전문가 패널로 참석했던 회의의 권고를 외면한 것이다.

황우석 교수 빠진 생명윤리자문위원회의 운명

2001년 5월 22일, 서울 광화문 세종문화회관 5층 회의실에는 전운이 감돌았다. 〈생명윤리법안〉을 만들기 위해 구성된 생명윤리자문위원회가 지난 7개월간의 논의를 정리해 〈생명윤리법 골격안〉을 공개적으로 논의하는 자리였다.

100석이 넘는 자리는 공청회가 시작되기 전부터 빈자리를 찾아볼 수 없었고, 회의장 입구에서는 소 모양의 인형 머리를 쓴 동물보호운동가들이 유인물을 나눠 주면서 침묵 시위를 하고 있었다. 또한 공청회 개최 전부터 인간배아 연구 전체가 '사실상 금지' 된다는 『중앙일보』 박방주 기자의 다분히 악의적인 보도로 인해서 한바탕 홍역을 치르고 있었다.

이런 보도 때문이었는지 관련 분야 연구자들은 한판 붙을 기세로 공청회장에 자리하고 있었다. 뿐만 아니었다. 인간배아를 생명체로 생각하는 종교계도 법안에 불만이 가득했고, 유전자조작 동물 실험을 허용했다는 것에 동물보호운동가들은 분노했다. 그 때문인지 법안 발표와 지정토론 이후에 진행된 종합토론에서는 플로어토론을 신청하는 참가자들이 너무 많아, 사회자는 발언 기회를 30초로 제한하면서 "다음 분!"을 외치는 진풍경이 연출됐을 정도였다.

인간 생명의 시작이 어디이고 연구의 허용 범위는 어디까지인가 하는 만만치 않은 주제를 다루는 〈생명윤리법안〉이 뜨거운 논쟁을 불러일으킨 것은 너무나도 당연한 일이었다. 그런 만큼 이 법안을 만들어 낸 생명윤리자문위원회의 구성과 활동은 관심의 대상이 됐다. 생명윤리자문위원회는 인문사회계·NGO·종교계·과학계·의학계 각각 다섯 명씩으로 구성됐고, 2000년 11월부터 2001년 8월까지 매달 2회씩 총 18회 전체 회의를 진행했다. 위원회는 공개적이고 민주적으로 운영됐다고 평가받았으며,[7] 정부의 유사한 위원회에 참석해 본 경험이 있는 위원들은 생명윤리자문위원회가 너무 고됐다고 기억할 만큼 진지하고 밀도 있게 진행됐다.

그런데 애초에 과학기술부는 생명윤리자문위원회에 황우석 교수를 참가시키고 싶어 했다. 과학기술부가 처음에 발표한 위원회 예비명단에 황 교수가 들어가 있었던 것이다. 하지만 시민단체들은 윤리적 논란을 야기하고 있는 연구자들을 생명윤리자문위원회에 참여시킨다는 것은 있을 수 없는 일이라고 강하게 반발했다. 조사받아야 할 대상이 조사를 담당하는 수사관직을 맡게 되는 격이라고 흥분하기까지 했다. 결국 황 교수는 생명윤리 논란을 야기하고 있던 또 다른 연구자인 박세필 마리아생명공학연구소장과 함께 생명윤리자문위원회 참여가 제외됐고, 그 자리에는 다른 과학자들이 참여했다.

그러나 생명윤리자문위원회의 비운은 여기서부터 시작된 것인지 모른다. 황우석 교수가 참가하지 않은 생명윤리자문위원회는 결국 오랜 토론 끝에 배아복제를 금지하는 법안을 만들었다. 그러나 생명윤리자문위원회의 법안은 과학기술부로부터 버림받았다. 애초에 과학기술부는 생명윤리자문위원회가 내놓은 법안을 받아들여 법률 제정을 추진하겠다고 약속했으나, 생명윤리자문위원회가 배아복제까지 금지하는 법안을 발표하자 그것은 참고사항일 뿐이라고 말을 바꿨던 것이다. 결국 과학기술부는 2002년 5월에 가서야 생명윤리자문위원회가 제안한 법안과 완전히 다른 〈인간복제 금지 및 줄기세포 연구 등에 관한 법률(안)〉을 발표하게 된다. 생명윤리자문위원회의 포괄적인 〈생명윤리법안〉 형태와 배아복제를 금지하는 법안은 외면하고, 인간개체복제만을 금지하고 오히려 배아복제를 포함하여 줄기세포 연구를 육성·진흥하는 법안을 내놓았던 것이다.

시민단체 대표로 생명윤리자문위원회에 참가했던 김환석 시민과학센터 소장은 과학기술부가 애초의 약속과 달리 생명윤리자문위원회의 법안을 무시한 것에 대해서 강하게 비난했다.

서정욱 장관은 위원 위촉장을 주는 자리에서 각계 각층의 대표로 구성된 이 위원회에서 사회적 합의를 이끌어 낸다면 2001년 정기 국회에 그 〈생명윤리법안〉을 상정할 것이라고 약속했다. 그러나 생명윤리자문위원회의 법안이 자신들의 입맛에 맞지 않았던지, 김영환 신임 장관은 전 장관이 약속한 사항에 대해서 지키려 하지 않았다. 정말 실망스러운 일이었다.[8]

과학계 대표로 참가했던 권혁찬 박사(당시 을지의과대 산부인과 교수)에게도 대단히 실망스러운 일이었다.

매달 2회씩 개최되는 생명윤리자문위원회 회의에 참석하기 위해서 빠듯한 진료 시간을 빼내 택시를 타고 다녔다. 그렇지만 한 번도 빠지지 않고 참석했다. 회의 참석 때문에 못 채운 진료 시간을 메우기 위해서 일요일 특근을 자처하기까지 했다. 〈생명윤리법안〉을 만드는 것이 중요하기도 했지만, 위원회 활동이 정책에 반영될 것이라는 믿음 때문이었다.[9]

하지만 과학기술부는 그런 믿음을 배신했다. 이 과정에서 정부의 과학기술정책 결정 과정의 모순을 적나라하게 보면서 권혁찬 박사는 교수직을 떠날 결심까지 하게 됐다. "황 교수의 연구를 허용하기 위해서 벌이는 정부의 말도 안 되는 행태를 보니, 정부 연구비를 따내서 연구해야 하는 대학 교수 자리가 한심스럽게 느껴졌다. 그래서 개원을 하기로 결심했다."

그런데 권혁찬 박사가 접했다는 과학기술부의 '말도 안 되는 행태'라는 것은 무엇일까? "5월 생명윤리자문위원회가 〈생명윤리법안〉 골격안을 발표하기 직전이었다. 생명윤리자문위원회의 간사였던 한국과학기술기획평가원(이하 'KISTEP')의 E 전문위원으로부터 밤늦은 시간에 전화가 왔다. 그 밤중에 만나자는 것이었다." 권 박사는 밤늦게 만나는 것도 어색하고 또 따로 만날 일도 없다고 생각해서 거절을 했더니만, 다음 회의 시간 전에 일찍 와서 이야기를 좀 하자고 간청하더라는 것이다. 그래서 그 다음 회의 시간 전에 과학기술계 대표로 같이 참가하고 있던 유향숙 유전체연구사업단 박사와 다른 위원 한 명까지 총 세 명이 E 전문위원을 만났다고 한다. 그는 과학기술부 장관까지 거론하면서 "과학기술부의 입장은 정해졌다. 황우석 교수의 연구(인간배아복제 연구)가 허용되도록 도와 달라"고 부탁했다. 권 박사는 부당한 개입이라고 생각해 불쾌감을 표하고 다른 위원들도 함께 자리를 떴다.

과학기술부가 황우석 교수에게 불리한 법안의 발표를 막으려 개입했다는 증언은 더 있다. 5월 18일 새벽, 진교훈 당시 생명윤리자문위원회 위원장은 유희열 당시 과학기술부 차관으로부터 한 통의 전화를 받았다. 유 차관은 발표 예정인 법안에 명시된 '배아복제 금지'가 생명윤리자문위원회의 완전 합의가 아니라 일부 이견이 있는 것이라고 발표해 줄 것을 요청했다는 것이다. 진교훈 위원장은 그것이 생명윤리자문위원회의 합의사항과 부합되지 않는 내용일 뿐더러 과학기술부가 부당하게 개입하는 것이라 판단해 화를 냈다고 한다. 진교훈 위원장은 "계속 이럴 경우, 이런 내용을 모두 언론에 공개하겠다고 그랬더니 더 이상 연락이 오지 않더라"고 당시를 회상했다.[10]

과학기술부가 황우석 교수의 연구를 합법화하기 위해서 얼마나 골몰했는가를 보여 주는 사건들이다. 권혁찬 박사는 그런 과학기술부의 '노력'에도 불구하고 생명윤리자문위원회의 법안이 황 교수의 연구를 금지하는 것으로 결정되자 과학기술부가 위원회와 법안을 '팽'한 것이라고 믿고 있다.

소 난자를 이용한 배아복제 연구

생명윤리자문위원회는 2001년 1월 9일 KISTEP 회의실에서 제4차 전체회의를 열어 황우석 교수로부터 「생명복제 기술의 적용 영역」이라는 발표를 들었다. 그 후 위원들은 황 교수에게 질문했다. 2000년 8월에 황 교수가 인간배아복제에 성공했으며 특허 출원을 했다는 보도 내용에 당연히 관심이 몰렸다. 특히 질문은 그 복제 연구에 소의 난자가 사용됐다는 논란에 집중됐다. 이에 대해서 황 교수는 다음과 같이 답변했다.

배아복제를 했다고 발표한 바 없습니다. 특허 출원에 대하여도 언론사에 발표한 바 없습니다. 언론 등에서 일부를 인지하여 정확한 저의 답변을 확인하지 않은 채 공개적으로 내놓은 것이 정확한 저의 이야기입니다. 아울러 소의 난자를 복제했다는 기사가 몇 군데서 났습니다. 제가 기자들에게 확인해 본 결과, 황우석 교수가 소를 많이 쓰니까 소를 썼을 것이라고 추정하여 기사를 내보냈다고 합니다. 김환석 시민과학센터 소장을 비롯한 시민단체에서 성명서를 통해 저에게 수행 난자의 소스를 밝히라고 요구한 바 있습니다. 그러나 이를 현재 발표하기에는 또 다른 논란을 불러일으킬 수 있기 때문에 밝히지 않겠습니다.[11]

황우석 교수는 자신이 소의 난자를 사용했다는 것인지를 부정도 긍정도 하지 않는 능숙한 말솜씨로 곤혹스런 질문을 피해 갔다. 그러나 대체 진실은 무엇일까? 그리고 이것이 〈생명윤리법안〉 제정에서 가지는 의미가 무엇일까? 차근차근 살펴보도록 하자.

과학기술부 생명윤리자문위원회는 2001년 5월 18일에 〈생명윤리법안〉의 주요 골자를 정리해서 발표했다. 그중에서 가장 논란이 많았던 핵심 논점은 체세포복제 및 그를 통한 인간배아 줄기세포 연구를 허용할 것인가 하는 점이었다. 이 쟁점은 2003년 말 〈생명윤리법안〉 제정까지, 그리고 제정 이후에도 계속 쟁점이 되고 있는 사항이다. 그런데 이 쟁점과 함께, 생명공학계에서 줄기차게 허용을 주장했던 쟁점이 하나 더 있었다. 그것은 이종간 체세포 핵이식을 허용할 것인가 하는 점이었다. 과학기술부 생명윤리자문위원회가 제시한 법안은 사람 난자를 이용한 체세포 핵이식을 통한 배아복제 이외에도, 이종간 체세포 핵이식을 엄격하게 금지하고 있었다.

이종간 체세포 핵이식이란 인간의 난자를 이용해 체세포 핵이식을 하는 것과는 달리, 소와 같은 동물의 난자를 이용해서 체세포 핵이식을 해 복제배아를 만드는 것을 말한다. 소의 난자 등을 이용해 체세포 핵이식을 하는 이유는 인간 난자를 구하기 대단히 어렵기 때문이다. 그런데 이런 이종간 핵이식을 통한 복제배아는 통상적인 배아복제에 대한 윤리적 우려에 더해서 반인반수의 '키메라'를 만드는 것이 아니냐는 윤리적 논란이 추가되는 것이었다.

과학적으로 보더라도 소 난자의 세포질에 포함되어 있는 미토콘드리아의 유전자로 인해서, 이종간 핵이식을 통해 만들어진 복제배아에는 소의 유전자가 일부 포함되기 때문에 그와 같은 비난이 전혀 근거가 없는 것은 아니었다. 이종간 핵이식으로 복제배아를 만들 경우, 황우석 교수 등이 제시한 줄기세포 이용시 면역거부반응 문제도 해결은커녕 더 복잡해질 수 있었다. 따라서 당시 전 세계에서 배아복제를 유일하게 명시적으로 허용하고 있던 영국에서도 이종간 핵이식을 통한 배아복제는 금지하고 있었다.[12]

그런데 황우석 교수가 2000년 8월 언론을 통해서 발표한 배아복제 연구가 소 난자를 이용한 이종간 핵이식이었는지 하는 것이 논란거리가 된 것이다. 황 교수가 생명윤리자문위원회에서 긍정도 부정도 하지 않은 소 난자 사용 의혹을 풀 수 있는 열쇠는 특허청 쪽에 있었다. 황 교수는 언론 보도 한 달 전쯤인 2000년 7월 3일 한국특허청에 특허를 하나 출원했다. 그 제목은 「이종간 핵이식 방법 및 그를 이용한 인간 수정란의 생산방법」이었다. 특허 출원 문서를 보면 명확히 소의 난자를 이용해서 인간 체세포를 복제한 것으로 기록되어 있다.[13]

황우석 교수가 생명윤리자문위원회 위원들 앞에서 능숙한 말솜씨로 피해 갔지만, '소 난자를 사용했다'는 사실을 계속 숨길 수는 없는 일이었다. 시간이 지나 황 교수 스스로도 이 점을 인정했다. 2002년 3월 박세필 마리아생명공학연구소장이 이종간 배아복제를 했다는 언론 보도가 이루어지면서 다시 이 문제가 주목됐고, 기자들은 황 교수에게 이 문제에 대해서 다시금 질문했다. 결국 황 교수는 『한국일보』 기자에게 2000년의 배아복제 연구에서 소의 난자를 사용했다는 점을 시인했다.[14]

세계에서 유일하게 이종간 배아복제가 허용된 사연

그런데 황우석 교수는 왜 이종간 핵이식 연구를 주장했던 것일까? 2002년 9월 보건복지부의 〈생명윤리법안〉이 입법 예고되자, 황 교수는 언론을 통해서 이종간 핵이식을 통한 배아복제의 필요성에 대해서 설명하고 나섰다. 그는 『서울신문』에 칼럼을 게재하면서 "복제배아 생산 과정에서 사람의 난자 대신 동물의 난자를 배양기로써 이용하게 된다면 난자 매매나 불법 유통과 같은 윤리적 문제를 피할 수 있어 이종간 핵이식 복제 연구가 선호" 된다고 주장했다. 사람 난자를 이용한 배아복제와 별도로 구분해 이종간 핵이식도 허용해야 한다고 강조했던 것이다.[15]

하지만 황우석 교수가 2004년과 2005년 『사이언스』에 발표한 배아복제를 통한 줄기세포 연구는 소 난자가 아닌 사람의 난자를 이용했다. 그는 2003년 이후로 소 난자를 이용한 이종간 핵이식 연구는 포기한 것으로 보인다. 이는 황 교수가 시험관 아기 시술에 전문적 역량과 잦은 기회를 가지고 있어 난자 확보가 용이한 한양대병원과 미즈메디병원의 연구진들과 협력을 하면서, 난자를 구하는 어려움을 해결했기 때문이다. 국가생명윤리심의위원회에 따르면, 황 교수는 미즈메디병원으로부터 2002년 11월부터 여성의 난자를 제공받기 시작했다.[16] 결국 이것이 황 교수를 파국으로 몰아넣은 원인 중에 하나가 됐지만, 어쨌든 더 이상 소 난자를 이용한 이종간 핵이식을 주장할 이유가 없어진 것이다.

그 와중에 〈생명윤리법안〉은 누더기가 되어 있었다. 시민단체들은 배아복제를 허용한 영국마저도 금지하고 있는 이종간 핵이식만은 절대로 허용해서는 안 된다고 주장했고, 전문가들도 소의 난자에 남아 있는 미토콘드리아 문제로 야기될 수 있는 의학적 위험성을 계속 지적했다. 그러나 황우석 교수는 여러 지면을 통해서 이종간 핵이식의 필요성을 주장했을 뿐만 아니라, 기업들과 일부 과학기술자들은 배아복제 이외에도 이종간 핵이식까지 전면 허용할 것을 주장하는 의견서를 계속 발표했다.

결과적으로 2003년도 말 국회에서 통과된 〈생명윤리법〉에는 황우석 교수를 비롯한 과학기술계의 입장이 관철됐다. 동물의 난자에 인간의 체세포 핵을 집어넣는 이종간 핵이식을 금지하는 조항이 법안에서 제외되어 있었다. 결국 법률은 그 상태에서 제정됐지만, 그 시기에 이미 황 교수는 더 이상 이종간 핵이식 연구를 진행하고 있지 않았다. 인간 난자에 대해서 접근이 가능해졌고 또한 이종간 핵이식 위험성이 계속 제기되면서, 더 이상 이종간 핵이식 연구를 진행하려는 연구자가 없어진 상황이었다. 그럼에도 불구하고 〈생명윤리법〉은 이종간 핵이식을 금지하지 않은 상태로 남겨지게 됐다.

보건복지부와 과학기술부의 〈생명윤리법〉 이전투구

2002년 7월, 과학기술부와 보건복지부는 〈생명윤리법〉 제정의 주도권을 잡기 위해 부산하게 움직이고 있었다. 두 부처의 입장을 조정하는 역할은 국무조정실에서 맡았다. 7월 11일 보건복지부는 포괄적인 〈생명윤리법〉 시안을 제출했고, 이어서 며칠 뒤(18일) 과학기술부도 국무조정실에 〈인간복제 및 줄기세포 연구법 시안〉을 제출했다고 밝혔다. 당시의 쟁점은 우선 두 부처 중에서 누가 법 제정의 주도권을 쥐느냐는 것이었다. 하지만 그 외에도 포괄적인 법률안(보건복지부)인가 아니면 '줄기세포 연구'에 초점을 둔 개별 법률안(과학기술부)인가 하는 점도 중요했다. 그러나 황 교수와 관련해서 볼 때, 가장 중요한 것은 두 부처의 법안이 체세포 핵이식 연구, 즉 배아복제 연구를 허용하는가 하는 점에 있었다.

과학기술부는 애초부터 체세포 핵이식 연구를 완전 허용해야 한다는 황우석 교수 등 해당 분야 연구자들의 입장을 반영하고 있었기 때문에, 과학기술부가 제출한 법안은 충분히 예상되는 것이었다. 반면에 보건복지부 입장은 규제가 불가피하다는 쪽에 기울어져 있었다. 그런데 이 즈음 상대적으로 보건복지부에 우호적이었던 시민단체에서 보건복지부가 '이중 플레이'를 하고 있다며 갑자기 비난하고 나서는 일이 벌어졌다.

2002년 7월 15일에 보건사회연구원은 '〈생명윤리법안〉공청회'를 개최했다. 보건사회연구원은 보건복지부로부터 2000년 5월에 법률안 작성을 위한 정책 용역을 의뢰받아 진행하고 있었고, 이 공청회는 최종 법률안을 공개하고 사회 각계 대표와 전문가의 의견을 구하는 자리였다. 역시 체세포 핵이식 허용 여부 등이 뜨거운 쟁점이었고 11명이나 되는 토론자뿐만 아니라 보건사회연구원의 강당을 가득 채운 방청객들이 격렬하게 논쟁을 벌였다. 그러나 공청회가 끝난 후에, 공청회에서 토론한 법안과는 다른 보건복지부 법안이 있었으며 이미 나흘 전에 국무조정실에 법률안 조정을 위해서 제출됐다는 사실이 알려졌다.

문제는 공청회에서 공개된 법안과 국무조정실에 제출된 법안에 중대한 내용상의 차이가 있다는 점이었다. 보건사회연구원이 공청회에서 공개한 법안에서는 이종간 체세포 핵이식을 포함한 모든 종류의 체세포 핵이식 연구를 금지하고, 다만 일몰 규정을 두어서 3년 후 재검토하자는 것이었다. 그러나 보건복지부가 국무조정실에 제출한 법안에는 체세포 핵이식 연구의 허용 여부를 국가생명윤리위원회에 위임하는 것으로 되어 있었다.

이와 관련해 2002년 국정감사에서는 〈생명윤리법〉 제정이 혼선을 겪고 있다며 김홍신 의원을 비롯한 보건복지위원회의 국회의원들의 질의가 앞다퉈 이루어졌다. 이에 대해 보건복지부는 "7월 15일 공청회안은 단지 보건사회연구원의 연구 결과일 뿐"이라며 의미를 축소하고, "〈생명윤리법〉 제정의 시급성을 고려해 체세포복제 연구는 위원회에서 논의해 결정하도록 하는 과학기술부 시안 내용을 일부 수용" 했다고 답변했다.[17]

이러한 양보 때문인지, 7월 25일 국무조정실장이 주재한 차관회의에서 보건복지부는 〈생명윤리법〉 주관 부서가 될 수 있었다. 보건복지부가 주도권을 쥐게 된 것이다. 결국 정책 연구를 수행한 보건사회연구원의 연구자들은 물론이고, 공청회에 참가해 격렬하게 논쟁을 벌인 토론자와 방청객은 모두 쓸데없는 논쟁을 하고 있었던 것이다. 시민단체들이 격분하면서 보건복지부의 '이중 플레이'를 성토하고 나서지 않을 수 없었던 것이다. 반면 과학기술부가 보건복지부로부터 얻어낸 양보로 인해서 황우석 교수는 〈생명윤리법〉을 두고 벌어진 싸움에서 승기를 잡았다.

2002년 9월 23일, 드디어 보건복지부는 〈생명윤리법〉을 입법 예고했다. 예상했던 대로 최대 쟁점이었던 체세포 핵이식 연구는 선언적인 의미에서 원칙적으로 금지하는 모양새를 띠고 있었으나, 필요한 경우 허용 범위를 국가생명윤리위원회가 정하도록 하면서 실제로는 길을 열어 주었다. 그러나 연구의 자유를 외치는 관련 연구자들과 이윤을 탐하는 기업들의 욕심은 한이 없는 모양이다. 입법 예고가 된 지 1주일이 되지 않아서 전경련 산하 생명과학산업위원회는 소위 바이오 4단체(생물산업협회, 한국제약협회, 한국바이오벤처협회, 생명공학연구조합)와 함께 보건복지부에 건의문을 냈다. 건의문에서 이들은 치료 및 연구 목적의 배아복제 연구뿐만 아니라, 연구 목적의 이종간 핵이식 연구까지도 전면적으로 허용해 줄 것을 요구했다.

이러한 움직임 때문이었을까? 10월 15일에 개최된 국무조정실 사회문화조정관 주재 부처간 협의회의에서 갑자기 과학기술부는 배아복제 연구에 대해서 "잠정 허용 후 결정"하자는 예상치 못한 카드를 들고 나섰다. 일단 체세포복제 연구를 허용하고서 나중에 규제할 것인지 말 것인지를 논의하자는 것으로, 시민단체들의 입장뿐만 아니라 지금까지 논의된 보건복지부 쪽의 조심스러운 논의 흐름까지도 완전히 뒤엎는 주장이었다. 게다가 이 회의에는 지금껏 〈생명윤리법〉 제정 과정에서 침묵을 지켜 오던 산업자원부가 난데없이 과학기술부 편을 들고 나섰다. 결국 정부는 부처간 합의된 단일안을 마련하는 데 실패하고, 2002년 국회에서 입법 처리한다는 계획은 불가능해졌다.

황우석 교수만 빠져나갈 수 있는 전용 구멍, 부칙 3항

과학기술부가 배아복제 연구 허용에 대해서 얼마나 목을 매달았는지를 보여 주는 것은 이뿐만이 아니다. 과학기술부는 있는 사실도 왜곡해 해석하는 일도 마다하지 않았다. 과학기술부 생명윤리자문위원회가 〈생명윤리법 골격안〉을 발표(2001년 5월 18일)하고 얼마 지나지 않아서, 국회 과학기술정보통신위원회는 공청회를 개최했다. 여기서 과학기술부 F 기획관리실장은 "영국은 물론이고 일본과 미국도 배아복제를 허용하고 있는 등, 선진국의 입법 동향을 보면 인간배아복제 연구를 허용하는 분위기"라고 강변했다.

이 자리뿐만 아니라 이미 오래전부터 과학기술부는 이와 같은 외국 동향을 인간배아복제 연구의 허용 근거로 제시하고 있었다. 그러나 이 공청회에 시민단체 대표 자격으로 참석한 김환석 시민과학센터 소장은 "영국만이 유일하게 인간배아복제를 허용했다"고 반박하면서, 과학기술부가 자의적으로 외국 입법 사례를 해석하는 것을 강력히 비난하고 나섰다. 이후로 과학기술부의 공식 문건에서는 미국과 일본이 인간배아복제를 허용했다는 내용이 사라졌다.[18]

그런데 입법 예고만 된 채 정부 부처 합의가 안 돼서 캐비닛 안에서 썩고 있던 2002년 9월의 보건복지부 법안에는 당시 시민단체나 언론도 주목하지 못했던 대단히 의미심장한 부칙 조항이 하나 있었다. 그것은 인간배아복제를 국가생명윤리위원회의 심의를 통해서 허용할 수 있도록 한 것만으로는 안심이 되지 않은 일단의 사람들이 〈생명윤리법〉에 심어 놓은 '구멍' 같은 것이었다.

법안 부칙의 3항이 그것인데, '배아 연구에 관한 경과조치'라고 이름 붙어 있었다. 그러나 정확히는 체세포 핵이식 연구에 대한 것이었고, 이후 최종적으로 국회를 통과한 법률에는 '체세포복제배아 연구에 관한 경과조치'로 변경됐다. 그런데 이 부칙 조항에 의하면 법 시행 당시 핵이식 연구를 하고 있는 자는 보건복지부 장관의 승인을 얻어서 연구를 계속할 수 있다는 것이었다. 법 시행이 언제 될지는 확실하지 않지만,[19] 2001년 7월 당시에 보고된 바에 의하면[20] 배아복제 연구를 하고 있는 연구자는 황우석 교수와 박세필 마리아생명공학연구소장뿐이었기 때문에 누구를 염두에 둔 부칙 조항인지는 명확해 보인다.

문제의 부칙 조항은 해를 넘겨서 이루어진 2003년 4월 18일의 규제개혁위원회 심의 때까지도 동일한 내용으로 유지됐다. 그러다가 10월 14일에 정부가 국회에 상정한 최종적인 법률안의 문제의 부칙 조항에는 또 한차례 변화가 나타났다. 부칙 조항의 요건이 구체화되면서 까다로워진 것이다. 법 시행 당시 체세포 핵이식을 하고 있는 연구자라면 누구나 보건복지부 장관의 승인으로 해당 연구를 할 수 있다는 2002년 9월의 법안과 다르게, 국회에 제출된 법안은 2005년도 1월로 예상되던 법 시행 당시에 '3년 이상 체세포복제배아에 관한 연구를 계속 하' 였고 '관련 학술지에 1회 이상 체세포복제배아에 관한 연구논문을 게재한 실적이 있는' 자로 제한했던 것이다.

특히 위에서 규정된 '3년'은 절묘한 숫자였다. 황우석 교수는 2005년도 1월 초 발효된 〈생명윤리법〉의 문제의 부칙 조항에 따라서 체세포 핵이식 연구를 보건복지부 장관에게 신청했다. 그러면서 관련 증빙자료로 한양대병원 IRB의 승인서를 제출한다. 그 승인서에는 최초 연구 시작시점이 2001년 8월로 되어 있다. 그런데 이 시점은 법 시행 시점으로부터 3년 전부터 해당 연구를 해야 한다는 조항에 따라서 역산해 볼 때 얻을 수 있는 최종 시점인 2002년 1월 1일에서 4개월 빠른 것이었다. 황 교수는 다행스럽게도 허용 시점 기준을 아슬아슬하게 만족시킬 수 있었다.

한편 관련 학술지에 1회 이상 체세포복제배아에 관한 연구논문을 게재한 실적이 있어야 한다는 조항도 절묘하다. 2003년 4월 규제개혁위원회 심의 과정까지도 문제의 이 조항은 존재하지 않았다. 그런데 황 교수는 2003년 6월에 논문을 투고했으며 7월에 심사평을 받음으로써, 『사이언스』 논문 게재를 향해 한 발 더 다가섰다. 그 후 10월 14일에 국회에 발의된 정부 법안에 문제의 부칙 조항이 갑작스럽게 등장했다. 그 후 12월 9일 황 교수는 『사이언스』로부터 공식적으로 논문 게재 승인 연락을 받았으며, 법률안은 보름 후인 30일에 국회를 통과했다.

이에 따라서 문제의 부칙 조항이 황우석 교수를 위해서 만들어진 것이 아니냐는 의혹이 강력하게 제기됐다. 실제로 법 시행 이후, 이 조항을 근거로 해서 체세포복제 연구를 신청해 보건복지부 장관으로부터 허가받은 첫 번째이자 마지막 연구자는 황 교수뿐이다. 보건복지부의 생명윤리정책과 G 과장도 이 점을 굳이 부인하지 않는다. "〈생명윤리법〉이 여러 차례 타협을 거치면서 복잡하고 일관되지 않은 측면이 있다. 부칙 조항도 그런 점을 보여 주는데, 황 교수가 연구를 중단 없이 진행할 수 있도록 마련한 조항인

셈이다."[21] 결과적으로 〈생명윤리법〉의 이 부칙 조항은 황 교수만이 통과할 수 있는 특별히 고안된 그물이며, 황 교수의 연구를 합법화해 주기 위한 정부의 오랜 노력의 결실이었다.

주

1 「복지부, 대통령 직속 생명윤리심의위 무력화 시도?」, 『프레시안』, 2005. 8. 1.

2 「양삼승 위원장, '황우석 사과문' 작성 과정에 참여」, 『프레시안』, 2006. 1. 4; 「양삼승 국가생명윤리심의위원장 사의 표명」, 『연합뉴스』, 2006. 1. 4.

3 생명복제소위원회, 「조사보고서」, 1999. 1. 22.

4 대한의사협회, 「보도자료」, 1999. 2. 1.

5 황우석, 「특허 출원 : 이종간 핵이식 방법 및 그를 이용한 인간 수정란의 생산 방법」, 2000. 7. 3. 이 특허 출원은 특허청에 의해서 거절됐다. 또한 황 교수팀은 정부 연구비로 이종간 핵이식 연구를 진행했다.

Chang KH, et al., "Preimplantation development and cytological characterization of interspecies embryos generated by human cord fibroblast nuclear transfer into bovine enucleated oocytes", *Fertil Steril*, 2003, 80 :1380-1387; Chang KH, et al. "An optimized protocol of a human-to-cattle interspecies somatic cell nuclear transfer", *Fertil Steril*, 2004, 82(4) : 960-2.

6 필자 중 한 명인 한재각은 이 행사의 실무 진행자로서 그 자리에서 이를 직접 들었으며, 관련된 녹취록이 남아 있다. 한편 이 합의회의는 유네스코 한국위원회가 1999년 5월부터 9월까지 진행했으며, 황우석 교수도 전문가 패널로 참가했다. 생명복제기술합의회의에서 황 교수는 인간배아복제 연구의 필요성에 대해서 시민 패널을 설득하고자 열띤 노력을 했다. 그러나 시민 패널은 인간배아복제까지도 금지해야 한다는 내용을 담은 보고서를 내놓았다. 황우석 교수는 이에 대해서 크게 실망하는 모습을 보였다.

7 김훈기, 『생명공학과 정치』, 휘슬러, 2005.

8 김환석 시민과학센터 소장 인터뷰, 2005. 9.

9 권혁찬 박사 인터뷰, 2005. 7. 19.

10 진교훈 전 생명윤리자문위원장 인터뷰, 2006. 1. 18.

11 과학기술부 생명윤리자문위원회, 「제4차 전체회의 회의록」. 『생명윤리 연구의 윤리성 확보를 위한 기획 연구: 생명윤리자문위원회 활동보고서』, 한국과학기술기획평가원, 2001.

12 International Bioethics Committee, "The Use of Embryonic Stem Cells In Therapeutic Research", *UNESCO*, 6 April, 2001.

13 특허청 특허정보 검색사이트(http://www.kipris.or.kr/new_kipris/index.jsp).

14 「소 난자에 사람 체세포 핵이식 '이종간 배아복제' 파문」, 『한국일보』, 2002. 3. 9.

15 「생명공학 연구 길 넓혀야」, 『서울신문』, 2002. 9. 27.

16 국가생명윤리심의위원회, 「황우석 연구의 윤리 문제에 대한 중간보고서」, 2006. 2. 2.

17 보건복지부, 「국회보건복지위 김홍신 의원의 질의에 대한 서면답변서」, 2002. 8.

18 김훈기, 앞의 책.

19 2002년 정기 국회에 제출해 처리할 것으로 예상했던 법률안의 부칙 조항에 따른 시행 시기는 법률 공포 후, 6개월이 지난 때부터였다. 그러나 이것이 규제개혁위원회를 거치면서 공포 후 1년으로 변경됐다.

20 보건사회연구원, 「(가칭)생명윤리 및 안전에 관한 법률 제정을 위한 공청회」, 2002. 7. 15.

21 보건복지부 생명윤리정책과 G 과장 전화 통화 내용, 2005. 8. 9.

〈생명윤리법〉 부칙 3항과 황우석 교수의 2004년 『사이언스』 발표 논문

2002년 9월

보건복지부 입법 예고 법안 / 부칙 ③항 등장

(배아 연구에 관한 경과조치) 이 법 시행 당시 체세포 핵이식 연구를 하고 있는 자는 보건복지부 장관의 승인을 얻은 경우에 한하여 제11조 제4항의 규정에도 불구하고 보건복지부 장관이 정하는 시기까지 당해 연구를 지속할 수 있다.

2003년 4월

규제개혁위원회 심의, 2002년 9월 법안의 부칙조항 동일하게 유지됨.

2003년 6~7월

6월, 『사이언스』에 논문 투고.
7월, 심사평 도착.

2003년 10월

국회에 〈생명윤리법〉 정부 단일법안 제출 / 수정된 부칙 ③항 등장

③(체세포 복제배아의 연구에 관한 경과조치) 이 법 시행 당시 제17조 제2호의 규정에 의한 연구 목적으로 체세포 복제배아 연구를 하고 있는 자는 다음 각 호의 요건에 해당하는 경우에는 보건복지부 장관의 승인을 얻어 당해 연구를 계속할 수 있다.

1. 3년 이상 체세포 복제배아에 관한 연구를 계속했을 것.
2. 관련 학술지에 1회 이상 체세포 복제배아에 관한 연구 논문을 게재한 실적이 있을 것.

2003년 12월

9일, 『사이언스』 논문게재 승인.
30일, 국회 〈생명윤리법〉 통과.

2005년 1월

보건복지부, 〈생명윤리법〉 부칙 3항에 의거하여 황우석 교수의 체세포 복제배아 연구가 유일하게 승인됨.

〈생명윤리 및 안전에 관한 법률(안)〉
- 포괄적인 형태의 법안

국회 보건복지위 김홍신 의원안 / 2002년 11월
* 보건복지부 법안이 토대
* 조속한 생명윤리법 제정을 위한 공동캠페인단(시민, 여성, 종교계)의 입법청원안과 유사

주요내용
① 인간개체복제 금지
② 국가생명윤리자문위원회 설치
③ 체세포 핵이식 연구의 원칙적 금지 및 위원회를 통한 제한적 허용
④ 인간배아의 보호
⑤ 의학적 입증이 불확실한 유전자검사 금지
⑥ 유전정보의 보호 및 차별 금지
⑦ 유전자치료의 규제 등

〈인간개체복제금지 및 줄기세포 연구법(안)〉
- 제한적 형태의 법안

국회 과기정위 이상희 의원안 / 2003년 1월
국회 보건복지위 이원형 의원안(이상희 의원안과 동일) / 2003년 1월
* 과학기술부 법안이 토대

주요 내용
① 인간개체복제 금지
② 국가생명윤리위원회를 통한 배아복제 선별적 허용
③ 배아줄기세포 연구 허용 등

2001년 5월

생명윤리자문위원회
(과학기술부 산하)
배아복제 금지

2002년 7월

과학기술부(안)
(국가생명윤리자문위원회에서 허용범위 결정)
배아복제 허용

2002년 9월

보건복지부(안)
(국가생명윤리자문위원회에서 제한적 허용)
배아복제 원칙적 금지

2002년 11월

조속한 생명윤리법 제정을 위한
공동캠페인단 입법 청원(안)
배아복제 금지

2003년 10월

정부단일(안)
(국가생명윤리자문위원회에서 연구범위 결정)
배아복제 허용

1999년 더위가 채 가시지 않은 초가을 9월 어느 날, 플라타너스 나무 그늘이 드리워진 연세대 한 건물 앞에서 한 무리의 사람들이 피켓을 들고 시위를 벌이고 있었다. 그들의 피켓에는 "예스, 인간복제"라는 글자가 적혀 있었다. 이들은 외계인을 만나고 돌아왔다는 프랑스인 라엘Claude V. Rael을 추종하는 유사 종교집단인 라엘리안 무브먼트Raelian Movement 한국 지부의 회원들이었다.

라엘리안 무브먼트 회원들은 인간복제 기술은 고도로 발전된 외계 문명에서는 이미 도달한 것으로, 인류 역시 이 기술을 통해서 번영할 것이라고 믿고 있었다. 혹시 여러분들도 이미 시내 번화가에서 외계인 복장을 하고 행진하는 라엘리안 무브먼트 회원들을 보았는지도 모른다. 이들은 2000년경에 인간복제를 허용해 달라는 서명을 3만 명으로부터 받아서 국회에 청원하기까지 했다.

그런데 이들이 더운 날씨에도 불구하고 연세대에 모습을 나타낸 것은 무슨 일 때문일까? 유네스코 한국위원회가 주최한 '생명복제기술합의회의' 때문이었다. 다양한 연령대·성별·직업을 가진 시민 패널들이 생명복제 기술의 찬반 입장을 가진 전문가들로부터 설명과 의견을 들어 정책 권고안을 제시하는 행사였다. 이 자리에 황우석 교수는 전문가 패널로 참석하고 있었는데, 인간배아복제의 필요성을 역설하는 발언 때마다 라엘리안 무브먼트 회원들은 '예스, 인간복제' 피켓을 들어 올리며 환호와 함께 열정적인 박수를 보내곤 했다.

그런 박수가 황우석 교수에게 달가울 리 없었다. 박수 소리가 울려 퍼질 때마다 황 교수의 얼굴에 당혹감이 번졌고, 다른 청중들은 그 어이없는 해프닝을 바라보며 웅성거렸다. 황 교수는 기회가 될 때마다 인간개체를 복제하는 것은 반대하며 자신은 오로지 치료 목적으로만 인간배아복제를 연구하고 있을 뿐이라고 주장했다. 하지만 라엘리안 무브먼트들이 보기에 황 교수는 그들이 열망하는 인간복제 기술을 개발해 줄 위대한 선구자였다.

그러나 이것은 라엘리안들만의 일방적인 오해는 아니었다. 우선 황우석 교수는 복제양 돌리 탄생 소식이 전해진 이후부터, 인간(개체)복제가 기술적으로 가능하다고 여러 차례 언급한 바가 있었다. 물론 스스로가 2004년경부터 동물복제가 아닌 인간배아복제를 연구하면서부터는 윤리적 논란을 피하고자 인간(개체)복제가 기술적으로 어렵다고 말을 번복했다. 그래도 인간(개체)복제의 기술적 가능성을 언급했을 뿐만 아니라, 소에 이어서 (상당 기간 후에는) 개까지 실제로 복제해냈으므로 라엘리안들은 황우석을 주목하지 않을 수 없었다.

황우석 교수에 대한 라엘리안들의 열광은 전혀 엉뚱한 곳에서 나오기도 했다. 2002년 7월, 두 명의 보건복지부 직원은 대구로 급히 내려가고 있었다. 그들은 바이오퓨젠텍이라는 바이오벤처를 방문해서 인간복제 의혹에 대해서 조사하러 가는 길이었다. 그 전날 바이오퓨젠텍은 라엘이 설립했다는 클로나이드사의 한국 지사와 함께 대구 상공회의소 강당에서 기자회견을 열어, "본사 연구진이 전 세계적으로 50여 명의 대리모를 모집해 인간복제를 추진 중이며, 그중 한 명의 한국인 20대 여성이 복제된 배아를 자궁에 착상 받아 현재 임신 중"이라는 충격적인 내용을 발표했다.[1] 〈생명윤리법〉 제정이 늦어지고 있는 마당에, 난데없는 이 소식에 보건복지부는 직원을 급파해서 조사하도록 한 것이다.

그러나 보건복지부는 그 조사를 통해 한국에서 인간복제가 시도됐는지를 확인할 수 없었고,[2] 클로나이드 한국 지사 관계자는 "인간복제 기술을 통해 임신한 여성이 한국에 들어온 것"이라며 말을 바꾸기도 했다. 보건복지부는 검찰에 수사를 의뢰했다. 그러나 사실 관계가 확인되지 않아 논란이 거듭되는 가운데, 그해 10월 국회 보건복지위 김홍신 의원은 문제의 바이오퓨젠텍 사장과 클로나

이드 한국 지사 대변인을 국회 증인으로 불러냈다. 그러나 이 자리에서도 한국에서 인간복제가 시도됐는지에 대해서 속시원한 대답을 들을 수 없었다. 다만 인간복제를 금지하고 처벌할 수 있는 〈생명윤리법〉 제정의 필요성만이 다시금 강조됐다.[3]

국회 청문회 자리에서는 주목받지 못했으나 의미심장한 답변이 바이오퓨젠텍의 사장의 입으로부터 흘러나왔다. 보건복지부 직원들이 대구 출장 조사에서 발견할 수 없었던 이 회사의 연구시설이 전남 나주의 벤처산업센터에 있다는 답변이었다. 전남 나주라는 지명이 갑자기 등장한 것이다. 그럼 그곳에는 무엇이 있을 것일까? 그 궁금증을 풀기 위해서, 1년의 시간을 거슬러 올라가 보자.

2001년 8월 『국민일보』는 국내에서 극비리에 인간복제가 추진되고 있다고 특종 보도했다. 그러나 종교계 색채가 강했던 『국민일보』의 보도는 종교계의 과민한 우려 정도로 평가 절하되고 그리 주목받지 못한 채 잊혀졌다. 그런데 이 보도에서 인간복제 실험이 진행되는 대학과 바이오벤처로 지목된 곳이 동신대 동물복제연구소 및 연구소와 산학 협동을 하고 있는 바이오크리에이트였는데, 이 회사가 위치한 곳이 바로 전남 나주였다. 바이오크리에이트의 대표는 경북대 공과대학 교수를 한 이력을 가진 전직 국회의원이며 야심찬 사업가인 정호선 씨였는데, 2000년에 일본까지 찾아가서 라엘을 만나고 왔다는 것이다. 그는 『국민일보』 기자와의 인터뷰에서 "인간복제는 인류를 재앙이 아닌 행복으로 이끄는 지름길이다"라고 주장하기도 했다.[4]

그런데 동물복제를 전문으로 하고 있다고 밝힌 바이오크리에이트는 동물복제 기술을 어떻게 획득한 것일까? 이 회사는 자신들은 황우석 교수로부터 기술을 이전받았다고 주장하고 있다. 하지만 바이오벤처들이 자신의 주가를 높이기 위해서 황 교수를 팔고 있는 것은 아닐까? 이와 관련해서 그들은 황 교수가 2000년 6월에 나주 한 축산 농가에 체세포 핵이식 기법으로 두 마리의 젖소를 태어나도록 했다는 사실을 소개하면서, 이를 황 교수로부터 기술을 이전받은 증거로 제시하고 있었다.

그러나 이런 주장보다도 더 확실한 증거는 황우석 교수의 제자로서 그 밑에서 박사학위를 받은 동물복제 전문가인 H 박사가 이 바이오벤처에 참여하고 있다는 점이다. 그렇다면 『국민일보』 기자가 만나서 인터뷰도 하고 전남 나주의 연구실까지 동행하면서 인간복제를 시도하고 있다고 밝힌 연구자가 황 교수의 제자인 H 박사일까? 『국민일보』 기사는 문제의 연구자를 이니셜로 표기해서 정확히 누군지는 알 수 없지만, '공동 연구원 I 씨'인 것으로 보인다. 그는 자신을 라엘리안 무브먼트의 회원이라고 밝히고 있다. I 씨는 H 박사와 이 벤처회사에서 공동 연구를 하고 있다고 알려졌다.

황우석 교수는 『국민일보』와의 인터뷰에서 "나의 선후배와 제자 등 체세포복제 기술을 가진 의사 중에는 이(인간복제)에 응한 이가 없다"고 장담하고 있었다. 하지만 황 교수의 장담대로 자신의 제자가 인간복제에 참여하지 않았을지라도, 인간복제를 시도하려는 라엘리안 무브먼트 회원에게 기술을 이전했다는 비난은 피하기 힘들 것 같다.

1 「한국인 복제인간 임신 사실일까」, 『조선일보』, 2002. 7. 25.
2 보건복지부, 「인간복제 관련 출장 결과 보고」, 2002. 7. 24.
3 국회 보건복지위원회, 「보건복지부 국정감사 회의록」, 2002. 10. 2.
4 「"인간복제 허용 입법돼야" 충격의 발언」, 『국민일보』, 2001. 8. 29.
5 「"인간복제 매우 위험, 절대 시도해서는 안 돼"」, 『국민일보』, 2001. 8. 29.

5장

민주적 토론 바깥의 최고 과학자

과학자들이 연구 활동을 통한 사회 공헌 외에도 정부의 각종 위원회 활동에 참여하는 모습은 이제 낯설지 않다. 황우석 교수도 정부 내에서 많은 공직을 가지고 있었다. 공적 활동의 폭을 보여 주는 그의 경력을 꼽아 보면 그 현란함에 어지럼증을 느낄 정도다.

황우석 교수가 거쳐갔거나 유지하고 있던 직함의 일부를 잠시 살펴보면,[1] 대통령이 위원장인 국가과학기술위원회의 민간위원(장관급)과 헌법기관인 국가과학기술자문회의 자문위원, 국무총리가 위원장인 의료산업선진화위원회의 민간위원(장관급)을 맡았다(2005년 말 기준). 한편 2005년 가을 국가과학기술위원회의 민간위원들의 전면적 교체가 이루어지는 와중에도 황 교수만은 위원직을 유지하여 그 힘을 과시했다. 그 외에도 농림부 축산발전심의위원, 농진청 새기술시범사업심의위원, 환경부 중앙환경분쟁조정위원, 국립과학관전시전문위원, 보건복지부 장관 자문위원, 특허청 심사 자문위원 등 여러 부처의 위원으로 활동한 바 있다(2003년도 기준).

이제 그만 그를 놓아 주자?

황우석 교수처럼 정부 각종 위원회의 다양한 직함을 보유한 과학자를 찾기란 쉬운 일이 아니다. 복제소 영롱이를 탄생시킨 이후, 각 부처나 정부기관에서 '유명 인사 모셔 가기' 차원에서 황 교수를 각종 위원직에 임명했을 것이고, 황 교수도 이를 굳이 마다하지 않은 것으로 보인다. 그 많은 직함을 가지고 있던 것을 보면 말이다. 그런데 『전자신문』의 한 기자는 각종 회의·인터뷰·강연으로 바쁜 황 교수를 걱정하며, 사람들에게 그가 연구실에 머물 수 있게 "이제 그만 그를 놓아주자"고 제안했다.[2] 세계적인 연구자가 연구 이외의 일에 너무 시간을 빼앗겨서 연구에 지장을 받고, 결국 국가적인 기술 개발에 차질이 생길 것을 우려했기 때문이다. 하지만 과연 황 교수가 억지로 끌려 다니고 있었던 것이었을까? 앞서 살펴본 것처럼, 황 교수는 정부의 각종 위원직을 자신의 '과학기술동맹'을 구축하기 위한 중요한 수단으로 활용했다.

장관급 국가과학기술위원회 민간위원

황우석 교수가 보여 준 공적 활동에서의 극적인 지위 상승과 영향력 확대는, 국가과학기술정책과 관련하여 그가 참여하고 있는 각종 위원회에서의 지위 변화를 추적해 보면 분명해진다. 황 교수가 정부위원회 활동에 참여한 초기에는 그의 전공과 관련된 농림부의 축산 관련 위원회 활동이 많았다. 이후 점차 환경부·보건복지부·특허청·과학기술부 쪽의 위원회들로 활동의 폭이 넓어졌다. 그러나 그가 과학기술정책을 비롯한 국가정책에 영향을 미칠 수 있는 지위에 오르는 계기가 된 것은 1999년 7월 국가과학기술위원회 산하 정책전문위원회에 참여한 때부터일 것이다.

국가과학기술위원회는 대통령이 위원장으로서 과학기술 관련 정부 부처의 장관(14명)과 9명 이내의 민간위원으로 구성되는, 국가연구개발 투자방향 및 우선 순위 등을 결정하는 국가과학기술정책에 관한 최고의 심의의결기구이다. 또한 정책전문위원회는 국가과학기술위원회 안건을 미리 검토하고 위임된 안건을 심의하는 운영위원회 산하의 분과위원회였다.[3] 황 교수가 이 위원회에 참여한다는 것은 일개 부처의 연구개발사업 기획·평가 및 예산 배정 등에 영향력을 가지게 된다는 것과 다르게, 국가 차원에서의 국가연구개발사업의 방향, 예산 투자의 우선 순위 결정 등 정부 차원에서 과학기술정책에 영향을 미칠 수 있는 자리에 들어섰다는 것을 의미한다.

2001년 6월 황우석 교수는 대통령 직속 국가과학기술자문회의 자문위원으로 발탁되면서, 국가과학기술 분야 권력에 한발 더 다가서게 됐다. 국가과학기술자문회의는 대통령에게 국가과학기술정책과 관련해 자문해 주는, 외국에서는 보기 힘든 헌법상의 기구이다. 그리고 2003년 8월 마침내 황 교수는 장관급에 해당하는 국가과학기술위원회 민간위원으로 임명됐다. 7인으로 구성된 민간위원은 우리나라 과학기술계를 대표해서 국가과학기술정책에 참여한다는 것으로 그 의미가 대단한 직책이다. 그가 2005년도에 제1호 국가 '최고 과학자'로 선정된 것은 어쩌면 이때 이미 예고된 것인지도 모른다. 이때 '최고'라는 말에는 최고의 연구 능력과 연구 성과를 가지고 있다는 의미뿐만 아니라 정치권력에 가장 가까이 다가섰다는 의미도 포함될 것이다.

황우석 교수가 국가과학기술위원회와 처음으로 인연을 맺은 것은 1999년 4월 1일이었다. 그는 생애 처음 청와대로 초청받아 최고 권력자 김대중 대통령을 만났다. 이날 청와대에서는 〈과학기술특별법〉에 의해 구성된 국가과학기술위원회의 첫 번째 회의가 열리고 있었다. 대통령 및 각 부처 장관과 민간위원들이 자리한 이날 회의에서는 '국가경쟁력 강화를 위한 과학기술정책방향' 등 네 개 안건이 예정돼 있었고, 이와 별도로 '특별 보고'가 준비돼 있었다. 황 교수가 발표한 '송아지복제 연구 성공사례 보고'가 그것이었다.

황우석 교수는 김대중 대통령을 비롯한 각 부처 장관과 민간위원들에게 복제소 연구 성과에 대해 발표했는데, 2005년 5월 현재 17회까지 개최된 국가과학기술위원회 회의에서 개별 과학자의 연구 성과에 대해서 특별 보고가 이루어진 것은 처음이자 마지막 일이었다. 그때 복제한우 송아지 이름으로 '진이'라는 이름을 대통령으로부터 '하사'받았으며, 이것은 최고 권력자인 대통령의 신임을 과시하는 상징이 됐다. 이로부터 3개월 후에 황 교수는 국가과학기술위원회 산하의 정책전문위원으로 임명됐다.

황우석 교수는 국가과학기술위원회 정책전문위원의 지위를 자신의 연구 진행에 필요한 지원과 지지를 이끌어 내는 수단으로 능숙하게 활용했다. 2001년 3월 어느 날 오후, 서울대 수의과대학 생명공학연구실은 행사 준비로 분주했다. 국가과학기술위원회 산하 연구개발전문위원회와 황 교수가 참여하고 있는 정책전문위원회에 속한 30명의 민간위원들이 참석하는 회의를 황 교수 연구실에서 개최할 예정이었기 때문이다. 이날 회의는 '국가과학기술위원회 전문위원회 정책토론회'라는 이름을 갖고 있었는데, 토론 주제는 두 가지였다. 하나는 '국가연구개발사업 종합DB시스템 구축계획'이었고, 나머지 하나는 '생명체복제 기술의 현황과 향후 전망'이었다.

이처럼 전문위원 연구시설에서 국가과학기술위원회 전문위원들의 회의가 열린 것은 아주 이례적인 일로 보인다. 국가과학기술위원회의 실무를 맡고 있는 과학기술부는 정부 측 위원을 제외하고 전문성과 상대적인 시간 여유를 갖고 있는 민간위원들의 참여와 활동을 적극적으로 독려하면서, 각종 회의를 주선했다. 주로 그 회의들은 서울 시내 유명 호텔들에서 이루어져 왔다. 그런데 이번 회의는 황 교수 연구실에서 개최됐다. 황 교수 자신이 속한 국가과학기술위원회 전문위원 회의를 자신의 연구실에서 진행하면서, 자신이 진행하고 있는 연구에 대해서 토론한 것이다.

정부의 연구비 지원 규모

황우석 교수는 1990년대 초반부터 정부로부터 연구비를 지원받기 시작했다. 감사원 발표에 따르면, 황 교수에게 연구비를 처음 지원한 부처는 교육부로서 1993년의 일이다. 그러나 정부의 연구비 지원이 본격화된 것은 1997~98년 시기이다. 1997년에는 농림부가 새롭게 '우량한우 수정란 대량생산기술' 연구비를 시작으로 예산을 지원했고, 이어서 과학기술부가 1998년도부터 연구비 지원을 시작해 2002년부터 연구비를 쏟아 붓기 시작했다. 정부가 1993년부터 2006년까지 황 교수에게 집행했거나 배정한 연구비 전체는 429억 원에 달하는데, 그 대부분인 376억 원을 과학기술부가 지원했다(자세한 내용은 이 책의 135쪽 〈표〉 참조).[4]

그런데 감사원 발표에서는 누락돼 있지만, 이미 황우석 교수는 1992년에 과학기술부로부터 연구비 지원을 받아 경상대 연구자들과 함께 수정란 핵이식 방식으로 토끼와 소를 복제하는 연구를 한 바 있다.[5] 다만 이 연구는 경상대가 주관 연구기관이 되고 황 교수는 공동 연구원으로 참여했다. 그 후 1993년 이후부터는 과학기술부와 교육부로부터 독자적으로 연구비를 지원받아, '수정란 핵이식 기법을 통한 우량한우복제 연구' 등에 본격적으로 착수했다.[6] 이 결과 1995년에 황 교수는 수정란 핵이식을 통한 소복제에 성공했다. 그리고 1998년에 처음으로 체세포 핵이식을 통한 동물복제 연구에 대한 연구비를 지원받게 된다. 이는 1997년 복제양 돌리 탄생 소식이 전해진 다음 해의 일이다. 황 교수는 이 연구비로 복제소 '영롱이'와 '진이'를 탄생시켰다. 이제는 그 실체조차 불투명하지만, 이 복제소 두 마리는 '황우석 신화'의 출발점이 됐다.

과학기술부는 황우석에 대한 연구비 지원이 성공하자 탄력을 받아 보다 과감한 투자에 나선다. 이번에는 '생물정보처리기술을 이용한 광우병 내성소 개발'이라는 연구 과제로 2001년 12월부터 2004년 11월까지 3년간 43억 원을 황 교수 연구팀에게 지원하기로 결정했다. 그런데 이 연구의 제목에는 '생명정보처리기술'이라는 생명과학 분야에서는 낯선 단어가 있는 것을 볼 수 있다. 그 이유는 무엇일까? 여기에는 다음과 같은 사연이 있다.

2001년 정보통신부는 IMT-2000사업을 무리하게 강행하면서 통신회사들에게 1조 3,000억 원이라는 막대한 출연금을 걷었다. 그 후 거액의 출연금을 생산적인 곳에 투자하기로 했다며 그 일부를 연구개발 비용으로 사용하기로 결정했다. 그렇게 산업자원부 등과 같은 다른 연구개발 부처와 함께 과학기술부에도 상당한 예산이 배정됐는데, 배정된 연구 개발비 중 일부를 황우석 교수에게 지원하기로 했다. 그런데 정보통신부가 운영하는 정보화촉진기금의 '정보통신 선도기반 기술개발사업'에서 돈이 나오다 보니 구색을 맞추기 위해서 '생물정보처리기술'이라는 단어가 연구과제명에 들어간 것이다. 그 후 '황우석 사태'로 연구비 지원 실태가 드러나자 정보통신부는 이 예산 지원이 자신들과 관계가 없는 일이라며 해명자료까지 냈다.[7] 불똥이 튀는 것을 피하자는 것이었다.

2003년에는 줄기세포 연구와 함께, 황우석 교수의 2대 '주력 상품' 중 하나인 이종간 장기이식Xenotransplantation을 위해 연구비가 투자됐다. '형질전환 복제기술을 이용한 바이오장기 생산 및 이식기술 개발'이라는 연구과제에 과학기술부는 20억 원을 지원하기로 한 것이다. 또한 2004년에는 이종간 장기이식용 복제돼지 연구와 배아복제 줄기세포 연구를 위해서 '복제돼지 및 복제기반 연구사업'이라는 이름으로 15억 원이 지원됐다. 모두 과학기술부의 '나노바이오 기술개발사업'의 일환이었다. 또한 황 교수가 비좁고 초라한 시설에서 연구하는 것을 안타깝게 여겼는지, 연구시설 건립과 연구기자재 구입을 위해 2004년 추가적으로 각각 20억 원과 30억 원씩, 무려 50억 원이 더 지원됐다. 2004년 한 해에만 65억 원이 지원된 것이다. 다른 연구자라면 꿈도 꾸지 못할 일이었다.

여기에 그치지 않았다. 과학기술부는 황 교수에 대한 투자 규모를 보다 확대하기로 결심한다. '최고 과학자 연구지원사업'이라는 것을 만들어서, 과학기술진흥기금에서 265억 원을 한꺼번에 황 교수에게 지원한다는 내용의 2005년도 기금운영계획을 국회에 제출한 것이다. 하지만 2004년 5월에 제출된 과학기술부의 예산계획에는 '최고 과학자 연구지원사업'이 존재하지 않았다. 그러던 것이 11월 과학기술부 기금운영계획서 수정안[8]에 갑자기 등장한 것이다. 어찌 된 일일까? 여기에는 청와대 박기영 보좌관이 관여돼 있었다.

2004년 10월 초 박기영 당시 청와대 정보과학기술보좌관은 기자회견을 자처했다. 여기서 그녀는 최고 과학자 연구지원사업계획을 발표했고, 그 자리에서 이미 황 교수에게 265억 원을 지원할 예정이라는 점을 명확히 밝혔다. 그러나 최고 과학자에게 지원한다고 하면서도, 최고 과학자를 선정하는 절차도 없이 대뜸 황 교수부터 지원하겠다는 발표는 불합리한 일이었다. 당시 황 교수가 우수한 과학자라는 것에 대해 이론을 달기는 어려운 상황이었지만, 특혜 시비는 불가피해 보였다. 하지만 침묵뿐이었다.

민주노동당 정책위원회는 이 예산 계획에 대해서 '황우석 퍼주기'라고 비판하면서, 최고 과학자에 대한 정당한 선정 과정과 절차를 마련해야 한다는 입장을 발표했다.[9] 그러나 이 또한 쉬운 일은 아니었다. 2004년 『사이언스』를 통한 연구 발표에 이은 '황우석 신드롬'의 맹위가 여전했기 때문에, 황 교수와 관련된 예산에 대해서 토를 단다는 것은 여간해서는 쉽지 않은 일이었다. 때문에 민주노동당은 엄청난 비난에 시달렸으며, 이를 주도한 정책위원회는 당 내부의 일부로부터 "자살 골을 찼다"는 힐난까지 들어야 했다.

과학기술부의 몰아주기식 지원

2005년도 6월 과학기술부는 최고 과학자 선정위원회에서 제1회 최고 과학자로 황우석 교수를 선정해 5년간 매해 30억 원씩 총 150억 원을 지원하기로 했다고 발표했다.[10] 적절한 선정 절차와 과정을 마련하라고 주장했던 민주노동당의 입장에서는 늦었지만 긍정적으로 평가할 만한 일이었다. 그러나 2004년 말에 제시한 1년간 265억 원 지원이라는 예산 계획과 새로 발표된 5년간 150억 원이라는 지원 계획 사이의 변화에 대해서는 의문이 제기됐다.

2005년 1년간 265억 원을 지원하기로 한 계획에서, 5년간 150억 원을 지원하기로 한 계획으로 수정한 것일까? 하지만 아니었다. 과학기술부에 문의한 결과, 265억 원은 계획에 따라 집행될 것이라고 답변했다. 이미 책정된 265억 원도 주고, 다시 5년간 150억 원도 지원한다는 말인가? 과학기술부의 답변은 그렇다는 것이었다. 다만 2005년에 주기로 한 최고 과학자 지원금 30억 원의 일부가 이미 책정된 265억 원에 포함돼 있었을 뿐이다.

문제는 또 있었다. 2005년도에 지원할 최고 과학자 지원비 30억 원 중 20억 원은 이미 지원됐기 때문에, 10억 원만 추가로 지원하겠다고 과학기술부가 발표한 것이다. 과학기술부에 따르면, 황우석 교수가 최고 과학자로 선정되기 전에 이미 20억 원이 지원됐다는 말인데, 최고 과학자 선정위원회가 다른 과학자를 선정했다면 어떻게 됐을지 의아스러운 부분이다. 만약 다른 과학자가 최고 과학자로 선정된다면, 이미 지원된 20억 원을 황 교수로부터 회수할 수 밖에 없는 상황이 되기 때문이다.

과학기술부 발표에 의하면 20명의 과학자가 추천되어, 여기서 황 교수를 포함해 최종적으로 다섯 명[11] 이 최종 후보로 선정됐다. 그렇다면 이들은 들러리였을 뿐이고, 이미 정해진 각본에 따라서 황 교수를 선정한 것이란 설명 밖에 나오지 않는다. 실제로 '황우석 사태'가 터지면서 최고 과학자 선정 과정에 대한 문제 제기도 불거지기 시작했다. 우선 최고 과학자 선정위원회에 박기영 청와대 보좌관과 최석식 과학기술부 차관이 참여하고 있어서 공정성에 의구심이 간다는 것이다. 또한 일부 최고 과학자 후보들은 문제가 있다며 황 교수 선정에 공식적으로 문제 제기했으나, 전문심사위원 그룹이 이를 묵살했다며 진상을 촉구하고 있다는 보도도 있었다.[12]

그러나 더욱 실망스러운 것도 있었는데, 황우석 교수에게 추가로 지원한다는 10억 원의 출처 문제였다. 이 돈은 박사학위를 받은 지 2년 이내의 우수한 젊은 과학자 10명에게 최대 1억 원씩 지원하기로 돼 있던 '국가특별연구원육성지원사업'의 예산으로부터 전용된 것이었다. 이미 엄청난 연구비를 지원받고 있는 황 교수를 위해서, 젊은 연구자를 지원하기 위한 예산 10억 원이 빼돌려진 것이었다. 하지만 과학기술부는 이 예산 전용에 대해서 '적극 이해'해 달라며 머리를 조아렸고,[13] 국회 과학기술정보통신위원회 의원들은 크게 문제삼지 않고 넘어갔다.

과학자 사회의 침묵

2005년 7월, 서울 강남에 있는 어느 의과대학 연구실. 줄기세포 분야에서 우수한 연구 능력을 평가받고 있는 한 중견 과학자 J 씨는 황우석 교수에 대해 말하는 것에 부담을 느끼고 있었다. 열정적으로 줄기세포 연구의 가능성에 대해서 설명하던 그는 황 교수 쪽으로 이야기가 흘러가자, 목소리를 낮추면서 인터뷰를 위해 켜 놓았던 녹음기를 꺼 줄 것을 요구했다. 알려지지 않은 어떤 비밀이라도 들을 수 있을까 싶었지만, 이야기 자체는 특별한 것은 아니었다.

황우석 교수가 국가과학기술위원회 위원일 뿐 아니라 여러 유력한 자리를 차지하고 큰 영향력을 행사하고 있다며, 그 앞에서 누가 함부로 비판의 목소리를 낼 수 있겠냐는 이야기였다. "황 교수를 대놓고 비판할 수 있는 사람이 누가 있겠습니까? 특히 정부가 집중 지원하고 있는 줄기세포 분야의 연구자들은 더욱 그렇지 않겠습니까?" 그 자신도 과학기술계나 정부와의 관계에서 어느 정도 탄탄한 입지를 구축한 편이기는 하지만, 황 교수에 대해서는 공개적으로 비판하기 꺼려진다는 것이다.[14] 황 교수에게 잘못 보이면 국가연구개발비를 지원받는 데 불이익이 있을 수 있다고 느끼는 듯 보였다.

실제로 황우석 교수는 자신이 집중적으로 연구하고 있는 줄기세포 및 바이오장기 분야, 나아가 생명공학산업 분야 전반의 정부 정책 결정에 참여할 권한과 영향력을 갖고 있었다. 우선 황 교수는 과학기술부가 작성한 『2025 과학기술발전 장기계획』의 기획위원으로 참여하면서, 생명·의료분과위원회의 위원장을 맡은 바 있다. 또한 노무현 정부가 의욕적으로 추진한 차세대성장동력산업의 하나로 선정된 '바이오신약 및 장기산업' 개발 육성을 위한 기본 계획에도 주도적으로 참여했다. 이 계획의 수립과 조정을 위해서 국가과학기술자문회의 내에 설치된 신약·장기분과위원회 위원장도 맡고 있었던 것이다.

현재까지 발표된 바에 의하면, 바이오신약·장기사업에는 2013년까지 총 2조 4,000억여 원이 투자될 예정이었다. 여기에 황우석 교수는 국가과학기술위원회 산하에 설치된 차세대성장동력추진특별위원회의 위원이면서, '바이오신약·장기 분과위원장'을 맡고 있었다. 분과위원장은 법령에 의해 바이오신약·장기 분야와 관련된 부처간 역할을 분담하고 정책을 조정하는 막강한 권한을 위임받고 있다.

이러한 상황은 황우석 교수가 아니었더라면, '이해 관계의 충돌'이라는 비판을 피해 가기 힘든 일이었다. 줄기세포 연구와 이종간 장기이식 연구에 상당 금액의 국가연구개발비를 지원받아서 추진하고 있는 자신이, 그 분야의 핵심적인 정책 결정 과정에 참여하는 것이 적절한 것인지 논란은 불가피했다. 그러나 정부는 이에 크게 개의치 않는 듯 했다. 황 교수가 개별 연구자들에게 연구비를 나누어 주는 선정 과정에 참여하고 있지 않으니, 이해 관계에 얽매여 연구 책임자 선정을 왜곡하는 등의 문제는 발생하지 않을 것이라는 입장인 듯했다.

하지만 황우석 교수가 국가연구개발비를 나누어 주고 관리하는 전문기관인 교육부 산하의 학술진흥재단 이사직과 과학기술부 산하 기초기술연구회 이사직까지 맡고 있었다는 사실을 상기해 본다면,[15] 그렇게 쉽게 단정할 수는 없는 일이다. 적어도 당시 황 교수는 자신에게 제기될 수 있는 과학자 사회의 비판을 침묵시키기에 충분히 큰 권력과 영향력을 갖고 있었던 것만큼은 분명해 보인다.

주

1 「BRIC이 만난 사람들: 황우석 인터뷰」, 『바이오웹진』, 2003. 3. 20.

2 이은용, 「기자수첩: 황우석 교수의 6월」, 『전자신문』, 2005. 6. 30.

3 국가과학기술위원회 운영위원회 산하 정책전문위원회의 역할 및 위상에 대해서는 과학기술기본법 시행령(2001년 7월 시행)을 참조할 수 있다. 정책전문위원회는 ① 과학기술진흥정책의 수립에 관한 사항, ② 과학기술관련제도 발전 및 개선에 관한 사항, ③ 과학기술기본계획 등 과학기술관련계획에 관한 사항, ④ 위원회의 발전방안에 관한 사항 등에 대해서 국가과학기술위원회 운영위원회에 상정될 안건을 미리 검토하도록 돼 있다. 정책전문위원회는 중앙행정기관의 2급 혹은 3급의 공무원급으로 구성됐다.

4 감사원, 「'국가연구개발사업 관리실태' 감사결과 중간발표」, 2006. 2. 6.

5 박충생·이효종·황우석, 『복제동물 생산기법의 개발에 관한 연구』, 경상대, 1992(주관부처 과학기술부, 보고서 번호: 92-2400-10).

6 과학기술부로부터 1994년부터 1996년까지 지원받은 연구사업은 '핵이식 기법을 이용한 고품질 한우의 대량 생산에 관한 연구'로서, '국책연구개발사업/UR대응농업기술개발사업'으로 지원됐다. 한편 교육부로부터 지원받은 연구사업은 '핵이식을 이용한 복제송아지 생산에 관한 연구'로서 1994년부터 1995년까지 1년간 지원됐다. 그런데 과학기술부로부터 지원받은 연구사업은 감사원의 감사결과 중간발표에는 반영돼 있지 않아서 의아스럽다.

7 정통부, 「[해명] 정통부, 황우석 교수 지원금 3년간 43억 원」, 2005. 12. 22. 이에 의하면 '생물정보처리기술을 이용한 광우병 내성소 개발' 연구개발사업은 정통부의 '정보통신선도기반기술개발사업'이 아니고 과학기술부의 '생물정보학기반기술개발사업'의 일부로 수행됐다고 해명하고 있다.

8 과학기술부, 「2005년도 과학기술진흥기금운용계획(안) 세부설명자료」, 2004. 11.

9 민주노동당 정책위원회, 「[보도자료] 황우석 퍼주기, 265억 예산 삭감해야」, 2004. 11. 15.

10 과학기술부, 「[보도자료] 2005년도 '최고 과학자'로 황우석 석좌교수 선정」, 2005. 6. 24.

11 황우석 이외의 후보자는 다음과 같다. KIST 신희섭(생명 분야), 서울대 김진의(수리 분야), 서울대 노태원(수리 분야), 포항공대 김기문(화학·화공 분야).

12 「황우석 사태 '전문심사그룹' 기능 미작동 때문」, 『연합뉴스』, 2006. 1. 2. 하지만 과학기술부는 국정브리핑을 통해서 사실무근이라며 반박했다.

13 과학기술부, 「국회자료 요청 답변서」, 2005. 9.

14 J 씨 인터뷰, 2005. 7.

15 황우석 교수가 학술진흥재단의 이사가 된 것은 2005년 3월부터다. 학술진흥재단은 '학술연구조성사업'으로 2006년 3,100억여 원을 지원하고 있다. 한편 기초기술연구회 이사직은 2001년 9월부터 맡고 있다. 기초기술연구회는 한해 1,900억 원의 연구비(2005년 현재)를 운영하고 있으며, 산하에 한국생명공학연구원 및 한국과학기술원(KIST)을 두고 있다. 연구회는 각 기관에 대한 예산집행권 등의 자율권을 대폭 이양하는 대신에, 엄정한 기관 평가를 강조하고 있다.

황우석 교수의 각종정부위원회 참여 현황

1997년 2월~
특허청 외부심사자문위원

1997년 7월 ~ 2005년 5월
농림부 기술정책심의위원회 정책심의위원

2000년 3월~2002년 2월
환경부 중앙환경분쟁조정위원회 조정위원

2001년 6월~
(헌법기구)국가과학기술자문회의 자문위원

2001년 9월~
국무총리실 기초기술연구회 이사
바이오신약장기분과위원장

2001년 10월~
국가과학기술위원회 장관급 민간위원 및
산하 차세대성장동력추진특별위원회

2002년 4월~
보건복지부장관 자문위원

2005년 3월~
학술진흥재단 이사

2005년 10월~
대통령 직속 의료산업선진화위원회
장관급 민간위원

2005년 12월~
교육인적자원부 산하 2단계 Post-BK21사업자문단,
보건복지부 보건의료기술정책심의위원회의 위원장,
과기부 산하 한국과학재단과 과학문화재단,
한국과학기술단체총연합회(과총) 이사

황우석 교수에 대한 정부의 연구과제별 지원 현황

〈단위: 백만 원〉

지원기관	연구과제	연구기간	지원금액	용도
교육부	체외수정 유래 소 핵이식란의 배양에 관한 연구	93.10~99.12	127	연구비
	유전자 생체이식기술을 이용한 이종장기 이식용 돼지 복제기술 개발	98.12~99.11.	37.5	연구비
	석박사 지원 및 신진인력 지원 사업	99.1~05.12	443	연구비
	교육부 소계		607.5	
농림부	우량한우 수정란 대량생산기술	97.1~99.12	219	연구비
	수정란이식기법을 이용한 고능력 한우 대량생산 기술개발, 우량한우수정란 대량생산기술개발	99.9~00.8	220	연구비
	농림부 소계		439	
과기부	Somatic Cell을 이용한 고능력 젖소의 복제생산	98.9~01.8	1,600	연구비
	형질전환복제기술을 이용한 바이오장기 생산 및 이식기술개발	03.6~05.5	2,000	연구비
	복제돼지 및 복제기반 연구사업	04.6~05.3	1,500	연구비
	동물복제 및 줄기세포 실용화 연구	05.3~06.2	3,000	연구비
	연구비 소계		8,100	
	복제 연구 인프라 구축사업	04.8~05.7	2,000	시설비
	무균 미니 복제돼지 생산기술 구축사업	04.10~05.10	3,000	시설비
	무균 미니 복제돼지 사육시설 건립	05.3~06.10	8,000	시설비
	영장류 연구시설 건립	05.3~06.10	4,000	시설비
	서울대 의생명공학연구동 시설 건립비	05.3~06.10	12,500	시설비
	시설비 소계		29,500	
	과기부 소계		37,600	
정통부	생물정보처리기술을 이용한 광우병 내성소 개발사업	01.12~04.11	4,300	연구비
4개부처	15개 과제	93.10~06.10	42,946.5	

※ 감사원, 「국가연구개발사업 관리실태 감사결과 중간발표: 황우석 연구비 집행 관련 보도자료」 (2006. 2. 6), 13쪽 〈표〉를 재구성.

연구비의 흐름

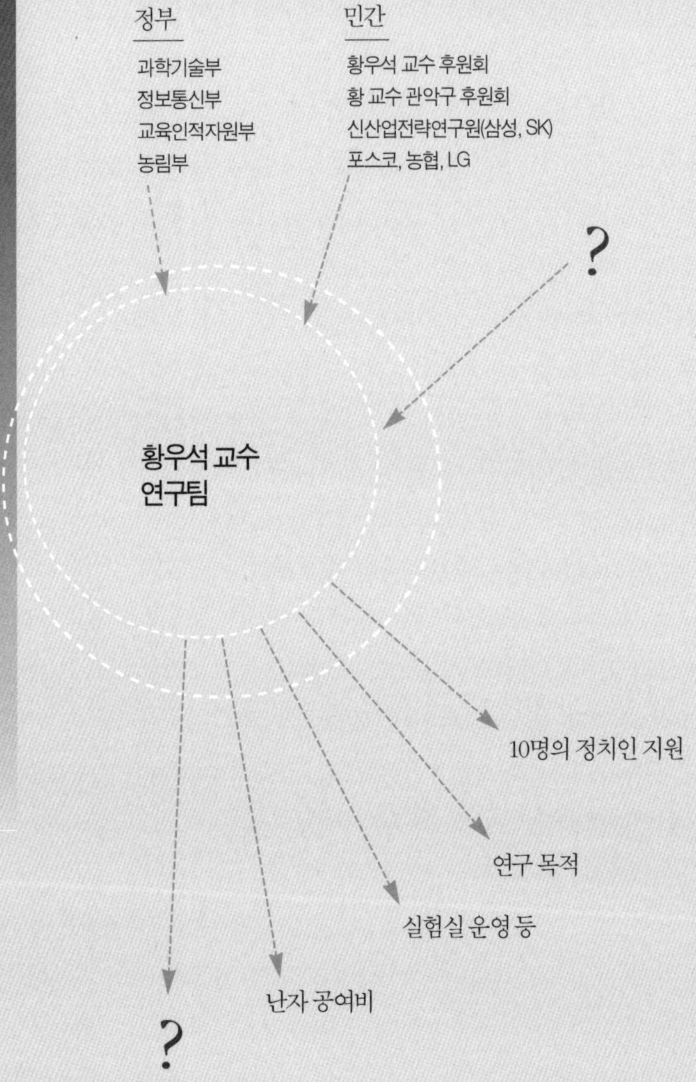
정부
과학기술부
정보통신부
교육인적자원부
농림부
민간
황우석 교수 후원회
황 교수 관악구 후원회
신산업전략연구원(삼성, SK)
포스코, 농협, LG
?
황우석 교수
연구팀
10명의 정치인 지원
연구 목적
실험실 운영 등
난자 공여비
?

6장

인간배아복제와 윤리적 문제

2004년 2월 10일 밤, 필자 중 한 사람은 평소 잘 알고 지내던 과학 전문기자로부터 전화를 받았다. 조만간 온 나라를 떠들썩하게 할 과학 논문이 실릴 예정이니, 미리 알고 있으라는 것이었다. 눈길을 끈 것은 내용이 아니라 그것이 『사이언스』라는 유명 과학저널에 실린다는 사실이었다. 당시 황우석 교수는 국내에서는 유명 인사였지만 국제적으로 그리 널리 알려진 학자는 아니었다. 연구 성과도 정부의 홍보용 '보도자료' 사진이나 당사자의 주장으로만 알려졌지, 논문인용지수IF[1]가 높은 저널에 실린 적은 없었다. 심지어는 황 교수를 국내 스타로 만든 복제소 '영롱이'나 '진이'의 논문조차 그 실체가 확인되지 않은 상황이었다. 일약 국제적 학자로 떠오르게 되는 순간이었던 것이다.

다음날, 특종은 전화를 준 기자가 소속된 신문이 아닌 엉뚱한 곳에서 터졌다. 『중앙일보』는 12일 오전 「장기복제 길 한국인이 열었다」는 기사에서 황우석 교수의 연구를 국내 최초로 보도했다. 이 기사를 쓴 홍혜걸 기자는 언론의 불문율인 엠바고를 깼다며 된통 고생을 당했고, 그 후폭풍이 2005년까지 이어져 출연하던 방송도 그만두게 됐다. 그날 오후 들어 거의 모든 신문이 동시에 많은 지면을 할애하면서 이 문제를 대서특필했다. '우리는 세계 과학의 불가능을 뛰어넘었다', '이식 거부반응 해결', '생명공학 신기원', '장기이식의 신기원' 등, 이 논문을 통해 마치 당장이라도 난치병 환자들을 치료할 수 있고 엄청난 경제적 효과를 창출할 것처럼 보도하기 시작했다. 윤리·사회적 고려가 없었던 것은 물론이고 논문 자체의 내용을 과대 포장하는 것조차 마다하지 않았다. 논문에는 언급도 없었던 각종 장밋빛 환상을 연구 당사자나 이해 관계자의 주장을 빌어 왜곡 재생산했고, 외신 인용 보도 또한 황 교수에게 유리한 것만 뽑아내 전달했다. 이런 이유 때문에 정작 황 교수 논문의 내용과 그 함의를 과장 없이 냉정하게 이해한 사람은 드물었다.

2004, 2005 『사이언스』 논문 제대로 살펴보기

비록 논문이 철회되기는 했지만, 당시에는 큰 주목을 받았던 2004년과 2005년 『사이언스』에 실렸던 논문의 과학적 성과는 무엇이었는지 살펴보자. 우선 2004년 논문에는 세계 최초로 체세포 핵이식을 통해서 인간배아복제에 성공했고, 여기에서 한 개의 배아줄기세포주를 얻었다고 나와 있다.[2] 그런데 체세포 핵이식을 통한 인간배아복제와 인간배아 줄기세포주 생성은 구분해서 살펴볼 필요가 있다. 인간배아 줄기세포는 이미 1998년 미국의 톰슨James A. Thomson 박사가 잔여배아로부터 추출한 바 있었고,[3] 체세포 핵이식을 통한 인간배아복제 자체는 2001년 미국의 생명공학기업인 ACT의 호세 시벨리Jose B. Cibelli 박사에 의해 성공한 바 있다. 그러나 시벨리 박사는 배아줄기세포를 얻어 내지는 못했다.[4] 황 교수의 2004년 논문의 과학적 의미는 체세포복제를 통해서도 인간배아 줄기세포를 얻을 수 있다는 사실을 확인했다는 데 있다.

논문이 조작된 것이 아니었다면 이런 성과 자체를 과소 평가할 필요는 없다. 다만, 일부 언론이나 당사자의 주장처럼 면역 거부반응을 해결했다거나 임상적 활용에 관한 구체적인 내용이 포함돼 있는 것은 아니었다. 오히려 저자들은 논문에서 실험의 한계를 솔직히 인정했다. 이번 실험에서 얻은 줄기세포가 체세포복제가 아닌 처녀생식Parthenogenesis을 통해 얻었을 가능성이 있다고 논문 초록에 언급하고 있었다. 즉 복제가 아닐 수 있다는 점을 논문에 분명히 밝혔던 것이다. 황우석 교수팀이 이런 가능성을 적시한 이유는 난자 공여자의 난자에 자기 체세포(난자 주위에 붙어 있는 난구세포)를 집어넣었고, 유독 난자 공여자 자신의 핵을 집어넣은 것만 성공했기 때문이다. 복제가 아닌 처녀생식은 이미 도마뱀·초파리·원숭이 배아줄기세포 연구에서 나타난 바 있다.[5] 한편 국내 언론에는 보도되지 않았지만, 황 교수는 외국 학회에 참석한 자리에서 처녀생식 여부와 낮은 효율성에 대해 많은 질문을 받았다고 한다. 당시 황 교수는 적절한 대답을 하지 못하면서 당혹한 표정을 보였다고 전해진다.

이와 같은 2004년 논문 내용의 과학적 한계가 2005년 논문을 성급히 만들어 낸 혹은 조작해 낸 동기가 됐음을 추측할 수 있다. 2005년 논문의 성과는 난자 공여자가 아닌 '환자의 체세포'를 이용해 11개의 줄기세포를 얻은 것이었다.[6] 즉 타인의 세포를 이용해서도 복제를 통해 배아줄기세포를 얻을 수 있다는 사실을 확인한 것이었다. 또한 사용된 난자의 개수도 242개에서 185개로 대폭 줄어 복제의 효율성도 향상됐다. 2004년 논문이 배아복제의 가능성을 보여준 것이라면, 2005년 논문은 남녀 환자의 체세포로도 체세포복제 줄기세포를 효율적으로 얻을 수 있다는 것을 보여 준 것이었다.

하지만 2004년과 2005년 논문의 내용이 사실이라고 하더라도 난치병 치료까지는 상당한 거리가 있었다. 줄기세포 치료로 무병장수하는 시대가 조만간 찾아오는 것은 아니라는 것이다. 따라서 이 실험을 '연구용 복제Research Cloning'라고 표현하지 않고 대중에게 잘못된 정보를 줄 수 있는 '치료용 복제Therapeutic Cloning'라고 부르는 것은 문제가 있었다. 이 연구에 비판적인 과학자들의 주장은 논외로 치더라도, 『사이언스』가 배포한 한국어판 보도자료에서도 이 점을 언급하고 있었다.[7]

환자로부터 유래된 줄기세포는 역시 같은 질병을 일으킬 소인이 있을 수 있다 …… 연구자들은 배아줄기세포를 특정 세포로 분화시킬 수 있는 효율적인 방법을 먼저 개발해야 한다.

이 보도자료는 환자들에게서 유래된 줄기세포는 같은 질병을 일으킬 소인이 있을 수 있어서 환자 치료에 적합하지 않을 수 있고, 줄기세포를 특정 세포로 안정적으로 분화시킬 수 있는 방법을 알아내야 한다고 언급하고 있었다. 또한 줄기세포 배양 과정에는 동물의 효소나 혈청이 사용되는

데 실제 임상에 활용되기 위해서는 동물 유래 물질을 완전히 쓰지 않는, 이제까지는 존재하지 않는 방법을 개발해야 한다고 밝히고 있었다. 즉 현재 기술 수준으로는 줄기세포만 얻을 수 있을 뿐, 특정한 세포로 안정적이고 순수하게 분리하고 나아가 환자를 치료하는 것까지는 상당한 거리가 있다는 것이었다. 그러나 당시에는 이런 내용들이 제대로 보도되지 않았다.

이뿐만이 아니었다. 황우석 교수 연구팀은 체세포복제가 필요한 이유를 환자에게 이식할 때 면역 거부반응을 없애기 위해서라고 주장했다. 그런데 과연 가능할까? 얼핏 들으면 자신의 DNA가 들어 있는 핵을 이용하기 때문에 면역 거부반응이 없을 것처럼 보이지만 이는 아직 체내에서 확인된 바 없는 일이다. 오히려 유전체가 동일한 쌍둥이들 사이에서도 급성 면역 거부반응이 나타나는 것이 보고되고 있어, 공여된 난자에 핵만 자기 것으로 넣었다고 모든 것이 해결됐다고 장담할 수 없다. 2005년 논문에서 면역 적합성 검사를 실시했지만 이것은 어디까지나 체외에서 진행한 것이었다. 면역 거부반응이 없음을 확인한 것이 아니라 그럴 가능성이 있다는 점을 확인했다는 것이 더 정확한 표현일 것이다. 여기까지만 보더라도 일반인들을 현혹시킬 위험이 있는 '치료용 복제'가 아닌 '연구용 복제'가 더 정확한 표현임은 자명하다.

배아줄기세포의 출처와 문제점들

줄기세포 연구가 주목받고 있는 이유는 파킨슨병·척수손상·뇌졸중·심장질환·당뇨병 등의 치료에 이용되는 대체 세포를 만들 수 있는 잠재력을 가지고 있기 때문이다. 예컨대, 뇌질환으로 신경세포가 파괴된 사람에게 손상되지 않은 '건강한' 뇌세포를 이식해 치료하는 식이다. 이론적으로는 난치병 치료의 획기적 방법이 될 수 있는 것이다. 하지만 이렇게 큰 의학적 가능성에도 불구하고 줄기세포의 출처와 임상적 실현 가능성을 둘러싼 논란이 지속적으로 있어 왔다. 이미 널리 알려진 바와 같이 줄기세포는 배아복제, 인공수태 시술 후 남은 잔여배아, 탯줄이나 성체의 각 조직 등에서 얻을 수 있다. 그런데 분화 능력이 상대적으로 뛰어난 줄기세포는 주로 수정란에서 분화된 지 얼마 지나지 않은 초기 배아에서 얻을 수 있기 때문에, 윤리적으로 논란이 되어 온 것이다.

이처럼 줄기세포는 얻을 수 있는 출처가 다양함에도 불구하고 그동안 국내에서는 배아줄기세포, 그중에서도 복제를 통해 얻은 줄기세포만 집중 조명을 받았다. 물론 여기서도 언론이 큰 역할을 했다. '배아줄기세포는 만능 세포', '성체줄기세포는 한계가 많다'는 식의 실제 연구 성과와 동떨어진 통념을 유포해 왔으며 다양한 학자들의 시각을 반영하기 보다는 연구 당사자나 주변 이해 관계자의 발언을 빌어 사실을 과장하고 왜곡했다.

황우석 교수를 포함한 인간배아 줄기세포 연구자들은, 잔여배아나 복제를 통해 얻은 배아줄기세포는 이론적으로 210가지의 모든 신체 조직으로 분화가 가능하다고 주장하고 있었다. 그러나 여기엔 과장된 측면이 많다. 그런 주장은 이론적인 것이고 실험적으로 분화가 확인된 세포의 종류는 수십여 종에 불과하다. 한편 여러 형태의 세포로 분화가 가능하다는 것은 단점으로 작용하기도 한다. 임상 적용을 위해서는 배아줄기세포로부터 신체의 특정한 세포가 분화되고 증식되어야 하는데, 현재로서는 이 과정을 조절하기 쉽지 않다. 분화에 대한 과학적 이해가 부족하며 이를 통제할 수 있는 기법 또한 초보적인 수준이다. 어떻게 보면 배아줄기세포는 어디로 튈지 예측하기 힘든 '럭비공'과 같다고 할 수 있다. 배아줄기세포 연구의 핵심은 복제 행위 자체가 아니라 줄기세포로부터 원하는 특정한 세포를 분화시키는 기술이라는 것을 이해할 필요가 있다.

연구자들이 꼽고 있는 배아줄기세포 연구의 난제는 크게 두 가지다.[8] 첫 번째는 분화와 증식의 어려움이다. 배아줄기세포를 얻으면 여기에 각종 성장 호르몬 등을 처리해 특정한 세포로의 분화를 유도하게 된다. 그런데 이 조건을 맞추기가 쉽지 않다. 배아줄기세포를 세포 치료에 쓰기 위해서는 균질하면서도 단일한 특정세포가 다량으로 필요한데 현재의 기술 수준으로는 불가능한 상황이다. 순수한 세포를 얻기는커녕 여러 세포들이 섞여 있는 종양이 관찰되고 있다. 분화 조절이 힘들다 보니 연구자가 근육세포로 분화를 유도했는데 실제로는 근육세포뿐만 아니라 신체를 구성하는 다양한 세포들이 섞여 있는 무정형의 종양, 즉 테라토마 teratoma 가 만들어지는 것이다.

두 번째는 유전자의 비정상적인 발현이다. 배아줄기세포가 특정한 세포로 분화되면서 체내에서 이루어지는 것과 다르게 유전자가 비정상적으로 발현되는 것이 자주 관찰되고 있다. 사람은 고사하고 동물 실험에서도 의미 있는 성과를 얻지 못하고 있는 것도 이런 이유에서다. 현재까지 세계적으로 사람에 대한 공식적인 임상실험이 전무하다는 것도 잊지 말아야 할 것이다. 정말 배아줄기세포로 난치병을 치료하고 싶다면 복제 기술 자체가 아니라 '분화' 연구와 같은 기초 연구에 투자해야 할 일이었다.

여기까지는 배아줄기세포 일반에 관한 문제점이다. 이제는 체세포 핵이식을 통한 배아복제 Somatic Cell Nuclear Transfer, SCNT, 이하 '체세포복제' 자체를 살펴보자. 체세포복제는 공여된 난자에 타인의 핵을 강제로 끼워 넣는 기법이다. 우선 기본적인 조건으로 다량의 난자가 필요하다. 제 아무리 쇠 젓가락을 사용하는 손재주가 뛰어난 연구자라 할지라도 일정량 이상의 난자를 확보해야만 한다. 체세포복제를 위해서는 처음에 난자에서 핵을 빼내거나 아니면 눌러서 짜낸 후, 영양분을 주지 않은 상태로 굶기면서 세포의 주기를 조절한다. 핵이 제거된 난자와 타인의 체세포를 1,500V의 전기를 흐르게 해서 강제로 융합시킨다. 그 다음 복제를 통해 얻은 복제배아를 일정 기간 동물의 영양소가 들어있는 접시에서 배양한 후 배반포 상태가 되면 '내괴세포 inner cell mass'를 긁어 내 배아줄기세포로 만든다. 줄기세포를 얻은 다음부터는, 앞서 지적한 분화 등의 문제와 마주치게 된다.

체세포복제에 대한 안전성은 아직 제대로 검증된 바 없다. 수많은 시행착오 끝에 태어난 복제동물이 외관상 큰 문제가 없고 일정 기간 생존한다고 해서 복제 기술의 안전성을 증명해 주는 것은 아니다. 오히려 복제동물의 성공사례는 체세포복제의 한계를 보여주기도 한다. 낮은 효율, 유산이나 사산과 같은 번식 장애, 기형동물 출산, 염색체 이상과 같은 현상이 빈번히 나타나고 있기 때문이다.[9]

성체줄기세포에 대해서 이야기되지 않은 것들

그런데 '황우석 사태'가 터져 나온 이후에도 '줄기세포 연구, 임상 효과 발견'과 같은 줄기세포의 성과를 알리는 기사가 심심치 않게 등장하고 있다. 벌써 배아줄기세포의 의학적 효능이 검증된 것일까? 그렇지는 않다. 주류 언론이 한계가 많다고 입을 모았던 성체줄기세포가 조금씩 성과를 내고 있을 뿐이다. 물론 최근의 사회적 분위기를 틈타 검증되지 않은 방법을 통해 상업적 이해 관계를 추구하려는 일부 벤처들의 과장 광고도 있지만, 성체줄기세포를 이용한 임상이 끊임없이 시도되고 있는 것은 분명해 보인다.

성체줄기세포는 요즘 유행하고 있는 탯줄 혈액, 성인의 골수·지방·피부·신경 등에서 얻을 수 있어 윤리적인 문제는 상대적으로 드물다. 특히 그동안 한계로 지적돼 왔던 분화의 제약도 극복되고 있다. 이미 2000년대 초반 쥐의 골수나 뇌에서 분리한 줄기세포가 심장·폐·장·신장·신경계·근육 등의 조직으로 성장하는 것이 확인된 바 있고, 사람의 지방이나 태반에서 분리된 줄기세포들도 근육·뼈·신경 등으로 분화할 수 있는 능력이 있음이 밝혀졌다.[10]

특히 성체줄기세포는 배아줄기세포에 비해 분화 가능성이 적은 대신 조직 특이성이 강해 특정한 세포만으로 유도가 가능하고, 종양 형성도 거의 없다. 최근에는 성체줄기세포의 대량 배양 기술도 확립되고 있는데, 이는 임상치료 시 적당한 조직을 다량으로 공급할 수 있는 가능성을 보여준 것이다. 또한 성체줄기세포는 현재 각종 암(유방·난소·뇌 등), 자가면역 질환, 빈혈, 뇌졸중 등의 임상시험에 이용되고 있다.[11]

이처럼 성체줄기세포는 실제 임상에서 부분적으로 사용되고 있으며 안전성·반복성·윤리적 문제 등에 있어서 배아줄기세포보다 뛰어나다. 따라서 많은 연구자들은 장기적으로 성체줄기세포가 치료에 선호될 것으로 보고 있다. 성체줄기세포에 대한 연구와 임상이 이미 세계적 추세로 자리 잡았고, 국내에서도 배아보다 성체줄기세포 연구자가 더 많다는 사실은, 지금 우리가 가는 방향이 타당한지 되돌아보게 하는 대목이다.[12]

혹자는 복제 기술이 발전하고 세포의 분화 메커니즘에 대한 과학적 이해가 증가하면 체세포복제의 기술적 한계들이 극복될 수 있지 않겠냐고 반문할지도 모른다. 분화의 과학적 이해가 증가한다면 복제를 통한 배아줄기세포 생산뿐만 아니라 성체줄기세포 연구에도 도움이 될 것이다. 하지만 일부 전문가들은 성체줄기세포도 나름의 한계를 가지고 있다고 지적하고 있으며, 다른 전문가들은 성체와 배아줄기세포 모두에 대해 의학적 가능성 측면에서 회의적인 태도를 가지고 있다. 그럼에도 불구하고 성체줄기세포의 가능성에 대한 사례를 상대적으로 자세히 소개한 이유는 이를 적극적으로 육성하자고 주장하기 위해서가 아니다. 그동안 국내에서는 배아복제의 가능성만 집중적으로 보도된 반면, 성체줄기세포는 분화에 한계가 있다는 이유로 제대로 다뤄지지 않았기 때문이다. 따라서 성체줄기세포에 대한 과도한 기대 또한 금물이다.

오히려 성급한 기대와 거품은 비극적인 사회 문제를 낳고 있다. 성체줄기세포의 임상시험에 대한 논란은 2004년 3월 27일 식품의약품안전청이 세포치료제 실태 조사 결과를 발표하면서 불거졌다. 식약청은 벤처기업 다섯 개소와 병원 한 곳을 조사해 식약청 승인 없이 세포 치료를 실시한 네 개 벤처기업을 적발한 후 검찰에 고발했다. 시민과학센터는 식약청에 추가 질의를 했고 몇 가지 새로운 사실들을 발견했다. 임상치료를 받은 환자는 세 개 업체에서 총 88명이며, 한 개 업체의 경우 몇 명이 임상시험을 받았는지조차 확인되지 않고 있었던 것이다.

그런데 시술 과정은 더욱 충격적이었다. 모든 기업이 시술 전에 거쳐야하는 동물 실험을 하지 않았고, 세포의 배양 중에 생길 수 있는 오염에 대한 대책도 없었으며 심지어는 환자에게 줄기세포를 얼마나 투여했는지에 대한 기록도 없었다. 그냥 의사의 감으로 시술을 진행한 사례도 있었다. 더욱 문제가 된 것은 이런 시술을 받은 환자의 건강 상태에 대해서 누구도 알지 못하고 있었다는 점이다. 시술 병원은 물론이고 정부조차 환자 상태를 제대로 파악하지 못하고 있었다. 한편 이 임상치료 과정에서 사망한 두 명의 환자 가족은 회사와 병원을 상대로 소송을 제기한 상태이다. 환자의 죽음이 임상치료의 부작용 때문인지 아니면 벤처회사의 과장된 선전에 현혹되어 적절한 치료의 기회를 놓친 때문인지는 소송을 통해서 밝혀질 것으로 보인다.[13]

한편 이 사건을 계기로 기업의 이윤추구 행위에 의해 피해를 입는 환자들을 위해서 규제를 더욱 강화할 것이라는 상식적 예상과는 달리 식약청은 오히려 규제를 완화했다. 식약청은 '환자의 치료 권리 확대'와 '연구 활성화'를 명목으로 응급 임상과 연구자 임상에 대한 규제를 대폭 완화했다. 안정성과 유효성이 입증되지 않았더라도 IRB의 검토만 거치면 바로 환자에게 시술할 수 있도록 한 것이다. 지금도 과거처럼 성체줄기세포에 대한 임상이 활발히 진행되고 있다. 다만 과거와 다른 것은 일부 벤처기업들의 행위가 '불법'에서 '합법'으로 바뀌었다는 점이다. 결국 식약청의 실태 조사는 규제 완화를 위한 명분이었던 것이다.

식약청의 규제 완화 결과는 고스란히 환자의 부담으로 돌아오고 있다. 2004년 7월 규제 완화 이후 의학적 효능이 충분히 확인되지 않았더라도 환자와 의사의 합의만 있으면 시술이 가능한 응급 임상시술 건수가 31건에서 118건으로 대폭 증가했다. 이 가운데 피해자도 속출하고 있다. 어려운 가정 형편 속에서 수천만 원을 지불하고 받은 성체줄기세포 치료의 효과가 전혀 나타나지 않는 경우가 많기 때문이다. 한 환자 가족은 "현행 줄기세포 응급 임상 제도에선 병원·업체가 환자의 고통을 외면해도 아무런 제재를 받지 않는다"며 "임상시험이 아니라 사실상 해부학 실험"이라고 비난했다.[14]

『네이처』의 의혹 제기

2004년 봄, 『네이처』의 일본 특파원인 데이비드 시라노스키 David Cyranoski가 황우석 교수의 실험실을 방문했다. 당시까지 외부에 잘 드러나지 않았던 황 교수 실험실 내부를 시라노스키는 다음과 같이 묘사하고 있다.

황 교수의 실험실은 복제 공장이다. 한 방에서는 파란색 가운을 입은 일군의 연구자들이 테이블에 둘러앉아 소의 난소에서 난자를 뽑아내고 있다. 그 옆방에서는 팀의 다른 연구원들이 12대의 미세 조작기 주변에서 (난자를 미세한 바늘로) 찌르는 작업을 하고 있다…… 소파의 팔걸이에 걸터앉은 황 교수는 경황이 없어 보이면서도 자신에게 쏟아지고 있는 관심을 즐기고 있는 듯했다.[15]

얼마 후 『네이처』는 황우석 교수의 배아복제 실험 과정에 문제가 있을 수 있다는 사실을 비중 있게 다뤘다. 실험에 직접 참여한 여성 연구자들의 난자 공여 문제, 연구의 윤리성과 타당성을 심사했던 한양대병원 IRB의 불투명성, 그리고 공동저자에 청와대 정보과학기술보좌관이 포함돼 있는 사실 등을 문제점으로 지적했다. 그러면서 지금 생각해 보면 매우 의미심장한 말로 끝을 맺었다. 만약 이런 의혹들이 사실로 밝혀진다면 한국뿐만 아니라 전 세계 배아줄기세포 연구에도 악영향을 미치게 될 것이라고 경고했던 것이다.

세계적 저널인 『네이처』에 한국 관련 보도가 사설과 뉴스를 통해 총 5면이나 게재된 것은 처음 있는 일이었다. 그러나 『프레시안』을 제외한 그 어떤 언론도 이 기사를 제대로 보도하지 않았다. 다만, 황우석 교수의 분노에 찬 주장만을 짤막하게 다뤘을 뿐이다. 황 교수는 의혹에 대해 진지하게 해명하기는커녕 자신을 폄하하려는 시도라며 불쾌한 반응을 보였다.

명백한 왜곡 보도로 이에 대한 적절한 대응을 하겠다. 이것은 배아줄기세포 배양 연구 결과

를 경쟁지인 『사이언스』에만 실은 데 대한 보복성으로밖에 보이지 않는다.[16]

이러한 해명으로 『네이처』의 문제 제기는 찻잔 속의 태풍이었을 뿐, 현실적인 의미를 가지기는 어려웠다. 하지만 이런 의혹들은 황우석 교수 실험 과정을 다시금 되돌아보는 계기로 작용했다. 그때까지 황 교수에 대한 소수의 비판들은 단지 '생명윤리'라는 추상적인 담론에 머물러 있었기 때문에, 실험 과정에 벌어진 연구윤리 문제 등에 대한 문제 제기는 보다 현실 적합성이 높은 것으로 그 의미가 컸던 것이다.

하지만 이 문제에 대해 구체적으로 얘기하기 전에, 잠시 인간배아복제를 포함한 배아 연구와 관련된 근본적인 비판의 근거들을 살펴보고 넘어가자.[17] 인간배아복제 찬성론자들은 14일 이전의 배아는 사람이 아니고 단순한 세포덩어리에 불과하기 때문에 연구에 이용해도 윤리적으로 문제가 없다고 주장한다. 정자와 난자가 수정된 후 14일 정도가 지나면 향후 척추가 될 원시선이 생기는데 이 시점을 기준으로 그 이전까지는 단순한 세포로 보아야 한다는 것이다.

하지만 배아 연구 반대론자들은 배아가 수정 직후부터 하나의 완전한 개체로서 존재한다는 주장을 펴고 있다. 수정란은 그로부터 성장하게 될 배아·태아·성인과 개체상 동일한 존재이므로 배아 연구는 수정 직후부터 허용될 수 없다는 것이다. 게다가 의학적으로도 모든 배아가 수정 후 14일 후에 원시선이 생기는 것도 아니기 때문에 상당히 임의적이라는 것이다. 배아줄기세포를 얻기 위해서는 복제나 불임클리닉에서 만들어진 인간배아의 파괴가 필수적인데 초기 배아를 단순한 세포덩어리가 아닌 인간으로 보는 가톨릭과 같은 종교계의 입장에서 보면 용납하기 힘든 실험이다. 물론 연구에 사용될 수 있는 복제된 배아와 잔여배아 사이에도 약간의 윤리적 차이점이 있다. 복제는 연구를 위해 인간배아를 인위적으로 창출하는 것이고 잔여배아는 불임클리닉 후 남은, 그래서 언젠가는 폐기할 배아를 이용하는 것이다.

또 하나의 논란은 복제를 통해 생성된 배아를 자궁에 착상시키면 복제인간이 태어날 가능성이 있다는 것이다. 2004년과 2005년 실험은 인간 복제가 가능하다는 것을 기술적으로 증명시켜 준 것이어서 결과적으로 이런 주장에 힘을 실어 준 셈이었다. 황우석 교수는 이를 의식한 듯 복제를 통해 생성된 배아는 정상적인 방법으로 수정된 배아와 다르다고 주장하면서 복제배아를 '핵이식 구성체 Nuclear Transfer Constructs'[18]라고 주장했지만, 이는 윤리적 문제를 피해가기 위한 수사적 표현일 뿐 쉽게 동의하기 어려운 것이었다.

좀 더 현실적인 비판들도 존재했다. 배아복제나 잔여배아를 이용한 연구가 활성화되면 난자와 수정란에 대한 수요가 급증할 것이라는 우려도 있었다.[19] 난자 매매가 공공연하게 진행되고 있다는 것은 이미 널리 알려진 사실이었는데, 여기에 배아복제까지 활성화된다면 유통이 더욱 확산될 것이라는 예측은 쉽게 할 수 있었다. 또한 배아에 대한 관리 감독이 없는 상황에서 수정란을 필요 이상으로 많이 만들 가능성도 존재했다. 결국 고스란히 여성의 부담으로 돌아가게 된다는 우려였다.

『네이처』의 문제 제기는 이상과 같은 인간배아 연구에 대한 추상적인 찬반 논의를 구체적인 쟁점에 대한 논의로 한 단계 끌어 올렸다는 데 의미가 있었다. 절차야 어떻든 결과만 좋다는 생각이 아니라면 쉽게 무시할 수 없는 중요한 의혹 제기들이었기 때문이다. 『네이처』가 지적한 난자 공여 및 부적절한 저자 표시 authorship 문제와 관련해서는 아래에서 좀 더 자세히 살펴보기로 하자.

난자 채취, 여성 건강권의 위협

황우석 교수는 『사이언스』에 실린 두 논문의 성공 요인으로 '월화수목 금금금'을 따르는 팀원들의 성실함, 정교한 손놀림을 가능하게 한 '쇠 젓가락 문화' 등을 꼽았다. 그런데 이런 주장을 그대로 인정한다 해도 이것과는 차원이 다른 결정적 조건이 있었다는 것을 잊어서는 안 된다. 바로 연구에 사용된 다량의 난자이다. 2004년 논문에는 16명의 여성으로부터 242개의 난자를 사용해 한 개의 줄기세포를 얻었으며, 2005년 논문에는 185개의 난자를 사용했다고 기록돼 있다.

두 연구를 위해서 총 427개의 난자를 채취해서 사용했다는 점은 대단히 놀라운 일이었다. 이 정도로 많은 난자를 구해서 사용한 연구팀은 지금까지 지구상에 없었기 때문이다. 하지만 그동안의 연구에서 한 마리의 복제동물을 만들기 위해 수천 개에서 수만 개의 동물 난자가 필요했다는 점을 고려해 보면, 동물복제보다 기술적으로 더 어려운 인간배아복제 실험에서는 논문에서 제시한 더 많은 난자가 쓰이지 않았을까 하는 의혹은 자연스러운 것이었다. 최근에 밝혀진 바에 의하면, 실제로 황우석 교수 연구팀은 논문에 제출한 것보다 훨씬 많은 총 2,221개의 난자를 사용한 것으로 밝혀졌다.[20]

도대체 이 많은 난자가 어디서 왔을까? 난자의 출처에 대한 의문이 제기될 때마다 황우석 교수는 '성스러운 여성'들이 자발적으로 기증해 준 것이라며 출처를 묻는 질문 자체를 불쾌해 했다. 『네이처』가 제기한 여성 연구원의 난자 제공 의혹에 관해서도 황 교수는 16명의 여성들이 서명한 동의서 양식을 체크해 봤지만 연구원들의 이름은 없었으며, 실제로 몇몇 학생들이 난자를 제공하겠다고 제안을 했지만 자신이 거부했다고 주장했다.[21] 그러면서도 의사와 간호사를 비롯해 난자 기증자가 줄을 섰다며 난자 기증 과정에는 아무런 문제가 없는 것처럼 주장했다.

2004년 가을 국회 강연회에서 난자 수집을 둘러싼 작은 소란이 일어났다. 강연 후 『여성신문』 기자는 황우석 교수에게 난자 수집 과정에 대해 질문을 했다. 그런데 황 교수는 화를 내면서 그런 것은 묻는 게 아니라며 다음과 같이 말했다.

(난자 추출이 고통스럽다는) 그 여자들 말은 모두 거짓말이다. 난자 적출은 마취 후 3분이면 끝난다. 통증은 없다. 리포터는 한 달에 한 번씩 난자를 배출하지 않는가? 그건 살아 있나, 죽어 있나, 살아 있는 것이다. 그걸 사용하는 것뿐이다.[22]

임상수의학을 전공한 황우석 교수의 주장처럼 정말 난자 채취는 단 3분이면 끝나는 것일까? 난자 채취는 그리 간단치 않다. 여성은 일반적으로 한 달에 한 개의 난자를 배란하므로 실험에 필요한 다량의 난자를 얻기 힘들다. 많은 난자를 인위적으로 만들어내기 위해서는 복잡한 절차를 거쳐야 한다. 각종 신체검사를 받은 후 월경이 시작된 후 3~4일 후부터 과배란제를 맞게 되고 10~15일 정도 지나면 마취를 한 후 긴 관을 삽입해 난자를 꺼낸다.

이 과정은 여러 종류의 후유증을 유발한다. 이 시술을 받은 여성의 상당수가 복통·우울증을 경험하며 심한 경우 복수나 가슴에 물이 차거나 난소암이나 불임에 이르기도 한다. 이렇게 신체적 정신적 고통을 겪고 나서야 비로소 3~30개의 난자를 얻을 수 있다.[23] 이런 복잡하고 고통스런 과정을 거쳐야 하기에 난자 출처에 대해 논란이 일고 있는 것이다. 지난 2001년 세계 최초로 인간배아복제에 성공했지만 배아줄기세포는 얻지 못한 미국 ACT의 연구진들은 공개적으로 광고를 했고 금전적 보상까지 제시했지만 70여 개의 난자를 얻는 데 그친 사실은 우리에게 시사하는 바가 크다. 2004년 『사이언스』 논문의 공저자이기도 한 시벨리는 『네이처』와의 인터뷰에서 "미국에서는 이런 일이 결코 일어나지 못했을 것"이라고 말했다.[24]

게다가 흥미로운 사실은 난자 기증자가 줄을 섰다는 황 교수의 주장과 달리 실제 불임클리닉에서는 이와 상반된 현상이 일어나고 있었다. 서울에 소재한 H 불임클리닉의 의사 K 씨에 의하면 최근 찾아오는 여성 대부분이 자신의 난자를 연구용으로 쓸지 모른다는 우려를 가지고 있다는 것이다.

최근 여기에 상담 오는 여성들 중에서 (과거에는 없었던) 새로운 질문을 하곤 합니다. 불임시술 절차에 대한 문의 이외에 환자의 난자나 수정란을 연구용으로 쓰는지 여부를 묻더군요. 아마도 황우석 교수의 실험이 여성 환자들에게 영향을 미친 것 같습니다.[25]

이런 이유로 난자 수집을 둘러싼 논란이 계속되자, 서울대 기숙사 초청 강연회에서 황우석 교수는 "10년 후에도 용서받지 못한다면 실험을 포기하고 한국을 떠나겠다"고 발언했다. 듣기에 따라서는 일종의 사실 인정이기도 했고, 또 한편에서는 협박성 발언이기도 했다.[26] 혹자는 난자 수집 절차가 뭐 그렇게 중요하냐고 반문할지 모른다. 그러나 난자 매매, 연구원이나 환자 가족 같은 이해 관계자의 난자 제공 사실이 사전에 알려졌다면 황 교수 논문이 『사이언스』에 실리기는 힘들었을 것이다.

불임클리닉 천국, '대한민국'

필자 중 한 사람은 지난 2004년 『사이언스』 논문 발표 후 외국 언론사로부터 한국 상황을 묻는 여러 통의 전화를 받은 바 있었다. 그들이 한결같이 궁금해 한 점은 '한국에서는 무상으로 난자를 구할 수 있는지'에 대한 것이었다. 황우석 교수 논문에는 모든 난자가 자발적으로 공여된 것으로 나와 있었는데, 외국 기자들 입장에서는 쉽게 납득할 수 없었던 것이었다. 2003년 말에 국회를 통과한 〈생명윤리법〉에는 난자 매매를 금지하는 규정이 있기는 했지만, 당시에는 법이 발효되지 않은 시점이었다.

우리나라에는 현재 약 115개[27]의 불임클리닉이 있고 전 세계에서 체외수정으로 태어나는 아이의 약 20%가 국내에서 태어난다고 한다. 불임클리닉이 활발한 만큼 체외수정을 한 후 남은 잔여배아 또한 상당할 것이다. 전 세계 잔여배아의 약 50%가 국내에 보관되어 있다는 주장까지 나오고 있는 실정이다.[28] 국내에서 복제뿐만 아니라 잔여배아를 이용한 연구가 활발히 이루어지고 있는 것은 바로 이런 여건 때문이다. 제대로 된 규제 없이 수행된 수많은 불임 시술과 이 과정에서 남은 잔여배아가 인간배아 연구의 밑거름이 되고 있는 것이다. 또한 이 과정에서 수많은 난자들이 매매되거나 거래되고 있다.

이는 세계에서 최초로 인간배아복제를 법적으로 허용한 영국이 난자와 수정란 관리를 엄격히 하고 있는 것과는 대조적이다. 예컨대 영국에서는 자궁에 착상시킬 수 있는 배아의 수까지 정해 놓고 있는데, 만약 이를 어길 경우에는 불임클리닉의 허가까지 취소당할 수 있다. 1996년 세계 최초로 복제양 돌리를 만들어내 체세포복제의 대가로 유명해진 윌머트 박사는 황 교수의 논문 발표 이후 영국 내에서도 연구용으로 난자 기증이 이뤄져야 한다고 주장하고 나섰다.[29] 황 교수의 실험이 국내뿐만 아니라 세계적 차원에서 난자 기증을 강제하고 있는 것이다. 현재 영국에서는 불임시술 후 남은 버려질 난자만을 배아복제에 쓸 수 있다.

한편 인간배아 연구에 이용되는 난자의 채취 과정에서 여성의 건강권[30]이 위협받을 수 있기 때문에, 해당 연구 과정에서 난자 채취와 관련된 연구윤리가 잘 준수되고 있는지를 검토하는 제도의 중요성이 커진다. 이 때문에 난자를 채취하는 병원에는 IRB를 두고 있다. 원래 IRB는 임상시험을 진행하기 전에 연구 계획의 의학적·윤리적 타당성을 검토하는 위원회로 시험기관 내에 독립적으로 설치되는 상설기관이다. 생의학 연구의 국제 표준인 IRB는 연구 계획 전체의 윤리성을 평가할 뿐만 아니라 구체적으로는 임상시험에 참여하는 피험자의 안전·권리 등을 보호하는 역할을 한다.

인간배아복제 연구는 그 자체만으로도 윤리적 논란의 핵심에 있을 뿐만 아니라 다량의 난자를 확보해야 하기 때문에 IRB 심의 통과는 필수 사항이다. 물론 저널에 논문을 투고할 때에도 IRB 심사 결과서를 첨부해야 한다. 그런데 『네이처』는 황우석 교수의 연구에 사용된 200여 개가 넘는 난자 기증 과정에서 한양대병원 IRB의 역할에 대해 의문을 가졌고, 한양대병원 측에 동의서 양식과 회의록 공개를 요청했지만 거절당했다. 뒤이어 국가인권위원회, 한국생명윤리학회 등도 한양대병원 IRB의 역할에 대해 질의했지만 답변을 듣지 못한 상황이었다. 결국 무슨 문제가 있었는지는 '황우석 사태'가 터진 이후에야 실상을 알 수 있게 됐다(이에 대해서는 7장에서 자세히 설명한다).

박기영 전 청와대 보좌관의 저자 표시 논란

최근 과학계에서는 저자 표시 문제를 둘러싼 논란이 심심치 않게 일고 있다. 과거와 달리 연구 활동이 세분화·상업화되면서 저자에 포함되는지의 여부가 각 연구자에게 중요한 관심사가 되고 있는 것이다. 과학 활동을 직업으로 삼고 있는 연구자에게 이제 저자 표시는 단순한 성과물 차원의 문제가 아니다. 저자에 포함되는지의 여부와 표기 순서 등은 연구자의 업적과 연결돼 있는데, 고용·승진·경제적 이해 관계에 직접적인 영향을 준다.

2004년 황우석 교수의 『사이언스』 논문도 저자 표시를 둘러싼 논란에 휘말렸다. 15명의 저자 중 13번째로 식물생리학을 전공한 박기영 전 청와대 보좌관이 포함된 것이다. 이를 두고 국내외적으로 논란이 일었는데, 박 전 보좌관은 『네이처』와의 전화 통화에서 자신은 실험에 기여한 바가 없다고 발언했다. 국내에서는 'Citisci 그룹'이 인터넷 신문인 『프레시안』을 통해 박 전 보좌관의 공식 해명을 요구했다. 이에 대해 그는 다음과 같이 답변했다.

> 체세포복제 실험 자체는 참여하지 않았으며 ······ 논문의 저자 표시는 전적으로 논문 교신저자(황우석 교수)의 권한이며 ······ 자연과학 분야의 실험논문이지만 실험 외적인 부분이 중요하게 취급되는 분야이기 때문에 황우석 교수의 연구 과정에 제가 참여했고, 제가 공동저자로 들어갔다고 생각합니다.[31]

그런데 국내 생명공학 연구자들은 저자 표시 문제를 어떻게 생각하고 있을까? 그들은 과학기술 관련 고위 공직자인 박기영 전 보좌관과 사뭇 다른 생각을 가지고 있었다. 오히려 박 전 보좌관이 가지고 있는 인식 자체를 문제로 지적하고 있었다. 이번 사태가 터지기 전인 2004년에 국내 생명공학자들을 대상으로 한 설문 조사에 의하면 대부분의 연구자는 저자 결정 과정이 공정하지 않다고 생각하고 있었다. 조사 결과의 일부를 보면, 연구에 기여한 사람을 배제하는 경우가 자주 있다고 응답한 사람이 33%이었으며, 연구에 기여하지 않는 사람에게 저자의 자격이 부여된 것을 목격한 연

구자가 80%나 됐다.[32]

쉽게 생각해 보자. 새벽부터 밤늦게까지 열심히 일한 연구자는 제외시키고 기여는 별로 안 했지만 책임저자의 입맛에 맞는 연구자를 논문에 올린다고 생각해 보라. 실제로 2004년 논문에 황우석 교수는 첫 번째 저자로 이름이 실렸다. 통상 첫 번째 저자는 실제로 실험에 기여를 가장 많이 한 석박사 과정생이나 박사 후 과정 연구자가 들어가고, 교수는 맨 마지막의 책임저자에 들어가는 것이 일반적인 일이다. 실제 실험기자재를 다루고 황 교수 말처럼 '월화수목 금금금'을 따른 사람들은 황 교수가 아니고 일반 연구원들이기 때문이다.

물론 저자 표시 문제는 상황에 따라 달라질 수 있고, 명확한 기준을 적용하기가 애매할 때가 있는 것도 사실이다. 그렇다고 책임저자 마음대로 저자 포함 여부를 결정 할 수 있는 사안은 아니다. 국제적인 합의도 이미 존재했다. 『국제생의학저널에디터연합 *International Committee of Medical Journal Editors*』은 공동저자로 이름을 올리기 위해서는 논문초고의 작성 혹은 수정 작업에 참여해야 하며 저자들은 논문의 설계에서부터 최종판까지 승인해야 한다고 밝히고 있다. 또한 논문에 실린 각각의 저자는 자신이 맡은 부분에 대해 공적인 책임을 져야 한다.[33]

저자 표시의 중요성, 현장 과학자들의 인식, 국제적 합의를 고려해 보면 저자 포함 여부는 전적으로 교신저자의 권한이라고 항변하는 박기영 전 보좌관의 주장은 설득력이 없어 보였다. 백 번 양보해 실제로 박 전 보좌관이 윤리적 문제에 자문해 줘 이름이 올랐다면 난자 문제가 국내는 물론이고 국제적으로 논란이 됐을 때 적극적으로 나서서 자신의 역할을 해야 되는 게 아니었을까? 그런데 실망스럽게도 박기영 전 보좌관은 난자 문제에 대해서는 함구했다. 해명은커녕 황우석 교수의 성공 뒤에는 자신의 도움이 있었다는 사실만을 부각하면서 어깨를 으쓱거리고 있었던 것이다. 황 교수가 그동안 자신을 뒤에서 지원해 준 박 전 보좌관에게 『사이언스』 공동저자라는 선물을 준 것이라는 의혹의 눈초리를 거둘 수 없는 이유이다.

주

1 Journal Impact Factor는 저널의 인용 빈도를 나타내는 수치로 산출 방식은 '당해 연도에 인용된 논문 수 / 최근 2년간 총 논문 수'로 한다. 수치가 높을수록 유명한 저널이라고 할 수 있다. 예컨대 2004년 기준으로 『사이언스』는 31.8, 우리나라의 대표적인 생명공학저널인 『분자와세포*Molecules and Cells*』는 1.4이다.

2 Hwang WS, et al., "Evidence of a pluripotent human embryonic stem cell line derived from a cloned blastocyst", *Science* 303, pp. 1669-1674, 2004.

3 Thomson, J .A. et al., "Embryonic Stem Cell Lines Derived from Human Blastocysts", *Science* 282, pp. 1145-1147, 1998.

4 Cibelli, J. B. et al, "Somatic Cell Nuclear Transfer in Humans: Pronuclear and Early Embryonic Development", *The Journal of Regenerative Medicine* 2, pp. 25-31, 2001.

5 Charlotte Schubert, "Immortal or Mortal?", *Nature Medicine* 10, p. 241, 2004.

6 Hwang WS, et al., "Embryonic Stem Cell Lines Derived from Human Blastocysts", *Science* 308, pp. 1777-1783. 2005.

7 「『사이언스』 한국어 보도자료: 환자 특이적인 줄기세포 생산에 성공하다」, 2005. 5. 20.

8 권혁찬, 「국내 줄기세포 연구 방향의 문제점과 대안으로 논의되고 있는 성체줄기세포」, 참여연대 시민과학센터, 『시민과학』 51호, 2004년 4월호, 20~27쪽; 과학기술정책연구원, 『바이오장기 기술개발 및 산업화 동향』, 2005.

9 황우석, 「동물복제의 현황과 전망」, 『과학사상』 22호, 1997년 가을호, 범양사.

10 오일환, 「줄기세포 발전에 대한 고찰」, 『국가인권위원회 발표문』, 2004. 9. 13.

11 National Bioethics Advisory Commission, "White Paper: Alternative Sources to Human Pluripotent Stem Cells", 2005. 이 보고서에 의하면 전 세계적으로 배아줄기세포를 이용한 임상시험은 전무한 반면 성체줄기세포는 이미 58개 질환에 대한 임상시험이 진행되고 있다.

12 2003년부터 2005년까지 정부는 배아 연구 130억, 성체 연구 286억을 지원했다. 기타 국내의 줄기세포 연구 및 기술 수준 현황은 한국보건산업진흥원, 『줄기세포산업 10대 육성전략』, 2005; 생명공학정책연구센터, 『BT 기술동향보고서: 줄기세포』, 2005 참고.

13 이에 대해서 참여연대는 피해자들을 대리해서 제대혈 관련 바이오벤처인 히스토스템과 시술을 행한 한라병원을 대상으로 민·형사상 소송을 진행하고 있는 중이다. 이와 관련해서는 다음을 참고하면 된다. 참여연대 시민과학센터, 「[보도자료] 불법 임상치료 환자 88명, 건강상태 무방비 노출」, 2004. 4. 7; 참여연대 시민과학센터, 「[보도자료] 제대혈 줄기세포 치료제 불법 시술 피해 관련 손해배상청구소송 1심 승소」, 2005. 12. 5.

14 「병원선 기다려 보라고만 당국선 소송 걸라고만」, 『중앙일보』, 2006. 1. 16.

15 「『네이처』, 한국 복제 연구자들의 위기」, 『프레시안』, 2004. 5. 18에서 재인용.

16 「황우석 박사의 분노」, 『매일경제』, 2004. 5. 8.

17 인간배아의 도덕적 지위에 대한 다양한 입장은 참여연대 시민과학센터, 『'14일論' 집중토론회』, 유네스코회관 강당, 2000. 6. 29; 과학기술부 생명윤리자문위원회, 『생명윤리 연구의 윤리성 확보를 위한 기획 연구: 생명윤리자문위원회 활동보고서』, 한국과학기술기획평가원, 2001 참고.

18 Gina Kolata, "Name Games and the Science of Life", *New York Times*, 29 May, 2005.

19 참여연대 시민과학센터, 「[보도자료] 생명윤리법 논란 속 배아복제 연구 무리하게 강행」, 2004. 2. 12.

20 국가생명윤리심의위원회, 「황우석 교수 연구의 윤리 문제에 대한 중간보고서」, 2006. 2. 2.

21 「황우석 교수팀 연구 성과 윤리성 논란」, 『세계일보』, 2004. 5. 7.

22 「'난자' 질문에 분노하는 황 박사」, 『여성신문』, 2004. 11. 26.

23 김명희, 「인간복제배아, 난자 그리고 여성」, 참여연대 시민과학센터, 『시민과학』 51호, 2004. 4, 15~19쪽.

24 「한국 복제 연구자들의 위기」, 『프레시안』, 2004. 5. 18.

25 서울 소재 H 불임클리닉 의사 K 씨 인터뷰, 2005. 7.

26 「황우석 교수 배아줄기세포 연구 실험 의사·간호사가 난자 제공」, 『경향신문』, 2005. 6. 31.

27 2005년 9월 현재 보건복지부에 등록된 '배아생성지정의료기관'은 115개이다.

28 정은지, 「황우석 열풍에 가려진 여성인권의 문제」, 『황우석 사태로 본 한국 사회의 현재와 미래』, 생명공학감시연대 토론회, 사회복지공동모금회관 강당, 2006. 1. 18. 하지만 실제로 얼마나 많은 잔여배아가 만들어졌고, 현재 얼마나 냉동 보관되어 있는지 구체적으로 확인된 바 없다.

29 Ian Sample and Donald MacLeod, "Cloning plan poses new ethical dilemma", *Gardian*, 25 July, 2005.

30 인간배아 연구에 대한 여성계의 입장과 그동안의 활동 내용 등은 명진숙, 「생명공학기술에 대한 여성의 입장」, 『환경과 생명』, 2005 가을호, 55~65쪽; 한국여성민우회, 『여성의 몸과 국가주의: 난자 문제를 중심으로 토론회』, 국가인권위원회, 2006. 3. 17 등을 참고.

31 구영모, 「인간배아복제 연구 절차: 2004, 2005년 『사이언스』 논문에서 논란이 된 절차상의 문제」, 『인간배아 연구, 이대로 좋은가』, 생명공학감시연대 토론회, 프레스센터, 2005. 8. 25, 27쪽에서 재인용.

32 '생명과학연구윤리' 홈페이지(www.bionest.or.kr).

33 International Committee of Medical Journal Editors(ICMJE), *Uniform Requirements for Manuscripts Submitted to Biomedical Journals: Writing and Editing for Biomedical Publication*, 2006.

줄기세포 '줄기세포 stem cell'는 다양한 형태의 세포로 분화할 수 있는 잠재력을 가진 세포를 말한다. 손상된 뇌세포를 줄기세포로부터 분화한 건강한 뇌세포로 대체하는 것을 줄기세포 치료라고 한다.
줄기세포는 출처에 따라서 '성체줄기세포'와 '배아줄기세포'로 나뉜다. '배아줄기세포'는 다시 복제를 통해 생성된 '배아복제 줄기세포(환자맞춤형 줄기세포)'와 불임시술 후 남은 잔여배아로부터 분리한 '잔여배아 줄기세포(수정란 줄기세포)'로 나눌 수 있다.
'배아줄기세포'는 이론적으로 분화 잠재력이 큰 반면 분화 조절이라는 난제를 가지고 있어 실용화되려면 상당한 시간이 소요될 것으로 예상된다. '배아복제 줄기세포'나 '잔여배아 줄기세포'는 수정란을 얻는 방법만 다를 뿐 모두 배반포 blastocyst 상태에서 내괴세포 inner cell mass를 분리 배양해서 줄기세포를 얻는다.

인간배아복제, 체세포 핵이식(체세포복제) '체세포 핵이식 Somatic Cell Nuclear Transfer, SCNT'은 탈핵된 난자에 체세포의 핵을 집어넣는 방식을 말한다.
인문사회학자들은 주로 '인간배아복제 Human Embryonic Cloning'라는 용어를 쓰는 데 반해 관련 연구자들은 보다 중립적으로 보이는 '체세포 핵이식'이라는 용어를 선호한다. 인간배아복제는 체세포복제를 포괄하는 더욱 큰 개념이다. 복제는 핵이식뿐만 아니라 할구 분할 등 다른 방법을 이용해서도 진행할 수 있다. 국내에서는 인간배아복제, 체세포복제, 체세포 핵이식, 핵치환, 환자맞춤형 배아복제 등의 용어가 뚜렷한 구별 없이 사용되고 있다.
특히 '환자맞춤형 배아복제'라는 용어는 일반인들로 하여금 이 기술에 대한 환상을 심어 주는 역할을 했다. 이론상 자신의 유전체가 그대로 들어 있어 면역 거부반응이 없을 수 있으나 대부분의 난치병 환자들이 유전적 결함을 가지고 있다는 것을 감안한다면 이 기술의 적용 대상은 생각만큼 광범위하지 않다.

한편, 사람이 아닌 동물의 난자에 사람의 핵을 집어넣는 것처럼 서로 다른 종 사이의 핵이식을 '이종간 핵이식interspecies Somatic Cell Nuclear Transfer, iSCNT'라고 한다. 국내에서는 황우석 교수팀이 정부로부터 연구비를 지원받아 소의 난자에 사람의 체세포를 넣은 바 있다.

DNA 지문분석 DNA 지문분석DNA fingerprinting은 동물이나 사람이 가지고 있는 유전체(유전자의 총합)에서 상대적으로 희귀한 위치들을 특성화시켜 그 양상을 분리해 내는 기법이다. 이 패턴은 각 개체마다 고유하기 때문에 복제동물이나 복제줄기세포의 진위 확인에 이용될 수 있다. 주로 사람의 신원 확인에 광범위하게 사용되고 있는데 최근 국내에서 논의되고 있는 신원 확인 유전자정보은행은 DNA 지문분석 결과를 데이터베이스에 저장해 활용하는 것을 말한다.

처녀생식 처녀생식parthenogenesis 무성생식의 한 형태로 수정과정 없이 난자가 스스로 발생과정을 진행하는 것이다. 척추동물에서는 어류, 양서류, 파충류 등에서 이런 현상이 보고된 바 있다. 서울대 조사위원회는 2004년 『사이언스』 논문의 1번 줄기세포(NT-1)가 복제줄기세포가 아닌 처녀생식으로 만들어진 줄기세포라고 결론 내렸다. 더욱 주목할 점은 황우석 교수팀 스스로가 이미 2004년 『사이언스』 논문의 초록에 NT-1이 처녀생식 줄기세포일 가능성을 완전히 배제할 수 없다고 언급했다는 점이다.

7장

스타 과학자의 몰락

2005년 11월 22일 MBC 〈PD수첩〉 '황우석 신화의 난자 의혹' 편이 방송됐으며, 이를 전후로 노성일 미즈메디병원 이사장과 황 교수의 기자회견이 이뤄졌다. 이를 통해 영원히 미궁 속으로 빠질 뻔했던 난자 공여 의혹의 일부가 드러났다. 〈PD수첩〉은 2003년부터 2004년까지 미즈메디병원을 통해 매매된 난자 650여 개가 황 교수 연구실에 제공됐으며, 여기에는 여성 연구원 두 명의 난자도 포함되어 있다는 사실을 밝혀냈다. 또한 한양대병원 IRB 심사가 대단히 부실하게 진행됐다는 점도 드러났다. 연구에 매매된 난자가 사용됐음에도 한양대병원 IRB를 통과할 수 있었던 것은 심의 과정에 황우석 사단의 일원인 한양대 황윤영 교수와 황정혜 교수가 관여했기 때문이었다. 1년 반 전에 『네이처』가 제기했던 모든 의혹들이 사실로 밝혀지는 순간이었다.

〈PD수첩〉 방영의 충격과 파장

여기서 잠시 〈PD수첩〉 1편 방영 전후의 상황을 되짚어 볼 필요가 있다. 난자 공여 문제에 대한 진실을 밝히려는 일부 언론 및 비판 세력과 황우석 교수를 맹목적으로 보호하려는 '과학기술동맹'과의 싸움이 시작되고 있었다. 시작은 미국에서부터 터져 나왔다. 11월 12일, 황 교수의 연구가 『사이언스』에 실리는 데 큰 역할을 했으며 2005년 논문의 교신저자이기도 한 미국 피츠버그대 제럴드 섀튼 교수가 돌연 결별을 선언했던 것이다. 섀튼 교수는 난자 취득 과정에 윤리적 문제가 있다는 신뢰할 만한 정보를 얻었다며 황 교수와의 결별은 물론 세계줄기세포허브 사업에서도 손을 떼겠다고 발표했다. 온 국민이 그 이유를 몰라 어리둥절하고 있을 때, 『경향신문』은 황 교수의 연구에 대해 〈PD수첩〉이 취재하고 있다는 사실을 최초로 보도했다. 그러면서 섀튼 교수의 결별이 〈PD수첩〉의 취재와 무관하지 않을 것이라는 황 교수 측의 발언도 덧붙였다.[1]

〈PD수첩〉 방송 전날인 11월 21일, 황우석 교수팀에 난자를 제공했던 노성일 이사장은 기자회견을 열고 난자 공여 상황을 해명했는데, 매우 미묘한 시점이었다.[2] 〈PD수첩〉을 통해서 전모가 드러날 것을 예상하고 방송 전날 미리 해명한 것이다. '황우석 구하기'에 적극적으로 나서면서 방송의 의미를 축소하려는 시도였다. 또한 이것은 난자 문제를 정면 돌파하려는 황우석 사단과 정부의 대응이 시작된 것이기도 했다. 기자회견에서 노 이사장은 20명의 여성에게서 난자를 채취해 줄기세포 연구를 위해 공급했고, 이들에게는 150만 원 정도의 실비가 지급됐다고 밝혔다. 그러나 이런 행위는 법적으로 아무런 문제가 없음을 강조했다. 덧붙여 노 이사장은 이런 논란이 국익에 무슨 도움이 되겠냐며, 상대편이 조금이라도 잘되면 비하하고 질투하는 사회 풍토 탓에 쓸데없는 문제가 불거지고 있다고 주장했다.

그러나 22일 〈PD수첩〉 1차 방송의 파장은 엉뚱한 결과로 나왔다. 그동안 국내외적으로 논란이 되어 왔던 사안을 용기 있게 파헤친 〈PD수첩〉에 대한 격려 대신 비난이 쏟아졌다. 특히 네티즌들의 반응이 격렬했는데, 방송 직후부터 한동안 〈PD수첩〉의 홈페이지 게시판은 접속이 불가능할 정도로 항의성 게시물이 급증했다. 그러나 그날의 시청률은 평소보다 낮았다. 〈PD수첩〉을 비난하는 네티즌들에게 중요한 것은 방송 내용이 아니라, 황 교수를 비판하는 프로그램을 제작했다는 점에 있었던 것이다. 결국 네티즌들의 집단 행동으로 〈PD수첩〉의 광고 여덟 개 모두가 전면 중단되는 초유의 사태까지 이르게 됐다.

정부의 대응 속도도 빨라졌다. 24일 오전 보건복지부는 기자회견을 열고 서울대 수의과대학 IRB가 조사하고 평가한 난자 수급 조사 결과를 발표했다. 보건복지부가 대독한[3] IRB 조사 결과에 따르면, 노성일 이사장의 기자회견 내용과 크게 다르지 않았다. 하지만 여기에 서울대 수의과대학

IRB와 보건복지부의 결론이 덧붙여졌다. 황 교수의 연구는 〈생명윤리법〉이 발효되기 전에 진행된 것이라 법적으로 문제가 없으며, 국제규범인 〈헬싱키 선언〉에도 위배되지 않는다는 것이었다. 그러면서 이런 일이 발생한 배경에는 동서양의 문화적 차이가 작용했다는 해석을 내리고 있었다. 게다가 이번 기회를 통해 앞으로 연구용 난자를 제대로 공급할 수 있는 시스템을 정비해야 한다는 정책 건의까지 담고 있었다.

마치 정부와 사전 조율을 한 듯, 이날 오후에는 황우석 교수가 기자회견을 열었다. 황 교수는 여성 연구원의 난자 제공이 사실이긴 하지만 자신은 『네이처』의 취재가 이루어진 후에야 알게 됐다고 주장했다. 또한 자신이 난자 제공자 명단을 직접 확인했지만 여성 연구원은 들어 있지 않았다는 과거의 발언도 거짓이었다는 점도 인정했다. 그러면서 그동안 거짓말을 한 이유는 연구원들의 프라이버시를 보호하기 위한 것이었다고 해명했다. 난자 매매 부분에 대해서는 노성일 이사장만을 믿고 단지 받아서 썼을 뿐이고, 이마저도 〈PD수첩〉이 취재하면서 알게 됐다고 변명했다. 마지막으로 자신의 연구가 세계 최초로 진행되고 있는 만큼, 윤리적 절차가 미처 확립되지 못해서 생겼던 결과였다고 강변했다.[4]

정부의 정면 돌파 시도

'황우석 사태'의 첫 번째 국면, 즉 난자 수급 과정에서의 연구윤리 위반 논란에 대한 황우석 사단의 대응은 비교적 성공적이었다. 〈PD수첩〉의 문제 제기에 '물타기'를 시도해 국민들의 혼란을 부추기면서 잠시나마 진실을 가릴 수 있었던 것이다. 노성일 이사장, 보건복지부, 황 교수로 이어지는 연속적인 기자회견은 윤리 문제를 정면 돌파하기 위해 기획됐다고 할 수 있을 것이다. 그러나 황 교수와 노 이사장은 2004년부터 수없이 거짓말을 해왔기 때문에 그들의 주장을 액면 그대로 믿기는 어려웠다. 황 교수의 연구윤리 위반에 대한 정부의 첫 번째 공식 발표였던 서울대 수의과대학 IRB 보고서를 살펴보면서, 문제점을 점검해 보기로 하자. 이를 통해 이 문제를 바라

보는 정부와 황우석 사단의 태도를 읽을 수 있을 것이다.

우선 서울대 수의과대학 IRB는 난자 수급 문제를 조사하기에는 적절치 않은 기관이었다. 황우석 교수와 직접적으로 이해 관계가 있는 기관이 논쟁적인 사안을 조사했다는 것 자체가 조사의 객관성을 의심받기에 충분했기 때문이다. 실제로 위원 구성이나 회의 진행 과정을 보면 문제가 여실히 드러난다. 서울대 수의과대학 IRB는 수의과대학 교수 네 명과 외부인사 네 명으로 구성되도록 규정되어 있었는데, 외부인사 중 대부분은 황 교수가 직접 추천한 사람들이었다. 여기에는 황 교수 연구에 체세포를 제공한 척수 손상 아이의 아버지가 참여하고 있었으며, 황 교수의 '비공식 라인'으로 분류되는 법학자 한양대 정규원 교수와 국가인권위원회의 한희원 국장도 포함돼 있었다. 위원 구성만을 보더라도 조사가 제대로 이루어질 리 만무했다.

구성뿐만 아니라 실제 운영 과정도 독립적이지 못했다. 중립성을 지켜야 할 이영순 위원장은 『조선일보』에 기고한 칼럼을 통해 황우석 교수를 치켜세우기에 여념이 없었다.[5] 더 나아가 이 위원장은 자신이 서울대 수의과대학 IRB 위원장인 것을 2005년 10월까지는 몰랐다고 주장하기까지 이른다.[6] 위원장도 모르는 상황에서 어떻게 회의가 열려 연구 계획을 승인한 것일까? 더욱 심각한 문제는 서울대 수의과대학 IRB 회의에 황 교수와 그의 측근이었던 이병천 교수 등이 참석했다는 것이다. 조사 대상자가 조사위원들과 함께 모여 대책을 논의한 것이라는 비난을 피할 수 없게 됐다. 결국 서울대 수의과대학 IRB 보고서는 국민을 기만한 거짓 보고서였다. 만약 정부가 진실을 제대로 규명하고자 했다면, 서울대 수의과대학의 조사 결과를 마치 정부 입장인 양 대독할 것이 아니라, 황 교수의 연구에 책임이 있는 한양대병원 IRB와 서울대 수의과대학 IRB의 활동 사항부터 점검했어야 했다.

논란이 되고 있는 문제에 대한 서울대 수의과대학 IRB와 보건복지부의 해석도 황당하기 그지없다. 이 보고서는 여성 연구원들이 자발적으로 난자를 제공했으며, 황우석 교수는 이러한 사실을 사후에야 알게 됐다고 결론을 맺고 있다. 그러나 동시에 보고서는 여성 연구원들이 사전에 황 교수와 이 문제를 수차례 상의했다는 점을 인정했다. 그러면서 여성 연구원들이 난자 채취를 위한 병원 방문으로 여러 차례 장기간 연구실을 비워야 했으며 이를 연구 책임자인 황 교수가 모르기는 힘들 것이라는 상식적인 의문에 대해서는 외면했다. 게다가 석·박사과정 대학원생의 경우 교수와의 특수한 관계로 인해 졸업 시기, 논문 저자 포함 등의 직접적인 이해 관계가 있을 수 있어, 객관적인 사실에 대해서 진술하기 어렵다는 점을 고려해야만 했다. 그러나 서울대 수의과대학 IRB 보고서는 이를 고려하지 않았다. 실제로 난자를 기증한 두 연구원은 모두 황 교수의 논문에 공동저자로 포함됐을 뿐만 아니라, 한 명은 모 대학 교수로 임용됐으며 또 다른 한 명은 미국의 섀튼 박사 연구실로 유학을 갔다.

난자 제공자에게 주어진 금품 제공이 단지 실비 보상이라는 주장도 납득하기는 어려웠다. '실비 제공'이라는 용어를 사용하려면 제공자가 연구용으로 난자를 제공할 의사를 명확히 표시하고, 이에 대해 교통비·숙박비·식비와 같은 최소한의 보상만을 받았을 때만 그나마 가능할 것이다. 그러나 난자를 제공한 여성이 스스로 경제적 이유로 난자를 팔았다고 증언했음이 확인됐고 이를 실비 보상이라고 주장하는 것은 너무 불성실한 판단이었다.

난자 기증 제도가 있는 일부 나라와 비교해 봐도 노성일 이사장이 지급했다는 실비 보상액은 터무니없이 높다. 예컨대 배아관리정책이 엄격한 영국의 경우, 불임부부를 위한 난자 기증자에게 300~500파운드(51만~85만 원) 정도의 금액을 시술에 따른 불편에 대한 보상으로 지불하라고 권고하고 있다.[7] 하지만 이번 사건에 개입된 난자 매매 전문 중개업체인 DNA 뱅크를 통해서 노성일 이사장은 난자를 제공한 여성에게 150만 원을 지급했다. 이 금액은 DNA 뱅크가 2000년부터 난자를 매매하고 지불하는 금액과 동일할 뿐만 아니라, 2005년에 발효된 〈생명윤리법〉에 의한 법적 처벌을 받았을 때에 문제가 됐던 금액과도 같았다.

마지막으로 윤리준칙 위배 사실조차 없다는 결론 또한 놀라운 일이었다. 서울대 수의과대학 IRB는 국제윤리 규범인 〈헬싱키 선언〉을 자의적으로 해석하면서 그 근거로 '동서양의 문화적 차이'라는 궤변을 늘어놓았다. 우리나라에서의 교수와 학생의 관계를 생각한다면 오히려 이 선언을 더욱 엄밀히 적용했어야 했다. 설령 난자 매매가 법률을 위반한 것은 아닐 지라도 의사인 노성일 이사장이 난자 매매를 금지한 대한의사협회의 〈의사윤리지침〉을 위반한 사실은 부정할 수 없었다. 그럼에도 윤리준칙 위배가 없다고 결론은 내린 것은 IRB로서의 자기 존재를 스스로 부정했다고 봐야 할 것이다.

서울대 수의과대학 IRB 보고서의 황당한 결론의 밑바닥에는 우리 사회의 저변에 확산되어 있는 결과지상주의가 자리 잡고 있었다고 볼 수 있다. 보고서 어디에도 난자를 제공해야 하는 여성의 입장에 대한 고려를 찾아 볼 수 없었다. 대신 그 자리에는 인체를 다루는 생명공학에서조차 "윤리규정 좀 어겼더라도 결과만 좋으면 괜찮다"는 식의 결과지상주의만이 팽배했을 뿐이다. 획기적 성과를 얻기 위해서라면, 난자 매매나 충분한 정보가 제공되지 않은 상태에서의 기증일지라도 이를 장려하는 것이 합당한가? 더 나아가 여성 연구자의 난자를 사용해도 되는가? 이미 수십 년 전에 확립된 국제적 연구윤리 규범을 국내 상황을 핑계로 무시한다면, 아무리 과학적 성과가 좋아도 국제적으로는 제대로 인정받지 못할 것이다. 뿐만 아니라 국제적 협동 연구도 힘들 것이다.

계속되는 논문 진위 공방

의혹을 제기한 MBC 〈PD수첩〉이 네티즌들의 집중공격을 받는, 상식에 반하는 일이 벌어지고 있을 즈음, 예상치 못한 곳에서 논문 진위 문제가 수면 위로 떠올랐다. 11월 27일 노무현 대통령은 청와대 국정브리핑에 올린 글에서 MBC 〈PD수첩〉에 대한 여론의 질타가 도를 넘은 것에 대한 우려를 표명했다. 그런데 세간의 관심을 끈 것은 이 대목이 아니었다. 노 대통령이 〈PD수첩〉이 황우석 교수 논문의 진위 여부에 대해 취재하고 있다고 거론한 것과, 이와 관련된 대통령의 상황 인식, 그리고 박기영 전 보좌관의 역할이었다. 노무현 대통령은 "짜증스럽다"며 〈PD수첩〉의 취재가 "도저히 납득이 가지 않는"다고 발언했다.

대통령의 발언 이후 상황이 더 급박하게 돌아갔다. 〈PD수첩〉의 최초 취재 목적이 알려지면서 〈PD수첩〉에 대한 사회적 압력은 더욱 거세졌다. 아직까지도 '황우석 신화'가 강고할 때였기 때문에, 일부 네티즌뿐만 아니라 대부분의 국민들도 〈PD수첩〉의 취재가 '불순한 의도'에서 출발한 것이 아닌가 하는 의구심을 갖기 시작했다. 그런데 공교롭게도 대통령이 글을 올린 시점은 〈PD수첩〉 취재가 거의 끝날 무렵이었다. 줄기세포 진위를 확인하기 위해 황 교수 측으로부터 줄기세포를 인수하는 막바지 작업이 한창 진행 중이었다. 게다가 이미 1차 인수 시 받은 일부 줄기세포가 맞춤형 배아 복제 줄기세포가 아니라는 것도 확인된 상태였다.

11월 28일, 황우석 교수 연구팀은 〈PD수첩〉에 2차 검증에 응하지 않겠다고 통보함으로써 변호사까지 참여해 작성한 인수 계약을 일방적으로 파기해 버렸다. 이에 대응해 MBC는 12월 1일과 2일 〈뉴스데스크〉와 〈PD수첩〉 팀의 기자간담회를 통해 검사 결과의 일부를 공개하면서 황 교수를 공개적으로 압박하기 시작했다. MBC는 황 교수가 계속 약속을 이행하지 않는다면 그동안의 취재 결과를 〈PD수첩〉을 통해 방송할 계획을 가지고 있었다.

그런데 12월 4일, 사태의 흐름을 뒤집을 만한 놀라운 사건이 터져 나왔다. 〈PD수첩〉에 '중대 발언'을 했다고 알려진 김선종 연구원이 YTN과의 인터뷰에서 자신의 발언은 협박 등의 강압에 의해서 이루어진 것이라고 주장한 것이다. 이른바 '취재윤리' 위반 사건이 터진 것이다. YTN의 보도는 MBC에 대한 많은 시민들의 맹목적 비난에 기름을 부었다. 상상하기도 힘든 후폭풍이 충분히 예상되고도 남았다. 결국 이날 밤 MBC는 마치 사전에 준비라도 한 것처럼 매우 신속하게 사과 방송을 내보냈고, 동시에 〈PD수첩〉 프로그램 자체를 무기한 중단하기로 결정했다.

하지만 또 다른 극적 반전을 위한 준비가 시작됐다. 12월 6일 〈PD수첩〉이 확인한 줄기세포 2번 라인의 DNA 지문 결과가 논문의 것과 다르다는 사실을 『프레시안』이 보도한 것이다.[8] 〈PD수첩〉이 황 교수 측으로부터 받은 것이 줄기세포가 맞기는 한데, 환자맞춤형은 아니라는 결론이었다. 2005년 『사이언스』 논문에는 2번부터 11번까지의 맞춤형 줄기세포가 보고됐고, 각 번호는 만든 시간 순으로 매겨진 것이었다. 그런데 2번 줄기세포의 DNA 지문이 논문의 것과 다르다는 것은 그 뒤에 만들어진 줄기세포들도 문제가 있을 수 있다는 의심을 받기에 충분했다.

황우석 교수 측은 다섯 개 샘플 중에서 한 개만 결과가 나온 것은 검사 방법에 문제가 있었던 것이라며 결과 자체를 인정하려 하지 않았다. 여기에 사회적으로 명성이 있는 과학자들까지 거들고 나섰다. 유전체연구사업단장인 유향숙 박사는 줄기세포가 배양되면서 DNA가 변할 수 있고, 따라서 DNA 지문도 달라질 수 있다고 주장했다. 하지만 이는 과학적으로 납득하기 힘든 주장이었다.[9]

검사 결과의 정확성 여부를 떠나, 체세포복제로 만들어진 배아줄기세포의 DNA가 처음 확립할 당시의 지문검사에서는 정상이었는데 세포배양 중에 변한다는 주장은 인간배아복제 성공 자체의 의미를 무색하게 하는 발언이었다. 왜 맞춤형 배아복제인가를 생각해 볼 문제다. 그것은 줄기세포에 체세포 제공자의 유전체가 그대로 담겨 있기 때문이다. 그런데 시간에 따라 DNA가 변형돼 지문분석이 불가능할 정도라면, 환자맞춤형 배아복제의 의미가 없어지는 것이다. 황 교수의 2005년 논문의 데이터들을 제대로 읽어 보지 않았거나 황 교수를 돕기 위한 정치적 발언으로 밖에 볼 수 없었다.

더구나 DNA 지문분석법은 비교적 손쉬운 분자생물학 기법으로 장비나 시약 또한 광범위하게 보급돼 있다. 필자들이 복수의 DNA 지문분석 전문가들에게 확인한 바에 따르면, 다섯 개의 샘플 중에서 한 개만 유의미한 결과가 나왔다 하더라도 그 데이터 자체에 문제가 없으면 충분히 인정받을 수 있다고 했다. 오히려 이들 전문가들은 다른 의혹을 제기했다.[10]

〈PD수첩〉이 황 교수 측으로부터 받은 줄기세포를 여러 개로 나눠 수차례 분석을 시도했음에도 동일한 결과가 반복된 것은 처음부터 시료 자체에 문제가 있을지 모른다는 것이다. 즉 검증을 방해하기 위해 황 교수 측이 시료에 모종의 작업을 했을 가능성을 조심스럽게 제기했던 것이다. 또한 우리나라의 DNA 지문분석법의 기술력은 국제적으로도 인정받고 있어서, 샘플만 문제가 없다면 분석에 실패하는 일이 반복되기는 힘든 것이었다. 〈PD수첩〉이 분석을 의뢰한 벤처기업도 이 분야에서 오랜 경험을 쌓은 곳이었다.

한편 당시 사회적으로는 일반인뿐만 아니라 전문가 사이에서도 『사이언스』라는 유명 저널에 논문이 실렸다는 사실만으로도 논문의 진실성이 증명되는 것이라며 사회적 논란 자체가 무의미 하다는 주장이 설득력을 얻고 있었다. 하지만 이런 주장 또한 저널의 심사체계Peer Review System를 제대로 이해하지 못했거나, 황 교수를 두둔하기 위한 발언이라고 할 수 있다. 이런 인식은 과학저널의 논문 심사 방식과 최근 과학계에서 관심이 증가하고 있는 연구 부정행위에 대한 이해 부족에서 기인한다고 할 수 있다.[11]

『사이언스』와 같은 과학저널들은 제출된 데이터들이 사실이라는 전제하에 과학적 타당성을 검토한다. 이 과정에서 시료를 직접 보거나 실험을 재연하는 등의 직접적인 실험은 하지 않는다. 즉 서류만으로 심사를 진행하는 것이다. 따라서 제출자가 데이터를 그럴듯하게 조작했다면 충분히 심사 과정을 통과할 수 있는 것이다. 이런 동료 심사체계의 한계로 인해 저널에 발표된 논문이 재연 불가능하거나 조작으로 밝혀져 철회되는 사태가 종종 발생하고 있다.[12] 황우석 교수의 논문이 실린 『사이언스』조차 지난 2000년부터 2005년까지, 논문의 데이터가 조작됐거나 재연 불가능하다고 인정된 약 21건의 논문을 철회한 바 있다.

소장 과학자의 논문 조작 증거 폭로

YTN의 이른바 '청부 취재' 보도 이후, 대통령마저 '이제는 덮자'는 발언을 하고 있는 상황에서 또 한번의 극적인 반전이 터져 나왔다. 반전

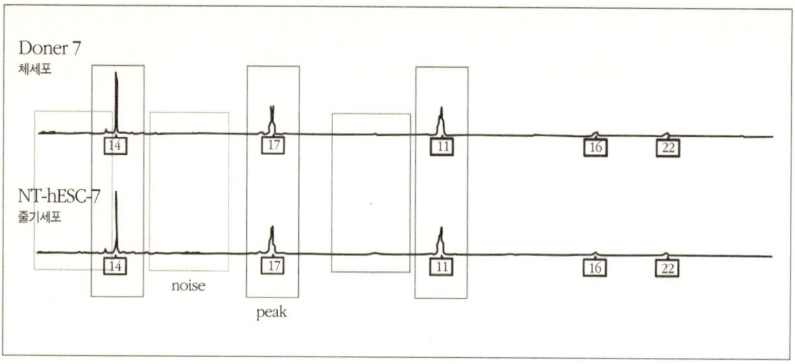

2005년 『사이언스』 논문에 실린 7번 줄기세포의 DNA 지문분석 결과

을 이루어낸 곳은 '브릭BRIC'으로 알려진 생물학연구정보센터라는 인터넷 사이트였다. '황우석 사태'가 영원히 미궁에 빠지지 않고 진실이 밝혀질 수 있었던 것은 '브릭BRIC'에 글을 올린 익명의 과학자들의 힘이 컸다. 2005년 12월 5일부터 '브릭BRIC' 게시판에는 논문의 체세포와 줄기세포의 DNA 지문이 너무나 유사하다는 주장과, 세포의 사진들이 중복됐다는 주장들이 지속적으로 올라왔다.

맞춤형 줄기세포라면 체세포와 줄기세포의 DNA 지문이 같아야 한다. 그런데 DNA 지문이 복사한 것처럼 아주 똑같아도 문제가 될 수 있다. 체세포와 줄기세포는 DNA 분석 결과에 있어서 각 표식자marker에 대한 위치는 같아야 하지만, 그 높이peak나 배경 잡음은 달라야 한다. 왜냐하면 줄기세포와 체세포의 DNA는 서로 같을지라도 다른 형태의 세포 안에 들어있기 때문이다. 이로 인해 각각의 세포에서 DNA를 추출할 때 그 양도 다를 뿐만 아니라 분석 과정에서의 미세한 조건들도 다를 수밖에 없다. DNA 지문이 복사한 것처럼 동일하다는 것은 체세포에 대한 분석을 두 차례 반복해서 만든 데이터를, 하나는 체세포 결과로, 다른 하나는 줄기세포 결과로 이용했다는 의혹을 살 수밖에 없었다.

사진 중복 문제 또한 단순한 실수로 보기에는 무리가 있었다. 황

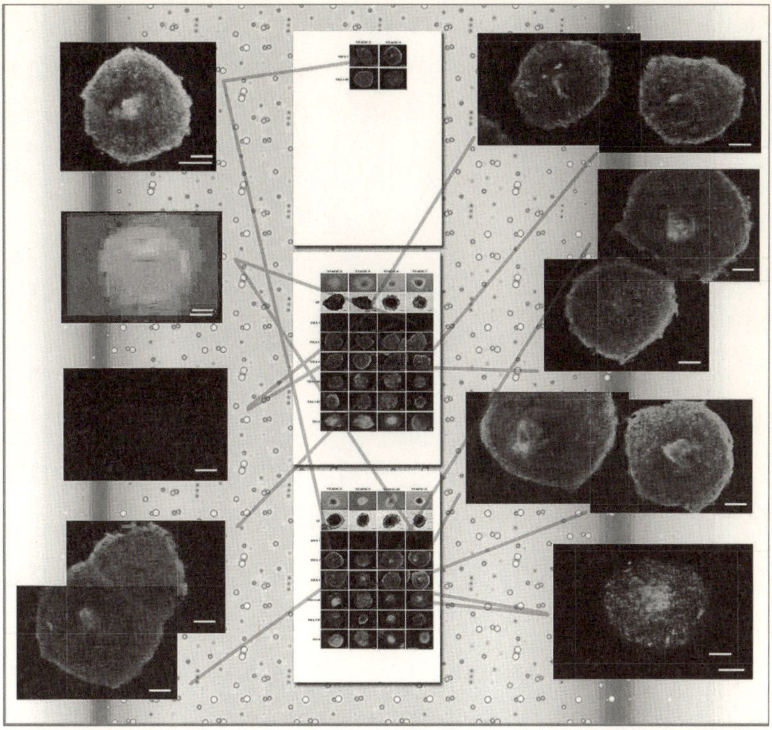

2005년 『사이언스』 논문에 실린 줄기세포 사진에 중복 의혹이 제기됐다(2005년 12월 5일). 당시 디시인사이드 '과학갤러리'에 올라온 증거 자료

우석 교수팀의 주장처럼 논문 제출 시의 단순한 실수가 아니라 '포토샵'을 이용한 조작 의혹이 이루어진 것이라는 의혹을 불러 모았다. 같은 사진을 반대로 돌리거나 배율을 다르게 해서 게재했을 뿐만 아니라, 심지어는 두 개의 세포를 반으로 쪼개서 사진을 실은 것이 아니냐는 의혹과 증거가 계속 제시됐다. 이런 소장 학자들의 주장은 두 개의 줄기세포를 열한 개로 늘렸다는 김선종 연구원의 〈PD수첩〉 인터뷰 내용과도 일치하는 것이었다.[13]

계속 드러나는 논문 데이터에 대한 조작 의혹과 증거들은 서울대의 일부 소장 학자들을 움직이게 했다. 서울대 소장 교수 30여 명은 일련의 의혹 제기가 타당성이 있다며, 서울대 총장에게 연구 진실성에 대해 진상조

사를 촉구하는 성명서를 발표했다. 늦은 감이 있지만, 문제 해결의 새로운 길이 보이는 순간이었다. 국제적인 압박도 시작됐다. 2005년 논문의 책임저자인 섀튼 교수가 소속돼 있는 미국 피츠버그대에서 논문에 대한 조사를 착수하겠다고 발표한 것이다. 결국 12월 11일 서울대는 자체 조사위원회를 꾸려 줄기세포 연구 결과를 검증하기로 결정했다.

'과학 사기' 사건의 실체

12월 15일. 드디어 미즈메디병원의 노성일 이사장이 입을 열기 시작했다. 노 이사장은 15일 저녁 언론과의 인터뷰에서, 황우석 연구팀의 2005년 『사이언스』 논문에 보고된 줄기세포가 지금은 전혀 없다고 실토하면서, 열한 개의 배아줄기세포 가운데 아홉 개는 가짜가 확실하며 나머지 두 개의 진위 여부는 아직 확인되지 않았다고 주장했다.[14] 이로 인해서 사회적 분위기가 급반전되자, 이날 저녁 MBC는 〈PD수첩〉 '황우석 신화 2탄'을 전격 방송하고 그동안의 취재 과정과 결과를 공개했다. 논문 조작의 의구심을 더 이상 외면할 수 없는 충격적인 내용들이었다.

다음날 오전 황우석 교수는 입원해 있던 병원에서 황급히 나와 긴급기자회견을 열었다. 수많은 국내외 기자들 앞에서 황 교수는 논문 준비 과정에서 '인위적 실수'가 있어서 논문을 철회할 계획이라고 밝혔다. 그리고 일부 줄기세포가 곰팡이 오염으로 죽었지만, 줄기세포가 있는 것만은 분명하다고 주장했다. 이 주장은 황 교수의 지지자들이 여전히 믿고 있는 '원천기술론'의 기원이 됐다. 또한 새로운 주장도 내놓았다. 누군가에 의해 자신의 맞춤형 줄기세포가 미즈메디병원의 수정란 줄기세포와 바꿔치기 됐다는 것이다. 검찰에서 수사하느라 진을 뺐던 '바꿔치기' 주장이다.

그런데 황우석 교수의 기자회견은 전문가들도 이해하기 힘든 암호문과도 같았다. 실수면 실수지 '인위적 실수'라는 것은 무엇을 의미하는지 명확하지 않았다. 이로 인해 많은 사람들이 줄기세포가 만들어진 시점과 개수 등을 맞춰보는 데 상당한 시간과 노력을 들여야 했다. 황 교수 주장의 핵심은, 원래 있었는데 누군가가 바꿔치기를 했고, 그 과정은 자신도 잘 모르겠다는 것이었다. 줄기세포 전문가 K대 N 교수는 황 교수가 '바꿔치기'라는 단어를 사용한 순간 이 논문이 조작됐다는 확신을 갖게 됐다고 한다.[15]

황우석 교수의 주장을 차분히 되새길 여유도 없이, 오후에는 노성일 이사장이 반박 기자회견을 개최했다. 미즈메디병원 측에서 바꿔치기 했을 것이라는 황 교수의 주장을 정면으로 반박하면서, 오히려 황 교수를 "교수로서, 과학자로서, 지도자로서 자격이 없는 사람"이라고까지 비난했다. 한편의 드라마 같은 두 과학자의 '진실게임'을 보면서 많은 국민들은 혼란과 허탈감에 빠질 수밖에 없었다. 의혹이 제기될 때마다 솔직히 해명하기는커녕 지속적으로 거짓말을 해왔던 황 교수와, 한때는 동지였지만 이젠 적이 되어 인신공격까지 주저하지 않는 노 이사장. '황우석 사태'는 파국으로 치닫고 있었다.

2005년 12월 23일 서울대 조사위원회는 중간발표회를 열고 2005년 논문은 단순한 실수에 의한 오류라 아니라 두 개의 줄기세포에서 얻은 결과를 열한 개로 부풀려서 만들어 낸 고의적인 조작으로 "과학의 기반을 훼손하는 중대한 행위"라는 의견을 밝혔다. 그리고 연구 책임자인 황 교수가 직접 논문 조작에 개입했다고 밝혔다. 그러나 사회적 분위기는 과학계와 사뭇 달랐다. 서울대 조사위원회의 중간 발표 후에도 출처가 확인되지 않은 두 개의 줄기세포와 원천기술 존재 여부를 두고 사회적 논란이 가시지 않았다. 이렇게 논란이 지속되자 12월 28일 서울대 조사위원회는 다시 기자간담회를 개최했다. 여기서 조사위원회는 환자 체세포의 DNA와 일치하는 줄기세포는 현재 찾을 수 없고, 만들어졌다는 사실을 입증할 만한 과학적 데이터도 황 교수팀이 보유하고 있지 않다는 조사 결과를 발표했다.

매일 뉴스의 중심에 서 있던 서울대 조사위원회는 2006년 1월 10일, 드디어 총 46쪽의 최종 보고서를 발표했다. 조사위원회가 구성된 지 한 달 만에 내놓은, 강도 높고 신속하게 진행된 조사의 결과였다. 보고서는 크게 2004년과 2005년 『사이언스』 논문의 진위 문제, 난자 사용 개수 및 채취

과정의 문제, 관련 기술에 대한 평가, 복제개 스너피의 진위 등에 대한 조사 결과와 결론을 담고 있었다. 이 보고서를 중심으로 조작의 실체에 대해서 좀 더 구체적으로 살펴보자.

2005년 논문과 관련해서 관심의 초점은 황우석 교수가 체세포 핵이식을 통해 만들었다는 2번과 3번 줄기세포주의 정체였다. 여전히 일부에서는 이 두 개만이라도 진짜라면 황 교수에게 기회를 한 번 더 줘야 한다는 주장이 끊이지 않고 있었기 때문이다. 그런데 답은 의외로 간단했다. DNA 지문분석 결과, 2번(식별번호 NT-2)과 3번(식별번호 NT-3)은 체세포복제 줄기세포가 아니라 각각 미즈메디 수정란 줄기세포 4번과 8번이었던 것이다. 체세포복제 줄기세포와 수정란 줄기세포는 육안으로 판별이 불가능하지만, DNA 지문분석법을 쓰면 비교적 간단히 그 실체를 파악할 수 있다. 그럼에도 황우석 연구팀은 이 두 개의 세포를 가지고 열한 개를 만든 것처럼 보이기 위해, 논문에 실린 모든 데이터를 조작했다. 세포사진은 김선종 연구원의 증언처럼 두 개의 세포 사진을 여러 형태로 조작하고 부풀려서 마치 열한 개인 것처럼 꾸몄고, DNA 지문분석 결과는 줄기세포 없이 체세포만을 가지고 조작해 낸 것이었다.

뒤이어 2004년 논문에 대한 진위 여부도 확인됐다. 서울대 조사위원회는 2004년 논문에 문제가 있다는 것을 발견하고 처음에는 적잖이 놀랐다고 한다. 최소한 2004년 논문은 진짜일 거라는 기대가 있었기 때문이었다. 그러나 이런 기대도 잠시뿐. 황 교수 실험실과 문신용 교수 연구실에서 보관하고 있던 줄기세포(식별번호 NT-1)를 분석한 결과, DNA 지문이 2004년 『사이언스』 논문의 것과 다르게 나온 것이다. 조사위원회는 우여곡절 끝에 체세포와 난자 제공자가 논문에 표시된 A가 아닌 그 당시 비슷한 시기에 체세포와 난자를 제공했던 B였다는 점을 확인하게 된다. 그러나 조사위원회를 더욱 혼란스럽게 한 것은 NT-1 줄기세포와 B의 DNA 지문도 완전히 일치하지 않는다는 점이다. 결국 서울대 조사위원회는 DNA 지문분석 결과에 대한 검토와 토론 끝에, 이 정체 불명의 세포주는 체세포복제가 아닌 처녀생식으로 만들어진 돌연변이 세포주일 가능성이 높다는 결론을 내렸다.

한편 이때에도 논문의 데이터에 대한 조작이 이뤄졌다. 논문에 실린 세포 사진의 상당수가 NT-1이 아닌 미즈메디병원의 수정란 줄기세포를 이용해 만들어진 것이었으며, 줄기세포를 증명하는 자료 중 하나인 테라토마 사진은 대부분 미즈메디 수정란 줄기세포로 만들었는데, 일부는 출처가 확인되지 않고 있다. 난자 및 체세포 제공자가 뒤바뀐 사실이 확인됐기 때문에 NT-1의 DNA 지문도 조작된 것으로 드러났다.

서울대 조사위원회의 보고서가 발표된 후에도 여전히 2004년 논문을 위해 만들어진 '세포주의 실체'와 '원천기술' 여부를 두고 논란이 가시지 않고 있다. 서울대 조사위원회는 이런 논란을 미리 예상한 듯 체세포복제 줄기세포 관련 기술을 '핵이식 기술, 배반포 형성 기술, 줄기세포 확립 기술'의 세 단계로 나눠 구체적으로 설명했다. 황우석 교수 연구팀은 핵이식 기술, 배반포 형성 기술을 가지고 있다고 판단되나, 산업적 의학적 효과를 기대하기는 힘들다는 것이었다. 그러면서 다음과 같은 말로 황 교수 연구팀에 대해 매우 회의적인 결론을 내렸다.

핵이식에 의한 체세포복제 줄기세포는 존재하지 않으며, 존재했다는 어떤 과학적 증거도 없다. 따라서 현재 체세포복제 줄기세포를 만들 수 있는 원천기술은 없다.[16]

'과학 사기'는 어떻게 가능했는가

그렇다면 황우석 교수가 어떻게 전 세계 과학자들과 난치병 환자들을 상대로 사기 행각을 벌이게 된 것일까? 황 교수는 과거에도 그랬던 것처럼 대중적 지지를 얻고, 막대한 예산과 인력을 투입한다면 멀지 않은 미래에 맞춤형 배아복제 줄기세포를 얻을 수 있을 것이라고 생각했던 것으로 보인다.

그러나 황우석 교수는 배아복제 연구에 대해 이해가 부족했고, 과학자로서의 소양도 부족했기 때문에 '용감'할 수 있었다는 주장도 제기되고 있다. 황 교수는 일반인들이 생각하는 것과는 달리 자신이 진행한 연구 내용에 대해서 잘 알고 있지 못했다. 취재에 참여한 〈PD수첩〉의 관계자에 따르면, 황 교수는 자신의 논문이 구체적으로 어떻게 만들어졌는지 잘 알지 못했고, 실험 방법이나 내용에서도 무지함을 보였다고 한다.

> 황 교수는 언제 처음으로 환자유래 체세포복제 줄기세포가 성립 establish 됐는지를 기억하지 못했고, 테라토마 실험을 어디서, 누가 했는지도 알지 못했다. 그러나 그것은 별로 문제되지 않는다는 모습이었다. 과연 줄기세포는 만들었으나 기억을 잘 못 한다는 것이 진실이었을까?[17]

언론을 통해 황우석 교수가 실험복을 입고 실험에 열중하는 모습을 종종 보아왔는데 이런 행위가 모두 연출된 것이었다고 추측할 수 있다. 과거 황 교수 실험실에 있었던 연구원들에 따르면 황 교수는 실험 과정을 잘 몰라 촬영 과정에서 실수를 반복한 적이 있었다고 한다.[18] 상황이 이렇다 보니 실험실 관리도 제대로 이루어지지 않았고, 이로 인해 소속 연구원들은 연구자로서 알아야 할 과학적 지식이나 연구윤리에 대해서 충분히 숙지하지 못했던 것으로 보인다.

서울대 조사위원회에 참여한 교수들에 따르면, 황우석 교수와 연구원들은 자신의 실험실에 어떤 세포들이 저장·배양되고 있는지조차 정확하게 알지 못했다고 한다. 또한 실험의 가장 기본이 되는 연구노트의 작성도 너무 부실해서 실험의 실체를 파악하는 데 애를 먹었다고 전하고 있다.[19] 생명공학 실험에서 실험 과정을 기록하고 사진을 찍는 일은 연구자에 기본적인 일과이자 매우 중요한 사항이다. 예컨대 황 교수 실험실에서는 미즈메디 5번을 2004년에 만든 맞춤형 줄기세포(NT-1)로 알고 배양하고 있었으며, 복제 실험의 핵심 데이터 중 하나인 난자 제공자의 기록조차 제대로 보관하고 있지 않았다. 황 교수 실험실의 비정상적인 모습은 '원천기술' 논란을 무색하게 한다. 언제, 어떻게, 무엇을 만들었는지조차 제대로 확인되지 않고 있는 실험실, 상당수 연구원들이 부정행위에 가담한 실험실과 그 책임자에게 더 이상 무엇을 기대한단 말인가?

조작 사실이 만천하에 드러나 과학계에서 이미 사망선고를 받은 상황에서도 황 교수는 과학자답지 못한 모습을 지속적으로 보였다. 자신의 잘못을 솔직히 인정하고 사회적 혼란을 최소화했어야 했음에도 불구하고 대중을 상대로 한 언론 플레이를 지속했다. 줄기세포가 '바꿔치기' 됐다는 주장을 지속하면서 음모론을 확산시켰고, "줄기세포가 11개면 어떻고, 1개면 어떻냐"는 학자로서의 자질을 의심하게 하는 유명한(?) 말을 남기기도 했다. 바꿔치기 주장의 모순을 미국 피츠버그대 이형기 교수의 발언을 빌어 정리해 보자.

과학을 하기 위한 '기본'이 안 돼 있는 황 교수에게 또 다시 기회를 줘야 할 정도로 우리 과학계가 척박하지 않다. …… 안타깝게도 만약 황 교수가 2, 3번 줄기세포가 실제로 존재했다고 정말로 믿었다면 그것이야말로 황 교수가 더욱더 우습게 되는 것이다. 이것이 사실이라면 황 교수가 연구를 책임질 수 있는 능력이 결여돼 있었던 것으로 사실상 연구 책임자로서 자격이 없음을 스스로 증명하는 것이다.[20]

결국 황우석 교수는 전 세계를 경악하게 한 조작 행위의 의미에 대해서 제대로 판단하지 못하고 있는 것으로 보인다. 인간배아 줄기세포 연구에 대한 황 교수의 이해 부족, 과학자로서의 자질 부족으로 인한 실험실 운영 능력의 한계가 이번 조작 사건의 일차적 원인이라고 할 수 있을 것이다.

논문 조작을 위해 희생된 여성의 건강권

한편, 2005년 12월과 2006년 1월에 세상을 뜨겁게 달군 논문 조작 파문으로 인해 난자 공여 과정에서 황 교수가 위반한 비윤리적 행위에 대해서는 관심이 멀어지고 있었다. 그러던 중 2006년 2월 2일, 황 교수 대책회의 사건으로 위원장이 사퇴한 가운데 운영된 국가생명윤리심의위원회의 중간보고서가 공개됐다. 다행히도 이 보고서를 통해서 난자와 관련된 연구윤리 위반의 실체가 보다 구체적으로 드러나게 됐다.[21] 보고서는 크게 난자 수급 과정, 연구원 난자 제공, 한양대병원 IRB와 서울대 수의과대학 IRB의 문제를 다루고 있었다. 아래에서는 앞에서 언급되지 않았던 새롭게 밝혀진 사실들을 중심으로 정리해 보도록 하자.

우선 황우석 교수 실험실에 제공된 난자의 숫자가 구체적으로 확인됐다. 2002년 11월 28일부터 2005년 12월 24일까지 미즈메디병원, 한나산부인과의원, 한양대병원, 제일병원 등 총 4개 기관에서 119명(여성 연구원 2인 제외)의 여성으로부터 138회에 걸쳐 총 2,221개의 난자가 채취되어 황 교수 실험실에 제공됐다. 일부 제공자의 경우 수차례에 걸쳐 난자를 제공했는데, 2회 이상 제공한 여성이 24명에 이르렀다. 특히 전체 제공자 중 66명에는 금전적 보상이 이루어졌다고 하는데, 이들의 거의 대부분은 돈이 궁해 매매를 할 수 밖에 없었던 경제적 사회적 약자였다고 한다.

여성 연구원 2인의 난자 기증 과정도 자세히 드러났다. P연구원의 경우 2003년 3월 10일 황우석 교수의 차량으로 함께 미즈메디병원으로 가서 노성일 이사장으로부터 직접 시술을 받았고, 다시 황 교수와 함께 실험실로 돌아와 실험에 참여했다. 황 교수가 난자 제공을 승인했고 직접 그 연구원과 함께 병원에 갔다는 것도 충격적이지만, 오전에 난자를 채취하고 오후에는 자기 난자를 이용해 복제 실험을 했다는 점은 도저히 받아들이기 힘든 사실이었다. P연구원은 난자 부족으로 인해 실험의 진척이 늦어지자 자신이 자발적으로 제공의사를 밝혔다고 주장했지만, 이미 공개된 동료에게 보낸 이메일을 보면 P연구원이 어떤 심경이었는지 느낄 수 있었다.

처음에 시작은 제가 했지만, 무서워요. 전신마취, 셀프 클로닝(self cloning, 자신의 난자로 체세포복제 실험을 하는 것), 이건 있을 수 없는 일 — 자신의 난자를 자신이 복제하고 지독하게 독해요 — 내 자신이 그런데, 이런 내 자신을 이해해서 단단하고 강한 …… 지금까지처럼, 믿어주고, 옆에서 지켜봐 주세요. 이 방법은 아니었는데, 끝까지 포기하지 못했던 것, 선생님께 대적하지 못했던 것, 이런 내 자신을 용서할 수 있도록 다녀와선 더 열심히 공부할래요. 아무 일 없을 거에요…… ○○ 씨랑 내 이름으로 된 논문에, …… 어드미션(admission, 유학 신청에 대한 승인서)도 나오고…….[22]

한편 보고서를 검토해 보면, 황우석 교수팀이 연구원 난자 제공 사실을 숨기려 했다는 흔적도 엿보인다. 다른 난자 제공자인 연구원 Q 씨는 실명이 아닌 가명을 사용해 난자를 채취했다. 이는 연구원 난자 제공 사실이 외부로 알려지면 문제가 될 것을 염려했기 때문으로 보인다. 현재까지 황 교수가 난자 제공 여성 연구원들에게 구체적으로 어떤 내용을 얘기했는지는 확인되지 않고 있다. 다만, 2003년 봄 여덟 명의 여성 연구원들에게 난자 기증 의향서를 나눠 주고 서명을 받았다는 사실만으로도 과학자로서 하지 말아야 할 비윤리적 행위를 저질렀다는 비판에서 자유롭지 못할 것으로 보인다.

한양대병원 IRB의 문제점도 명확히 드러났다. 그동안 줄곧 심의 과정에 아무런 문제가 없었다는 박문일 위원장의 주장과는 사뭇 다른 내용들이었다. 원래 연구 계획서에는 전혀 기재되지 않았던 미즈메디병원에서 매매를 통한 난자 채취가 이루어졌던 것이다. 애초부터 한양대병원 IRB는 실험의 윤리적 문제를 감독하는 데에는 별로 관심이 없었던 것으로 보인다. 서울대 수의과대학 IRB를 놔두고 자신과 긴밀히 협력하고 있던 황윤영 교수와 황정혜 교수가 있는 한양대병원 IRB에서 실험의 윤리적 검토를 거친 것만 보더라도 이를 쉽게 짐작할 수 있다. 한양대병원 IRB는 논문제출 시 꼭 필요한 서류 작성을 위해서 이용됐을 뿐만 아니라, 윤리적 논란의 방패막이 역할을 했다고 볼 수 있다.

서울대 수의과대학 IRB에 대해서도 추가적으로 밝혀진 사실들이 있었는데, 보고서는 "서울대 수의과대학 IRB는 위원장·간사 등 대부분의 위원들이 IRB의 역할과 임무에 대한 지식과 인식이 없었으며, IRB의 법적·윤리적 의무에 대해서도 인식이 부족했다"고 판단했다. 더 나아가 서울대 수의과대학 IRB 측은 공문서 위조도 마다하지 않았는데, 2005년 『사이언스』 논문의 부록에 영문으로 제출된 연구계획심의결과통지서의 이영순

위원장 날인은 본인 몰래 조작한 것으로 밝혀졌다. 황우석 교수팀은 과학적 내용뿐만 아니라 윤리적 검토사실까지 조작한 것이다.

서울대 조사위원회의 조사 결과와 『사이언스』의 논문 철회, 국가생명윤리위원회의 보고서를 통해 황우석 교수 논문 조작에 대한 과학적·윤리적 논란은 이제 어느 정도 정리됐다고 할 수 있다. 그러나 일부에서는 검찰 수사가 종결되지 않았다는 이유로 '황우석 사태'를 과학 사기 사건으로 단정해서는 안 된다고 주장하기도 했다. 이와 같은 주장에 대해 2006년 3월 10일 '민주화를위한전국교수협의회'가 개최한 토론회에서 서울대 농업생명과학대학 최영찬 교수는 다음과 같이 정리하고 있다.

황우석 지지자들은 황우석 교수 사태가 현재 진행형이라고 말하지만 '학문적으로는' 이미 진행형이 아니라 끝난 문제다. 황우석 본인도 2005년 논문의 환자맞춤형 배아줄기세포가 없다는 것과 논문을 조작했다는 점을 인정하지 않았는가? 황 교수는 과학계에서 더 이상 발붙이기는 힘들 것이다.[23]

주

1 「연구팀원이 MBC에 "줄기세포 가짜" 제보」, 『경향신문』 2005. 11. 15.

2 노성일, 「'난자 의혹' 기자회견문」, 2005. 11. 21.

3 이 발표는 원래 서울대 수의과대학 IRB의 이영순 위원장이 하기로 되어 있었으나 박기영 당시 청와대 보좌관이 보건복지부 차관에게 전화를 해서 복지부가 발표하도록 한 것으로 밝혀졌다. 박재완 의원, 「[보도자료] 청와대, 2005. 11. 24. 황교수팀 난자 조달의 문제점 축소·왜곡 기자회견에 개입」, 2006. 2. 20.

4 황우석, 「기자회견 발표문」, 2005. 11. 24.

5 「이영순 "반황우석 세력의 비윤리적 언행"」, 『조선일보』, 2005. 11. 26.

6 「이영순 "10월까지 내가 IRB 위원장인 줄도 몰랐다"」, 『오마이뉴스』, 2006. 1. 6.

7 Human Fertilisation and Embryology Authority, "The Regulation of Donor-Assisted Conception: A consultation on policy and regulatory measures affecting sperm, egg and embryo donation in the United Kingdom", 2005.

8 「'2번 줄기세포'는 '가짜'인가 '실수'인가」, 『프레시안』, 2005. 12. 6.

9 「체세포와 줄기세포는 다르다: 유향숙 박사 인터뷰」, YTN, 2005. 12. 2.

10 유전자 감식 전문가 L 씨, K 의과대학 M 연구원 전화 인터뷰, 2005. 12. 6.

11 연구에서의 부정행위 사례와 연구윤리에 대한 문제는 다음을 참고할 것. 『제2차 시민과학포럼: 연구 진실성(Research Integrity), 그 쟁점과 대책』, 참여연대 시민과학센터, 사회복지공동모금회관, 2006. 2. 23.

12 최근에는 논문의 이미지 조작 여부를 검토하는 프로그램까지 등장했다. The Office of Research Integrity(ORI, http://ori.dhhs.gov).

13 「"나는 시키는 대로 할 수밖에 없었다" 김선종 연구원 증언 입수…… "황우석 교수 지시로 사진 불려"」, 『프레시안』, 2005. 12. 10.

14 「노성일 이사장 "황우석 줄기세포 없다"」, 『한겨레』, 2006. 1. 17.

15 K대 N 교수 전화 인터뷰, 2005. 12. 7.

16 서울대 조사위원회, 『황우석 교수 연구 의혹 관련 조사 결과 보고서』, 2006. 10, 40쪽.

17 「〈PD수첩〉 취재 후기 "진실에 환장한 '꼴통' 믿어 줘 감사"」, 『프레시안』, 2005. 12. 18.

18 황우석 팀의 전 연구원 O와의 전화 인터뷰, 2006. 1. 27.

19 「드러나는 '황우석 연구실' 실상」, 『연합뉴스』, 2006. 1. 6.

20 「검찰 수사는 '기괴'…… '바보 황우석'을 원하는가」, 『프레시안』, 2006. 2. 2.

21 국가생명윤리심의위원회, 「황우석 교수 연구의 윤리 문제에 대한 중간보고서」, 2006. 2. 2.

22 앞의 글, 34쪽.

23 『황우석 사태로부터 무엇을 배울 것인가』, 민교협 학술토론회, 서울대 법과대학 100주년 기념관, 2006. 3. 10.

기관별 연구용 난자 제공 현황

미즈메디병원

제공 기간 2002. 11. 28 ~ 2005. 10. 24
제공자 수 79명
제공 횟수 91회
제공 난자 수 1,549개

제일병원

제공 기간 2004. 12. 22
제공자 수 1명
제공 횟수 1회
제공 난자 수 8개

한양대병원

제공 기간 2005. 4. 12 ~ 2005. 11. 8
제공자 수 8명
제공 횟수 8회
제공 난자 수 121개

한나산부인과(한양대)

제공 기간 2005. 1. 25 ~ 2005. 12. 24
제공자 수 33(10)명
제공 횟수 37(12)회
제공 난자 수 543(230)개

계

제공 기간 2002. 11. 28 ~ 2005. 12. 24
제공자 수 121명
제공 횟수 138회
제공 난자 수 2,221개

8장

침묵 속의 거품:
광우병 내성소, 이종간 장기이식

1996년부터 유럽을 필두로 해서 전 세계는 광우병으로 떠들썩했다. 풀만 먹는 소에게 양의 내장이 섞인 사료를 먹어서 생겼다고 알려진 광우병을 두고, 자연의 섭리를 거스르고 있는 인간 사회에 대한 경고라는 주장까지 나왔다. 이런 와중에 한국에서 앞으로 3년 안에 광우병에 걸리지 않는 소, 즉 광우병 내성소가 만들어질 것이라는 주목받을 만한 주장이 발표됐다. 황우석 교수는 2001년 2월 『연합뉴스』 기자를 대상으로 "이르면 앞으로 3년 안에 광우병에 걸리지 않는 소가 탄생하는 등 광우병이 지구상에서 사라질 날도 멀지 않았습니다"라고 주장했던 것이다. 자신의 연구 결과를 미리 장담하는 황 교수의 그 호언장담에 다들 기대하는 분위기였다. 눈치 빠른 기자는 축산혁명을 전망하기에 이르렀다.

광우병에 저항성을 가진 소를 생산하는 데 성공할 경우 그 수요가 전 세계적으로 발생, 엄청난 부가가치를 창출하는 '축산혁명'을 가져올 것으로 전망되고 있다.[1]

광우병 내성소와 '축산혁명'

이런 장담이 있은 지 거의 3년이 되어 가던 지난 2003년 12월 황우석 교수는 '세계 최초'로 광우병에 걸리지 않는 소가 태어났다는 사실을 언론에 대대적으로 알렸다. 그의 호언장담이 이루어진 것일까? 황 교수 연구팀은 광우병 내성소를 만드는 원리에 대해서 이렇게 설명한다. 광우병을 유발하는 '프리온 단백질' 가운데 생체 내에서 축적되지 않으면서도 정상 기능을 하는 '프리온 변이단백질'을 정상보다 많이 발현시키도록 유전자조작을 한 후, 그 수정란을 대리모에 착상시킨다는 것이다. 이런 방법으로 황 교수는 '광우병 내성 복제소' 네 마리를 생산했다는 것이다.

각종 언론 매체들은 연일 광우병 내성소 생산을 비중 있게 보도하면서 우리나라 생명공학을 한 단계 업그레이드시킨 획기적인 사건으로 치켜세웠다. 일부 신문은 3년 내에 대량 생산이 가능하다는 현실적으로 불가능한 주장을 펼쳤다. 노무현 대통령마저 실험실을 직접 방문해 연구진들의 노고를 치하하면서 "이것은 생명과학이 아니라 마술"이라는 유명한(?) 말까지 남겼던 것이다.

유럽 언론들의 신중한 보도

그러나 이상하게도 광우병과 인간 광우병이라고 알려진 변종 크로이츠펠트 야콥병variant Creutzfeldt-Jakob Disease, vCJD의 피해를 집중적으로 입고 있던 유럽을 비롯한 외국의 반응은 국내 같지 않았다. 잘 알려진 것처럼 1985년 광우병이 처음 발견된 이래 세계 23개국에서 200여만 마리의 소가 광우병이 걸려 수십조 달러의 피해를 냈다. 게다가 소만이 아니라 사람에게도 발병한다고 알려지면서 전 세계가 광우병 공포에 휩싸였다. 광우병에 걸린 쇠고기 등을 섭취하면 인간도 광우병에 걸릴 수 있다는 사실이 밝혀지기 시작한 것이다. 2003년 5월까지 확인된 인간 광우병 발병 현황을 보면, 영국이 가장 많아서 135명에 달했고 프랑스에서 여섯 명, 아일랜드에서 한 명, 이탈리아에서 한 명, 미국에서 한 명, 캐나다에서 한 명으로 모두 145명의 인간 광우병 환자가 발생했다. 주로 유럽 지역에서 집중적으로 발생한 것이다.

그런데 유럽을 비롯한 세계 언론들이 이 사실을 신중하게 보도했다는 것은 예상 밖의 일이었다. 상식적으로 생각한다면 피해를 집중적으로 입은 유럽 국가들에게 광우병 내성소 개발 소식은 무엇보다 반길 만한 희소식임에 틀림없었다. 그런데 어찌된 일인지 유럽 국가들의 과학자들이 황 교수의 실험실을 방문했다거나 공동 연구를 제안했다는 얘기는 들리지 않았다. 혹시 인종적 편견으로 한 동양 과학자의 세계적인 연구 성과를 무시했기 때문일까?

외국의 반응이 싸늘했던 가장 큰 이유는 우선 광우병 내성소가 태어났다는 사실을 직접적으로 증명해 주는 논문이 없었다는 점이다. 어떤 유전자를 어떻게 변형시켰으며 어떤 방법으로 복제해서 이 송아지들이 태어났는지를 확인시켜 주는 것은 논문을 통해 이루어져야 한다. 하지만 논문이 없으니 확인이 불가능한 것이다. 특히 광우병 원인 물질로 알려진 프리온의 구체적 작용 기작에 대한 논란이 여전히 지속되고 있는 마당에, 도대체 광우병 내성소를 어떻게 만들어 냈다는 것인지 그 기본적인 내용조차 명확하지 않다.

설령 이 내성소가 광우병에 걸리지 않는다는 것이 밝혀진다고 해도 유럽인의 식탁에 이 쇠고기가 올라갈 것인가? 그럴 가능성은 희박해 보인다. 우선 광우병에 걸리지 않는다는 것이 확인이 된다 하더라도, 유전자 조작된 쇠고기를 식품으로 판매하는 데 필요한 안전성에 대한 검증 작업에 얼마의 시간이 걸릴지 장담할 수 없다. 특히 유럽에서의 유전자조작 식품에 대한 사회적 인식과 안전성 검사의 엄격함을 생각해 보면 더욱 그렇다.

유전자조작 식품의 인체 유해성을 둘러싼 지난 논쟁을 되짚어 보면,[2] 미국이나 캐나다와 같은 일부 국가들은 '실질적 동등성'의 개념을 써가며 기존 식품과 화학적 조성이 같기 때문에 안전하다고 주장해 왔다. 하지만 유럽 국가의 대부분은 '사전예방원칙'을 견지하고 있다. 즉 안전하다는 명백한 증거가 있을 때까지는 잠재적으로 위험한 것으로 취급하면서 대응하고 있는 것이다. 이런 관점의 차이로 인해 현재 유럽의 식탁에서 유전자조작 식품을 찾는 것은 쉬운 일이 아니며, 심지어 유전자조작된 곡물을 가축 사료로 쓰는 것을 반대하는 나라들도 많은 실정이다.

이처럼 안전성이 검증되지 않았다는 이유로 유전자조작된 식품조차 먹지 않는 나라들이 유럽 국가들이다. 그런데 광우병 공포가 아무리 크다고 하더라도 유전자조작과 복제를 통해 광우병에 걸리지 않게 만든 소를 유럽인들이 먹을 것이라고 생각하는 것은 순진한 발상이라고 할 수 있다. 정부도 이 점에 대해서 일부 시인한 바 있다.

2005년 1월 오명 부총리 주재하에 개최된 과학기술장관회의에서 국가연구개발 실용화사업 중 황우석 교수의 광우병 내성소가 검토 대상에서 제외됐다. 과학기술부 관계자는 광우병 내성소의 성공 여부에 대한 검토가 이루어지지 않아 일단 제외시켰다면서 『연합뉴스』 기자에게 다음과 같은 이야기를 덧붙였다.

광우병 내성소는 일종의 유전자변형 식품으로 분류된다. GM 식품은 유럽 등 국제 무대에서 검증 절차가 매우 엄격하기 때문에 광우병 내성소가 해외에서 이른 시간 내에 검증을 거쳐 인증을 받는 데 어려움이 있을 것으로 보인다.[3]

하지만 황우석 교수 측이나 과학기술부는 여전히 광우병 내성소에 대해서 포기하지 않고 있다. 과학기술부는 이 계획은 폐기된 것이 아니라, 계속 검토하기 위해서 보류했을 뿐이라고 주장했다. 또한 황 교수는 자신이 개발한 광우병 내성소가 실제로 내성을 가졌는지 확인하겠다며, 2005년 5월 소 한 마리를 비행기에 태워 일본 축산연구소에 보내기까지 했다. 하지만 이제는 광우병 내성소 개발로 "축산혁명"을 낳고 엄청난 국부를 창출할 수 있다는 예측을 액면 그대로 믿기는 어려울 것 같다.

이종간 장기이식의 위험성

황우석 교수에게는 또 다른 야심작이 있다. 이종간 장기이식이 바로 그것이다. 배아줄기세포 연구가 난치병을, 유전자조작 식품이 식량난 해결이라는 정당성을 내세우며 진행되고 있는 것처럼 이종간 장기이식 연구에도 나름대로 뚜렷한 명분이 있다. 부족한 장기 문제를 기술적으로 해결하겠다는 것이다. 장기 부족은 전 세계적으로 나타나는 현상이다. 미국에서는 매년 6만 5,000명의 사람들이 장기이식을 기다리고 있다고 한다. 이렇게 사람의 장기가 부족하자 일부 연구자들과 생명공학기업들은 인간이 아닌 동물로 눈을 돌리기 시작했다. 즉 동물의 장기나 조직을 인체에 이식하는 이종간 장기이식에 대한 연구에 나선 것이다.

이종간 장기이식의 역사는 의외로 오래됐다. 1682년 러시아 의사가 인간의 두개골을 개의 두개골로 대체하는 실험을 했던 것으로 알려지고 있으며, 1800년대에는 개구리의 피부를 인간에게 이식하기도 했다. 이종간 장기이식의 가장 최근의 사례는 1995년에 진행된 제프 게티 사건이다. AIDS에 걸린 제프 게티Jeff Getty에게 개코 원숭이의 골수를 이식해 증상의 호전을 기대한 것이다. 효과를 두고 의견이 분분했다. 우선 이 실험을 제네틱 사이언스사가 적극 지원했다는 것이 밝혀지면서, 환자의 치료보다는 상업적 동기에 치우친 임상시험이었다는 비판이 제기됐다. 임상시험 자체에도 많은 과학자들이 우려의 목소리를 보냈다. 상당수 과학자들은 실험의 효과를 떠나 새로운 전염병이 창궐할 수 있다고 우려했던 것이다. 실험에 개코 원숭이를 제공한 사우스웨스트 재단의 조나단 앨런Jonathan S. Allan 박사의 발언은 이런 우려를 잘 대변해 준다.

> 개코 원숭이가 보유한 어떤 인자나 병원체는 인간에게 전이될 가능성이 높다. 가장 최근에 출현한 대부분의 인간 전염병은 다른 종에서 기원한다는 사실이 확실히 정립됐다.[4]

한편 동물보호운동에 의해서 제기된 비판도 간과할 수 없다. 지난 2003년 4월 영국 일간지 『옵저버 *The Observer*』는 동물보호단체들이 2년 반 동안의 법정 투쟁을 통해 승리로 이끈 한 보고서의 내용을 소개했다. 이 보고서는 영국 케임브리지셔 주의 헌팅턴 생명과학연구소에 위치한, 유럽에서 가장 큰 동물실험연구센터에서 1994년부터 2000년까지 이루어진 동물 실험이 법률을 위반한 채 이루어졌다는 사실을 담고 있다.

실험을 위해서 최소 50여 마리의 개코 원숭이가 아프리카로부터 잡혀 왔는데, 몸도 돌릴 수 없는 비좁은 우리에 갇혀 최장 36시간을 실려 오면서 몇몇 원숭이는 죽기도 했다. 살아 남은 원숭이들도 지나친 고통이 수반

되는 실험 과정에서 죽어 갔으며, 일부는 연구원들의 실수로 목숨을 잃어야 했다. 이런 과정에서 동물 실험을 감독할 영국 내무성은 책임을 다하지 않았으며, 연구센터를 운영한 이뮤트란은 허위 서류로 실험인가를 얻어냈던 것이다. 다국적 제약회사인 노바티스가 투자한 이뮤트란은 1990년대 내에 유전자조작된 돼지의 신장과 심장을 사람에게 이식하겠다고 지속적으로 주장해 왔던 회사이다. 그러나 이 회사는 면역 거부반응 문제를 해결하지 못한 채 2000년에 연구소를 폐쇄했다. 동시에 연구 과정에서 만들어진 1,274쪽에 달하는 문제의 보고서를 공개하지 말도록 법원에 요구했던 것이다.

『옵저버』는 이뮤트란이 1995년에 1년 안에 돼지 심장을 인간에게 이식할 준비가 됐다는 호언장담을 언급하면서, "(이번에 공개된) 보고서는 이뮤트란의 이종간 장기이식 프로그램이 자신들의 약속을 실현시키기 어렵다는 것을 스스로 보여 주었다"고 평가했다.[5] 이렇듯 이종간 장기이식의 역사는 황 교수의 또 다른 야심작인 이종간 장기이식 연구가 그리 쉽지 않을 것임을 예고하고 있었다.

'무균 돼지'면 모두 해결되는가

이종간 장기이식이 언급되면서 '형질전환 돼지'니, '무균 돼지'니 하는 말들이 언론을 통해서 보도되기 시작했다. 심지어는 황우석 교수가 자신이 미국에서 무균 돼지를 들여오기 위해서 고심한 끝에 무균 돼지의 체세포 일부를 떼어 내어 시험관 속에 넣어서 몰래 들여왔다는 첩보영화와 같은 일화가 소개되기도 했다. 이 바람에 황 교수는 붓 뚜껑에 목화씨를 담아서 들여온 문익점에 비유되기도 했지만, 일각에서는 청소년들에게 모범을 보여야 할 황 교수가 적법하지 않은 일을 자랑스럽게 이야기한 것에 대한 우려의 목소리도 들려 왔다.

그런데 왜 하필이면 돼지일까? 이종간 장기이식에 이용될 동물은 사람과 흡사해야 한다는 것은 의학자들이 아니더라도 일반인도 생각해 낼만한 것이다. 그렇다면 돼지보다는 인간과 가장 비슷한 영장류의 장기가 더 나은 게 아닌가. 하지만 영장류의 장기를 이용하는 데에는 몇 가지 문제가 있다.

우선 영장류는 번식이 어려워 연구에 필요한 많은 개체를 구하려면 너무 많은 비용이 든다. 그리고 영장류에는 O형 혈액형이 거의 없으며 사람에게 AIDS와 같은 치명적 바이러스를 옮길 가능성도 제기되고 있다. 인간과 너무 가깝다는 것도 문제가 될 수 있다. 윤리적인 면에서, 자신과 흡사한 영장류를 죽여 가면서까지 생명을 연장시키는 것에 정서적인 저항감이 크다고 한다.[6] 그래서 차선책으로 주목받고 있는 동물이 바로 돼지이다. 돼지는 사육이 쉽고 번식력이 좋아 연구용으로 공급하는 데 용이하다. 장기의 크기와 생리학적 특성도 인간과 비슷하다고 한다. 그리고 가장 큰 이유로는 유전자조작이 영장류보다 상대적으로 용이하기 때문이다.

하지만 이종간 장기이식 앞에는 커다란 의학적 장벽이 버티고 있다. 우선 '면역 거부반응'의 문제다. 동물의 장기를 사람에게 이식하면 면역 거부반응이 일어나 장기가 인간 몸에 제대로 자리 잡지 못한다. 따라서 이종간 장기이식에 성공하기 위해서는 각 단계별 면역 거부반응을 극복해야만 한다. 거부반응의 종류도 다양한데 초급성 거부반응, 급성혈관성 거부반응, 세포매개성 거부반응, 만성 거부반응 등이 일어난다. 면역 거부반응을 없애기 위해서 시도하는 것이 바로 형질전환 돼지를 만드는 것이다.

돼지를 복제하면서 면역에 관여하는 특정 유전자를 없애거나 사람의 유전자를 집어 넣는 작업을 한다. 현재의 기술 수준으로는 초급성 면역 거부반응에 관여하는 일부 유전자를 삽입하거나 삭제할 수 있다. 그런데 유전자 몇 개를 갈아 끼웠다고 해서 면역 거부반응이 없어질 것인지 의문이 제기되고 있다. 면역 거부반응은 다층적으로 진행되며 관련 유전자들도 종류가 다양하고 복잡한 형태로 존재 한다. 따라서 대표적인 유전자 몇 개를 삽입하거나 삭제한다고 해서 면역 거부반응을 억제할 수 있다고 생각하는 것은 너무 낙관적인 전망이다.

다음은 '이종간 감염Xenosis'[7] 문제다. 돼지에 대한 형질전환 기술이 발전해서 필요한 유전자를 집어넣고, 불필요한 유전자를 제거한다고 치자. 그래서 면역 억제제를 투여하면서 면역 거부반응을 어느 정도 해결해 이종간 장기이식에 한 발짝 다가간다고 해도 또 다른 복병이 기다리고 있다. 인류가 아직까지 경험하지 못한 새로운 질병이나 전염병이 창궐할 가능성이 바로 그것이다. 돼지가 가지고 있는 병원균이나 내인성 레트로바이러스 Porcine Endogenous Retrovirus, PERV가 인간에게로 옮겨질 가능성이 있기 때문이다. 이 내인성 레트로바이러스는 돼지에게는 큰 문제가 되지 않지만 인간에게는 치명적 질병을 일으킬 수 있다.

예컨대 돼지에게서 유래된 것은 아니지만 에이즈·에볼라·독감 같은 것이 레트로바이러스의 형태로 감염되는 질병이다. 이미 약 50여 개의 돼지 내인성 레트로바이러스가 발견됐고 일부는 인간에게 감염될 수 있다는 사실이 실험적으로 증명됐다. 더욱 우려스러운 것은 아직 발견되지 않은 돼지 내인성 레트로바이러스가 존재할 가능성이 높지만, 현재 이에 대한 현재의 지식은 충분하지 않다. 특히 이종간 장기이식을 통한 레트로바이러스 감염은 인간의 기본 면역체계인 피부나 점막을 통해 들어오지 않고 바로 이식된다는 점에서 종간 장벽을 넘게 될 가능성이 매우 높다.

황우석 교수팀도 이런 문제에 대해서 알고 있었다. 그래서 현대판 문익점이 되어서 미국으로부터 '무균 돼지' 세포를 몰래 들여왔다는 것이다. 그러나 '무균 돼지'로 이종 감염을 야기할 바이러스를 막을 수 있을까? 회의적이다. 무균 돼지는 출생 후 일어날 수 있는 여러 형태의 감염을 막을 수는 있을지 몰라도, 많은 학자들이 우려하는 내인성 레트로바이러스 문제와는 별로 관련이 없다. 내인성 레트로바이러스는 돼지의 유전체 안에 들어있는 것으로 무균 돼지 사육으로 해결될 성질의 것이 아니다. 이것은 논란의 여지가 있는 쟁점이 아니라, 전문가 집단에서는 상식에 속하는 문제이다. 그럼에도 불구하고 '복제 무균 돼지 인간이식 멀지 않았다' 류의 기사에 대한 양식 있는 과학자들의 비판이 없다는 사실이 놀라울 뿐이다.

이런 우려들로 인해 영국은 이종간 장기이식 연구 자체는 규제하고 있지 않지만, 내인성 레트로바이러스에 대한 완벽한 연구 결과 없이는 돼지 장기 및 세포를 이용한 어떠한 임상시험도 허용하지 않고 있다. 새로운 전염병 창궐은 몇몇 개인에 국한된 문제가 아니라 한 사회, 더 나아가 인류 공통의 문제이기 때문이다. 환자와 의사의 개별적 합의가 아닌 '사회 전체의 합의'가 필요한 사안인 것이다.

2005년 발간된 정부 보고서는 앞서 언급한 여러 문제들로 인해 이종간 장기이식의 미래를 어둡게 전망하고 있다.

> 대체로 전문가들은 종간의 차이를 뛰어 넘는 과정에서 발생하는 이러한 난제들이 극복되기 어려울 것으로 보고 있으며 이 난제들이 해결되어 상용화가 이루어진다 하더라도 매우 오랫동안의 연구가 필요하기 때문에 상용화시기를 점치는 것은 현재로서 별 의미가 없는 것으로 보고 있음.[8]

이종간 장기이식의 위험에 대한 외국의 대응들

전 세계적 현상인 장기부족 사태를 해결하기 위한 명분으로 제시되고 있는 이종간 장기이식에 대해서 세계 각국은 신중하게 접근하고 있다. 장기부족 문제를 해결하는 것은 시급하면서도 중요한 문제이지만, 이종간 장기이식에 대한 의학적·윤리적 우려가 높기 때문이다. 세계 각국은 전문가들뿐만 아니라 일반 시민들이 이종간 장기이식에 대해 갖고 있는 생각을 알아보고 그 결과를 정책 결정 과정에 반영하기 위해 다양한 시도들을 진행하고 있다.

세계보건기구WHO는 1999년에 국제적 이종간 장기이식 정책을 위한 전자토론그룹을 인터넷상에 띄우고 관련 집단이나 일반인들에게 이종간 장기이식의 현황과 쟁점들에 관한 정보를 알리면서 이에 대한 의견을 받았다. 좀 더 직접적으로 의견을 청취한 나라들도 많다. 스위스는 이종간 장기이식을 주제로 '합의회의Consensus Conference'를 개최했고, 네덜란드와 캐나다는 정보제공 사이트를 개설하고 수십 차례의 대중토론회를 개최했으

며, 설문조사 등과 같은 방법으로 광범위한 논쟁과 대중 자문을 거쳤다.[9]

이에 비해 국내에서는 이종간 장기이식이 가진 위험에 대해서 충분히 인식하고 있지 못한 듯하다. 이종간 장기이식 연구가 광범위한 사회적 합의는커녕 과학자들 내부의 합의조차 제대로 이루어지지 않은 채 일방적으로 진행되고 있는 것이다. 이는 노무현 정부의 차세대성장동력산업을 위한 10대 과제 중에서 바이오신약·장기 분야가 충분한 논의 없이 선정되면서[10] 의학적 위험성이나 윤리적 문제를 충분히 검토하지 못했기 때문이다. 게다가 이종간 장기이식 연구를 진행하고 있는 황 교수가 바이오신약·장기 분야의 핵심적인 정책결정자로서 역할을 하면서, 의학계를 비롯한 관련 전문가집단 내에서의 자유로운 토론이 제약받았던 것으로 보인다.

세계적 '난자' 공급처로 전락한 세계줄기세포허브

2005년 5월 25일 황우석 교수는 '황 교수 연구지원종합대책회의' 직후 가진 기자회견에서 세계줄기세포은행을 설립하고 싶다는 포부를 밝히면서, 그 필요성을 다음과 같이 주장했다.

> 한국에 줄기세포은행이 설립된다면 전 세계의 환자들에게 공동 연구 성과물을 공급하고 정보를 모으는 역할을 하게 될 것이고 전 세계 줄기세포의 공급원이 한국이 된다……정부의 정책적 의지가 있어야 하고 정부간의 논의도 필요하다.[11]

황우석 교수의 발언이 있은 지 5개월 후인 10월 19일 노무현 대통령을 비롯해 각계 인사들이 참석한 가운데 '세계줄기세포허브'의 개소식이 서울대병원에서 개최됐다. 보건복지부는 세계줄기세포허브를 "인간 줄기세포의 전 세계적 협력 연구 및 교육을 촉진하여 질병의 원인 규명 연구, 세포분화 연구, 신약개발 및 새로운 세포치료와 이식의학 기술을 개발함으로써 세계인류 복지에 기여하는 것을 목적으로"[12] 설립했다고 주장했다.

대부분의 언론은 우리나라가 줄기세포 연구 분야에서 기술력을 인정받은 것이라며 자랑스럽게 보도했다. 언론의 대대적 보도처럼 대통령도 참석했고, 세계적인 석학으로 알려진 연구자들도 여러 명 참석했다. 그 중에는 미국 피츠버그대의 섀튼 교수도 포함되어 있었는데, 얼마 지나지 않아 황 교수와 협력을 중단하고 세계줄기세포허브의 이사장직을 내놓겠다는 결별선언을 할 것이라고는 당시 그 누구도 예상하지 못했다.

그런데 보건복지부의 야심찬 목표와는 다르게, 2005년 초부터 황우석 교수가 줄기세포은행을 한국에서 추진하고 있다는 소식이 전해지자 일부에서는 결국 한국이 난자와 수정란 공급처로 전락하는 게 아닌가 하는 우려가 제기됐다. 황 교수가 가지고 있는 것은 체세포 핵이식을 통한 복제배아를 만드는 기술인데, 이를 위해서는 수많은 난자가 필요하다는 것은 주지의 사실이었다. 게다가 한 번의 복제 실험에도 다량의 난자가 필요하다는 것은 상식인데, 차원을 달리해 줄기세포은행을 만든다면 매우 많은 양의 난자가 필요할 것이라고 예측하는 것은 그리 어렵지 않았던 것이다. 세계줄기세포허브 개설 소식을 들으면서 다음과 같은 우려를 하지 않을 수 없었다.

인간배아복제와 잔여배아를 이용한 실험이 활성화된다면 인간 난자와 수정란에 대한 수요는 급증할 것이고 기존의 불임클리닉의 문제와 연결돼 여성의 몸에 대한 개입은 더욱 확대될 것이다. 사회 일각에서 난자 매매가 진행되고 있고, 불임클리닉에 냉동 보관 중인 잔여배아의 현황조차 제대로 파악하지 못하고 있는 국내 현실을 생각해 보면 가장 우려되는 부분이다. 세계줄기세포은행을 한국에 세우자는 주장에 선뜻 동의하기 힘든 이유도 여기에 있다.[13]

정부 산하기관의 보고서에서도 이런 우려를 표명하고 있었다. 단순 세포주 공급처로 전락하면 곤란하다는 것이다.

외국 학자들이 먼저 제안한 것은 우리나라가 기술 선도국이어서가 아니라 자국의 정치·사회적 상황이 배아복제를 자유롭게 할 수 없기 때문임. 즉 윤리적 부담을 우리나라에게 안기고 자국에서는 연구를 자유롭게 하겠다는 의도임.[14]

또한 이러한 우려는 외국에서도 제기했다. 2005년 11월 서울의 세계줄기세포허브 개소를 바로 앞두고, 캐나다의 통신사인 『캔웨스트 뉴스 서비스 *CanWest News Service*』는 「한국줄기세포허브는 윤리적 쟁점을 우회할 것이다」라는 기사를 인터넷에 게재했다. 이 통신사에 의하면 저명한 의학지인 『뉴잉글랜드 의학저널 *The New England Journal of Medicine*』이 한국의 줄기세포허브를 법을 피해 해외에 설립되는 기업의 '역외 피난처'에 비유하면서, 법에 의해서 배아를 생성하거나 파괴를 금지하는 국가의 연구자들이 법적·윤리적 문제를 회피하면서 배아줄기세포 연구를 할 수 있게 됐다고 주장했다. 즉, 자신들의 손을 더럽히지 않은 채 연구해 보겠다는 연구자들에게는 더 이상 좋은 곳이 있을 수 없다는 것이다. 하지만 캐나다의 연구자들은 한국의 줄기세포 연구가 '투명성을 결여'하고 있다며, 이 허브에 참여할 연구자가 캐나다에는 없을 것이라고 전망하기도 했다.[15]

정부가 이런 우려들을 몰랐던 것은 아니다. 처음에는 줄기세포은행으로 명명했다가 결국 '허브'라는 명칭으로 바꾸면서, 임상시험, 사회·윤리적 연구, 정보 교환 등의 내용을 추가한 것도 이런 우려들을 의식한 것으로 보인다. 하지만 허브 개소식을 계기로 서울대 초빙교수로 발령은 받은 섀튼 교수는 한국이 느슨한 규제와 복제 기술로 인해 허브로 적합한 곳이라는 생각을 숨기지 않았다. 허브 개설에 참여했다고 알려진 해외 연구자들의 발언을 정리해 보면 허브 개설에 대한 우려가 해소되지 못했음이 명확해 진다. 한국에서 배아복제를 통해 체세포복제 줄기세포를 만들면 자국으로 가져가 연구하겠다는 것이다. 매우 씁쓸한 '분업'이 진행되고 있었던 것이다.[16]

2005년 겨울, 세계줄기세포허브는 황우석 교수의 논문 조작 사건으로 인해 존폐의 기로에 서게 됐다. 얼마 전까지만 해도 서울대는 허브를 조속히 개소하기 위해 분주했다. 63억의 예산을 투여 했고, 밤샘 작업을 강행해 불과 2개월 만에 시설을 완비했다. 심지어는 기술 보안을 위해 국정원으로부터 24시간 보호받기도 했다. 이렇게 야심차게 추진됐던 허브가 애물단지로 변해버린 것이다. 정부의 예산 지원도 불투명하게 됐다. 가장 문제가 되고 있는 것은 허브에서의 연구 내용이다. 기술의 실체가 의심받고 있는 지금 허브가 원래의 목적대로 운영될 가능성은 거의 없어 보인다.

줄기세포허브의 독특한 특징

많은 사람들은 세계줄기세포허브 이전에 국내에는 줄기세포은행이 없었던 것으로 생각하고 있다. 그러나 국내에는 이미 여러 종류의 줄기세포은행이 운영되고 있다. 가장 대표적인 것이 과학기술부의 '세포응용연구사업단'에서 구축해 운영하고 있는 '인간배아 줄기세포주' 은행이다. 사업단 출범과 함께 은행이 구축되어, 필요로 하는 연구자에게 배아줄기세포주를 분양을 해주고 있다. 현재까지 약 35개의 줄기세포주가 보관되어 있는 것으로 알려지고 있다. 정부에서 구축해 운영하고 있는 은행이 있음에도 이와 비슷한 허브를 새로 만들 필요가 있었는지는 여전히 논란거리이다.

한편 세계줄기세포허브는 환자들에게 임상시험 혹은 치료에 대한 성급한 꿈을 불러일으켰다. 세계줄기세포허브가 환자들에 대해서 등록을 받았기 때문이다. 서울대병원 측은 "환자 등록과 체세포 공여 과정만으로 임상시험이나 치료가 시작되는 것이 아니며, 이 같은 내용에 대해서는 등록 및 상담 과정에서도 정확하게 설명할 방침"이라고 밝혔다고는 하지만, 환자를 등록한다는 사실만으로도 난치병 환자들에게 비상한 관심을 불러일으켰다. 접수를 개시한 당일에만 3,500명의 환자가 등록을 했을 뿐만 아니라, 개소식 다음날에는 환자들의 문의가 폭주해 홈페이지가 마비되는 사태까지 이르렀다.[17]

그러나 한국의 세계줄기세포허브와 다르게, 영국이나 미국 등에 설립돼 있는 각종 줄기세포은행들은 주로 연구 목적으로 타 연구자들에게 줄기세포를 분양하기 위해 개설된 것들이다. 여기에서는 환자를 대상으로 등록을 받는 일은 이루어지고 있지 않다. 현재 배아줄기세포를 이용해서 임상시험에 들어갈 만한 사전 연구나 동물 실험도 아직은 초기 상태이기 때문이다. 따라서 한국처럼 환자 등록부터 받는 일은 상상하기 힘든 일이다. 임상시험은 언제 시작할지 모르지만 우선 등록자의 체세포와 어디선가 구해질 다량의 난자를 이용해 복제부터 진행하자는 이야긴가?

결국 세계줄기세포허브가 환자 등록을 받아서 진행하겠다는 '환자맞춤형 배아줄기세포주'의 의학적 응용 가능성은 과장됐다는 것이 드러났다. 서울대 의과대학 교수 20여 명은 2005년 12월 20일 성명서를 내면서, "의학자임에도 불구하고 방관자적 자세로 이 연구의 실상을 제대로 알리지 못해 여론을 호도하는 데 일조했음을 매우 부끄럽게 생각"한다면서 다음과 같이 의학적 입장을 밝혔다.

> 환자맞춤형 배아줄기세포주가 비교적 쉽게 확립된다고 할지라도 이 배아줄기세포를 치료 목적으로 사용하기 위해서는 해결해야 할 문제점들이 매우 많으며, 적용 대상도 극히 제한적이 되리라는 것과 또한 이러한 연구의 응용 가능성 여부의 판단에도 많은 시일이 필요하다는 사실이 제대로 알려지지 않았습니다.[18]

세계줄기세포허브가 신중한 고려 없이 급조된 시설이라는 것은 설립 과정에서도 발견된다. 영국줄기세포은행 UK Stem Cell Bank 은 공식적인 의사 결정 과정을 거쳐 구체적인 지침이 제정된 상태에서 개설됐다. 2001년 상원에 설치된 특별위원회가 줄기세포은행 설립을 권고했는데, 과학자들에게 순수하고 '출처가 분명한' 인간배아 줄기세포에 쉽게 접근하며 연구에 사용되는 줄기세포들이 '윤리적으로 적절하고 합법적인지'를 모니터링하기 위해 줄기세포은행이 개설돼야 한다고 밝혔다. 이 은행은 운영위원회에 의해 감독되며 운영지침과 규약을 만들 것도 건의했다. 이에 따라 2003년 1월 영국 의학연구재단 Medical Research Council, MRC 과 생명공학 및 생물학연구재단 Biotechnology and Biological Sciences Research Council, BBSRC 의 예산 지원으로 국가줄기세포은행이 만들어졌다.[19] 한국의 세계줄기세포허브 개설에는 보건복지부의 몇 장짜리의 보도자료가 전부였다.

이번 줄기세포허브의 설립 과정, 타 은행과의 관계, 향후 활동 계획 등을 고려해 보면 허브 개설이 황 교수의 요청에 의해 급조됐다는 것을 부정하기 힘들다. 잔여배아에서 추출한 줄기세포 연구를 진행하고 있었던 박세필 마리아생명공학연구소장은, 줄기세포 연구와 관련해 특정 개인이나 단체 중심으로 쏠림 현상이 일어나고 있다며 허브 개설에 우려를 표명하기도 했다.[20] 결국 세계줄기세포허브 설립에 대한 충분한 사회적 논의나 심지어는 부처간 충분한 협의나 법률적 기반도 없이 황 교수를 위해서 정부 연구비가 사용됐던 것이라고 할 수 있다. 세계줄기세포허브 개설은 국제적 자랑거리가 아니라, 현재의 연구 수준도 고려하지 않은 채 여론의 관심을 끌기 위해 벌인 하나의 이벤트로 봐야할 것이다.

주

1 「광우병 안 걸리는 소 3년 내 탄생」, 『연합뉴스』, 2001. 2. 8.

2 유전자조작 식품에 대한 논의는 권영근 외, 『위험한 미래』, 당대, 1999 참조.

3 「황우석 '광우병 내성소' 실용화사업 탈락」, 『연합뉴스』, 2005. 1. 23.

4 레이 그릭스 외, 『탐욕과 오만의 동물실험』, 다른세상, 2005.

5 "Exposed: secrets of the animal organ lab", *The Observer*, 20 April, 2003.

6 이준헌, 「이종간 장기이식의 연구 동향」, 농업생명과학연구정보센터, 2005.

7 장기공급원으로 사용되는 동물로부터 바이러스·박테리아·곰팡이·기생충 등 각종 병원균들이 인간에게 전이되어 질병을 일으키는 현상.

8 「바이오장기 기술개발 및 산업화 동향」, 과학기술정책연구원, 2005, 37쪽.

9 「제1차 시민과학포럼: 돼지장기 인간이식 무엇이 문제인가」, 참여연대 시민과학센터, 2004. 2. 20.

10 「바이오 부문 부처별 업무 최종 확정」, 『전자신문』, 2004. 2. 24.

11 「황우석 "세계줄기세포은행 한국에 건립"」, 『연합뉴스』, 2005. 5. 25.

12 보건복지부, 「보도자료」, 2005. 10. 18.

13 김병수, 「배아복제 성공의 사회적 맥락: 젓가락 문화?」, 『사람』 2호, 2005. 8.

14 「황우석 연구 성과의 경제적 가치 및 시사점」, 『혁신정책 Brief』 4호, STEPI 혁신정책연구센터, 2005. 8. 19, 21쪽.

15 "Korean stem-cell lab will bypass ethical issues", *CanWest News Service*, October 19, 2005.

16 「한국은 복제, 미·영은 분화 '글로벌 분업'」, 『중앙일보』, 2005. 10. 20.

17 「세계줄기세포허브 문의 폭주……홈페이지 한때 다운」, YTN, 2005. 10. 20.

18 「서울대 의과대학 교수 20명 "배아줄기세포 응용 가능성 과장"」, 『동아일보』, 2005. 12. 22.

19 김옥주·이준석, 「영국의 줄기세포 연구에 관한 윤리와 법정책」, 『생명윤리』 6권 1호, 한국생명윤리학회, 2005, 173쪽.

20 「세계줄기세포은행, 황우석 줄기세포만 한정키로」, 『경향신문』, 2005. 9. 21.

2005년 11월 중순부터 12월 초순까지 '황우석 사태'는 한치 앞을 내다보기 힘들었다. 이 불투명한 시기에 언론계·정치계·종교계·학계를 대표하는 유명 인사들이 쏟아 낸 말들은 한국 사회 지식인들의 모습을 되돌아보게 만든다. 이들에 대한 평가를 독자들에게 맡기고자 필자들은 특별한 논평을 생략하고 기명 칼럼의 내용 일부를 발췌한다. 물론 여기에 기록한 지식인들이 전부는 아닐 것이다.

강원용

강원용 목사는 황우석 교수가 연구윤리를 위반한 사실을 지적한 〈PD수첩〉이 방영된 지 1주일이 지난 뒤 『동아일보』에 칼럼을 게재했다. 이 칼럼은 강 목사가 "생애 처음 신문사에 글을 쓰겠다고 요청"해 실린 것이라고 한다. 하지만 이 칼럼이 실린 시점은 이미 황 교수의 논문 조작에 대한 의혹이 높아지던 상황이었다.

'난자' 논쟁이 생명을 아끼려는 데서 제기된 윤리 문제라 할지라도 눈에 보이지 않는 세포덩어리의 생명을 존중하는 일과, 난치병으로 골수에 사무치는 슬픔과 고통을 겪고 절망 상태에 빠져 있는 수많은 환자와 그 가족들을 치유하고 돕는 일, 둘 중에 어느 것이 더 윤리적인가. '거짓말' 문제도 어떤 상황에나 똑같게 적용할 수 없다. 한국의 문화 풍토에서 난자 제공자의 요청에 따라 그 비밀을 지켜 주는 것이 당연히 윤리적이라고 생각한다…… 세계 종교, 아니 한국의 종교가 죽어 가는 생명을 위해 과연 구체적으로 어떻게 주장해 왔고 행동해 왔는지 심각한 반성을 해야 한다…… 우리는 그(황우석 교수)를 격려하고 적극적으로 도와 수많은 사람의 생명을 구하는 그의 연구에 지장이 없게 해 주는 것이 생명을 위한 윤리를 실천하는 길이 아니겠는가?[1]

김어준

2005년 11월 23일 황우석 교수의 난자 의혹을 다룬 〈PD수첩〉이 방영한 후부터 김어준 『딴지일보』 총수는 『딴지일보』, 『매일신문』, 『한겨레』에 수차례에 걸쳐 '황우석 사태' 관련 글을 기고했다. 비교적 초기에 발표된 처음 글은 그의 이후 행보뿐만 아니라 그의 마지막 글의 진정성을 의심케 한다.

말하자면 〈PD수첩〉은, 2002년 안정환의 이탈리아전 결승 헤딩골은 카메라 사각이어서 제대로 잡히지 않아 그렇지 사실은 안정환의 핸들링이었다는 것을 온갖 자료를 동원해 증명해 내고 또 손에 닿은 것을 알면서도 아무 말 하지 않은 안정환은 거짓말쟁이라는 걸 다큐멘터리로 만들어 입증한 꼴이다…… 〈PD수첩〉이 방송하지 않고 황 교수에게 조용히 조언할 순 없었나. 황우석 거짓말쟁이를 크게 외치는 게 목표가 아니라 결국 생명윤리 의식 고취가 목표였다면 말이다.[2]

사건 이면에 작동하는 기득의 역학은 정말 꼼꼼히 따져 보기는 하고 그리 자신 있는가 말이다. 어느새 서울대가 피해자가 되고 미국이 정의가 되고 방송국이 약자가 되는 구도에 진보진영이 절대 기여하는 이 웃지 못 할 아이러니의 자초지종은 정말 제대로 헤아려 보기는 했는가 말이다…… 알리바이부터 대자. 난 황우석 만난 적 없다. 그가 외친 국익도 사실 절대 관심사는 아니다. 하지만 난 황우석 사건이 이 땅의 좌우를 마구 뒤섞어 그 바닥을 여실히 드러내는 일대 사건이라 여긴다. 그래서 욕먹어 가며 쓰고 또 쓴다. 그리고 이 사건이 대한민국 기득 구조 한 편의 앙상하고 추한 몰골을 고스란히 드러낼 절호의 찬스라고 여긴다. 그래서 쓰고 또 쓴다. 내가 범 '우리 편'이라 굳건히 믿는 『한겨레』, 『오마이뉴스』, 『프레시안』의 늙은 진보가 슬프다. 그래서 쓰고 또 쓴다. 황우석 구실 삼아 쓰고 또 쓴다. 정체된 진보는 보수다. 씨바.[3]

김재홍

한때 유능한 기자였고 또 언론 개혁에 앞장섰던 지식인으로 꼽혔던 김재홍 열린우리당 의원도 황우석 교수를 보호하는 데 앞장섰다. 그는 11월 말 황 교수와 그 '열광'의 상태가 도를 넘어선 지지자들을 적극적으로 변호하는 글을 게재했다. 그는 며칠 후 '(가칭)황 교수를 돕는 국회의원 모임'에 이름을 올리기도 했다. 당시 사진을 보면 그를 맨 앞에서 찾아 볼 수 있다.

나는 황 교수와 그 지지자들에게서 국가주의가 아니라 오히려 인간주의의 정을 더 느낀다. 장애우와 난치병 환우들, 그리고 아직도 약소국인 조국에 대한 애틋한 사랑. 이것이야말로 과학자가 걸을 수 있는 진정한 인간애의 길이 아니고 무엇인가……나는 이 얘기를 황우석 교수의 연구에 대한 비판자들에게 꼭 해 주고 싶다. 세계적 권위를 인정받는 언론인 『뉴욕타임스』, 『파이낸셜타임스』, 『타임』 그리고 과학 학술지 『사이언스』가 모두 그의 연구 성과를 그대로 인정하고 올해의 최고 뉴스로 삼았다. 이른바 국제 기준의 원천인 그들도 공인하는 판에 국내에서 더 이상 시비하는 것은 진실 추구에 해당하지 않는다.[4]

송호근

1996년 『경향신문』을 시작으로 『동아일보』, 『조선일보』, 『중앙일보』, 『한국일보』 등에 칼럼을 기고해 온 송호근 서울대 교수는 이 시대의 가장 대표적인 교수 칼럼니스트 중 한 사람이다. 송호근 교수 역시 번지수를 잘못 짚었다. 또 평소 날카로웠던 비판의 화살은 본인과 황우석 교수에게는 뭉툭하기만 했다.

난자 파문이 결국 '국제적 난동'의 서막에 불과했다는 것을 깨닫는 순간 경악을 금치 못했다. 세계 석학들이 인정한 연구가 '가짜'라고 생각하는 것도 놀랍거니와, 방송 전문가가 과학 세계를 헤집고 다닌 과욕과 무지를 어떻게 이해할 수 있으랴. 〈PD수첩〉의 담당자는 DNA가 나선형이라는 정도는 알겠지만, 그것이 어떻게 생명의 신비를 뿜어내는지, 취재만 하면 다 밝힐 수 있다고 자신했는가? 그랬다면 '취재' 결과를 세계 최고의 저널 『사이언스』에 투고할 것을. 분수를 모르는 '경계 넘기'의 오만함, 늘 우려해 마지않았던 질투와 폭력의 심성이 결국 대한민국을 국제적 불신의 나라로 만들고 순진하다 할밖에 없는 과학자를 무고無辜의 공간으로 몰아갔다. 결과는 비참하다. 과학적 자산에 대한 국가 관리능력의 파산과 지적 권위를 난도질당한 대학의 '사회적 사망'이 그것이다.[5]

사랑은 과학이 아닙니다. 후회할 수는 있어도 왜 그랬느냐고 탓하지 못하는 게 사랑입니다…… 과학적 연구에 대한 비과학도의 검증, 연이은 과학집단의 최종 결재라는 이 거꾸로 된 과정에서 진리는 구출됐을지 몰라도 뭔가 약속의 빛줄기를 찾아 헤맸던 국민의 결핍증은 더 심해졌습니다. 방송사가 승전의 표정을 내비칠수록 가슴이 미어지는 이유입니다. 이 결핍증은 여전히 남아 또 다른 상징을 찾아 헤매도록 재촉할 것입니다. 누군가 다시 나타나겠지요. 진짜 사랑을 위해 오늘은 황 교수와 이별합니다. 이별에는 의식儀式이 필요하지요. 황 교수, 따끈한 국물이라도 함께합시다, 새해 초심으로 돌아가서.[6]

유창선

2005년 12월 4일, YTN의 이른바 '청부 취재'가 보도된 후, 숨죽이고 있던 몇몇 지식인들은 그거 보라는 듯 글을 쓰기 시작했다. 그중에 한 사람이 유창선 박사다. 그는 12월 5일 『오마이뉴스』에 "설마하니 황우석 교수팀 수십 명의 연구원들이 전 세계를 상대로 사기를 쳤을까. 그것이 과연 가능한 일일까"라는 문장으로 시작하는 '진보'를 질타하는 칼럼을 기고했다. 다행스럽게도 그는 3개월 후 반성문을 썼다.

이번 논란의 과정에서 필자가 발견한 것은 '화석화된 진보주의' 였다. 진보론자들은 판에 박은 정치적 예단으로 자신들만의 '좁은 연대'를 시도했다. 그러나 합리성이 결여된 그 같은 정치적 연대는 실패로 끝나고 말았다. 과학적 진위의 문제조차도 정치적 가치의 문제로 환원시키려 했던 오류의 결과였다…… '일그러진 진보주의'의 실패는, 변화하는 시대에 맞추어 진보론자들의 사고 역시 변화해야 한다는 성찰적 과제를 던져주고 있다. 과거의 패러다임과 관성에만 갇혀있는 한, 미래는 이들의 것이 될 수 없다.[7]

『오마이뉴스』에 석 달 만에 칼럼을 쓴다. 잘못된 글에 대해 책임을 지고 자중하는 뜻으로 그동안 『오마이뉴스』에 칼럼을 쓰지 않았다. 이 기회를 통해 석 달 전에 썼던 필자의 칼럼 내용에 대해 사과를 드린다.[8]

이덕환

이덕환 서강대 교수는 국내에서 과학 대중화에 관한 가장 영향력 있는 과학자

중 한 사람이다. 그는 평소 정부의 과학기술정책, 언론의 과학 보도, 시민단체 등에 대해서 쓴 소리를 아끼지 않는 과학계의 권력자다. 하지만 그 역시 황우석 교수를 보호하는 데 앞장서다 나중에 입장을 바꿔 황 교수 비판에 나서기도 했다. 그토록 비판하던 언론과 생명윤리학계, 또 실험실 내부의 제보자가 진실을 규명하는 데 큰 역할을 한 사실이 드러난 지금 그는 무슨 생각을 하고 있을까?

황우석 박사는 (방송국이) 의심을 했었다는 이유만으로 공식적으로 제기되지도 않은 의혹에 대해 해명해야 하는 난처한 입장이 됐다. 지금까지의 논란으로 발생한 피해만 하더라도 엄청나다. 황 박사만의 문제가 아니다. 우리 과학기술계와 정부와 기업과 사회가 모두 엄청난 피해를 입었다. 협박까지 동원된 무리한 취재로 불거진 단순한 사건치고는 그 피해가 너무 심각했다. 정말 용서받기 어려운 일이다 …… 연구실에서 함께 일하던 제자들의 배신이 꼬리를 물고 있다 …… 무조건 색안경을 끼고 현대 과학을 폄하하는 일부 몰지각한 학자들도 각성해야 한다. 생명 윤리는 누구나 관심을 가져야 할 중요한 문제다. 그러나 아무런 근거도 없이 마구 몰아붙이기만 하는 자세도 역시 비난받아야 한다.[9]

우리 과학계는 스스로 논문 조작 사실을 인정한 황 박사가 스스로 물러나야만 한다고 믿을 수밖에 없는 입장이다. 그것이 세계 과학계의 확고한 관행이기 때문이다. 황 박사가 처음부터 논문을 발표하지 않았더라면 사정은 전혀 달랐을 것이다 …… 학술 논문을 조작해서 전 세계의 과학자를 속이려 했던 학문적 범죄 행위에 대한 세계 과학계의 관행은 너무나도 분명하다. 과학계에서 스스로 물러나도록 하는 것이다. 그것이 실질적인 사법권을 가지고 있지 않은 세계 과학계가 행사할 수 있는 최소한의 요구다 …… 만약 우리 과학계가 우리만의 '국익'을 위해서 분명하게 확립된 과학계의 관행을 무시한다면 문제는 대단히 심각해진다. 우리 과학계 전체가 세계에서 '퇴출'

당할 수밖에 없다. 우리 과학계 모두가 황 박사의 의도적인 논문 조작의 공범이 되는 셈이기 때문이다.[10]

이영순

이영순 서울대 교수는 서울대 수의과대학 IRB 위원장을 맡고 있는 과학자다. 그 역시 11월 말 황우석 교수를 노골적으로 옹호하는 칼럼을 가장 영향력 있다는 신문에 게재했다. 그 외에도 과학계의 수많은 핵심 인물들이 황 교수를 보호하기 위해 앞장섰지만, 이영순 교수의 기명 컬럼은 두드러진다. 이들을 보는 과학계는 절망했다.

같은 대학에서 황우석 박사의 연구와 실험에 대한 전 과정을 살펴본 필자가 단언컨대, 출발점부터 현 단계에 이르기까지 그 연구팀의 연구는 가장 윤리적이고 인간적인 것이었다…… 연구원이 스스로 난자를 제공해 실험에 사용한 것은 강요나 협박 또는 영리 목적의 대가에 따른 것이 아니다. 오히려 숭고함을 겸비한 프로페셔널리스트들의 적극적 자세로 평가받아야 할 일이다…… 연구팀의 연구 경과는 법 규정이나 서양의 잣대로는 평가할 수 없는 영혼이 깃든, 너무나 윤리적이고 너무나 인간적인 '영혼의 오케스트라' 였음이 자명하다.[11]

홍혜걸

홍혜걸은 의학 담당 기자 중에서 대중적으로 가장 이름이 알려진 이다. 그는 11월 말 황우석 교수를 보호하는 데 가장 앞장섰다. 그는 2005년 11월 24일

MBC 〈100분 토론〉에 출연해 "진실보다 국익이 중요하다"고 서슴지 않고 얘기했다. 같은 시점에 그는 다음과 같이 애국주의를 선동하는 글을 썼다.

줄기세포 연구는 반만 년 이래 한민족이 인류에 기여할 수 있는 최초의 기회다. 우리가 뿌린 씨앗인데 남들에게 열매를 빼앗길 수 없다. 먼저 분열된 국론을 통일해야 한다. 지금은 윤리적 비판보다 황우석 박사에 대한 격려가 우선이다……그들에게 다시 기회를 줘야 한다……황우석 박사는 연구에 더욱 매진해 난치병들을 하루빨리 정복해 주길 바란다. 그것만이 자중지란으로 땅에 떨어진 한국의 위상을 회복하는 길이다.

1 강원용, 「난치병 치유도 '생명윤리'다」, 『동아일보』, 2005. 12. 1.
2 김어준, 「계산논단: 황우석 사태 관전기」, 『매일신문』 인터넷판, 2005. 11. 29.
3 _____, 「'우리편' 유감」, 『한겨레』, 2006. 2. 24.
4 김재홍, 「난 황 교수와 지지자들에게 '인간주의'를 느낀다」, 『오마이뉴스』, 2005. 11. 30.
5 송호근, 「PD, 실험 가운을 입다」, 『중앙일보』, 2005. 12. 7.
6 _____, 「새해에 부르는 이별노래」, 『중앙일보』, 2006. 1. 4.
7 유창선, 「황우석 몰아세운 '일그러진 진보주의'」, 『오마이뉴스』, 2005. 12. 5.
8 _____, 「그날의 골프엔 오만과 둔감성이 있었다」, 『오마이뉴스』, 2006. 3. 8.
9 이덕환, 「"불신을 걷어내고 본업에 충실해야"」, 『사이언스타임즈』, 2005. 12. 5.
10 _____, 「황우석 박사에게 기회를 줄 수 없는 이유」, 『사이언스타임즈』, 2006. 2. 27.
11 이영순, 「반황우석 세력의 비윤리적 언행」, 『조선일보』, 2005. 11. 26.
12 홍혜걸, 「연구는 계속돼야 한다」, 『중앙일보』, 2005. 11. 24.

9장

과학기술동맹과 의료시장화

2004년 8월 어느날 황우석 교수는 광양만 하늘을 날고 있었다. 하늘을 날고 있는 헬기 안에는 황 교수 이외에도, '황우석 후원회' 회장인 김재철 무역협회장과 유상부 포스코 고문 등의 경제인들 그리고 정찬용 당시 청와대 인사수석과 정태인 당시 대통령 직속 동북아시대위원회 기획조정실장 등 정부 핵심 관계자도 함께 있었다. 헬기까지 동원된 이날 답사의 목적은 광양시 지역 3개 면에 걸쳐 분포된 서울대 연습림 부지가 황 교수가 연구와 치료를 병행할 연구센터 부지로 적합한지 살펴보는 것이었다. 황 교수의 연구에 재계와 정계가 얼마나 관심을 가지고 있는지 다시 한 번 확인할 수 있는 장면이었다.

이날 정찬용 수석의 발언은 눈길을 끌었다. 그는 "전국에서 몇 군데의 후보지를 물색하고 있으며 이 가운데 광양 지역도 유력한 후보지로 꼽히고 있다. 청와대 차원에서 전남 유치에 적극적인 관심을 갖고 있다"고 말했다.[1] 지역 개발을 내세워 전남 지역의 민심을 사려는 정치적 발언이라고 여겨지는데, 여기에 황 교수 연구시설 건립까지 동원된 것으로 보인다. 그러나 황 교수에게도 나쁘지 않은 일이었다. 황 교수의 연구를 지원하기 위한 연구센터 부지를 물색하는 데 청와대까지 적극 나서고 있었으니 말이다.

황우석 교수가 광양만을 날게 된 사연

하지만 정치권과 황우석 교수 사이의 밀착 관계 이외에도 주의 깊게 살펴봐야 할 것이 따로 있었다. 정부와 재계가 황 교수 연구치료센터의 후보지로 물색하고 있다며 거론하고 있는 지역들의 성격이다. 위 소식을 보도한 『광주일보』에 의하면, 황우석 연구팀과 정부는 연구치료센터 부지 선정을 위해서 광양 외에도 인천과 제주를 함께 검토하고 있다는 것이다. 그런데 이들 3개 지역에게는 공통점이 있었다. 모두 영리 목적의 병원 설립이 허용될 가능성이 높은 곳이라는 점이다.

인천과 광양은 2003년 말 〈경제자유구역의지정및운영에관한법률(이하 '경제자유구역법')〉이 통과되면서 경제자유구역으로 지정됐다. 이어서 보건의료단체들의 격렬한 반대 속에서 인천은 2004년 말 〈경제자유구역법〉 재개정으로 영리 목적의 외국 병원[2]의 설립이 이미 허용된 곳이다. 광양도 조만간 그 뒤를 따를 것으로 예상된다. 제주도 역시 마찬가지다. 정부는 2005년 중반부터 제주도를 자치입법, 조직 및 인사, 재정 등에 대한 폭넓은 자치권이 허용·강화되는 특별자치도로 만들면서, 제주도에 한해서 병원의 영리법인화를 허용하는 법안을 입법 예고했다.[3] 결국 이 법이 통과되면서 제주도에도 2006년 2월 외국 병원을 대상으로 영리법인화가 허용됐다.

그런데 황우석 교수의 줄기세포 연구 및 치료센터 부지로 거론된 지역들이 모두 병원의 영리법인화가 허용됐거나 추진되고 있는 곳이라는 점은 우연의 일치일까? 결코 그렇지 않다. 오히려 이 점은 황 교수의 줄기세포 연구가 나아가고 있었던 길이 무엇인지를 보여 주는 하나의 단서일 뿐이다. 그 단서를 좇아서 좀 더 나아가 보자.

병원 영리법인화의 돌파구, '황우석 의료도시' 구상

2004년 말 국회 안팎은 〈기업도시법안〉을 두고 진통을 겪고 있었다. 정부와 재계는 경제를 살리고 무엇보다도 낙후한 지역을 개발하기 위해서는 이 법이 필요하다고 주장했다. 반면 노동·교육·보건·환경단체 등과 민주노동당은 '재벌특혜법'이라며 격렬하게 반대했다. 결국 정부·여당은 기업도시추진계획의 큰 틀은 그대로 두되 반발이 거센 몇 가지는 철회하겠다며 한 발 물러났다.

그런데 법안이 수정되면서, 애초에 있었던 기업도시 내 병원의 영리법인화를 허용하는 조항이 삭제됐다. 병원의 영리법인화 조항은 보건의료를 시장에 내던져 의료의 공공성을 무너뜨리게 될 것이라고 보건의료·노동·시민단체의 거센 반발에 부딪혔고, 여당 내부에서도 지나친 조항이라고 비판받았기 때문이다.

하지만 애초 이 법안을 대표 발의한 열린우리당 이강래 의원은 수정된 법안에서 병원 영리법인화 조항이 빠진 것에 대해 아쉬움을 표시했다. 그는 기업도시의 모든 병원을 영리법인화하는 것이 불가능하다면, "황 교수의 줄기세포 연구를 이용한 특수병원"만이라도 영리법인화할 수 있도록 하자고 제안했다.[4]

이것이 소위 '황우석 의료도시' 구상이다. 구상의 구체적인 내용도 언론을 통해서 흘러나왔다. 법안 수정안이 나온 당일 『국민일보』는 "현재 첨단 의료기술 발달에 필요하다고 인정되고 전체 의료수입 중 비보험 의료행위에서 얻어지는 수익의 일정 비율 이상이 해당 도시 발전에 기여할 경우, 복지부 장관이 예외적으로 특수전문병원 설립과 수익금 전출의 허용을 검토"하겠다는 이강래 의원의 발언을 보도했던 것이다.[5] 즉 황 교수의 줄기세포 연구에서 얻어진 첨단의료기술을 이용해 벌어들인 막대한 수익을 도시 기반시설에 투자할 수 있도록, 병원 영리법인화를 제한적으로 허용하자는 것이었다.

황우석 교수의 연구가 언제 실용화될지 장담할 수 없는 상황에서 나온 탁상공론식 구상에 가까운 것이기는 하지만, 정부·여당 일각에서는 꽤나 진지하게 논의했던 것으로 보인다. 하지만 그해 말에 통과된 〈기업도시특별법〉에 결국 이강래 의원의 제안은 반영되지 않았다. 그렇다고 해서 '황우석 의료도시'의 구상이 완전히 사라진 것은 아니다. 박기영 전 보좌관은 산업연구원을 통해서 의료클러스터 추진에 대한 정책 연구를 진행하여 2005년 2월 그 결과를 국회의원들이 참여하는 포럼에 발표하면서 공론화에 나섰다.[6] 또한 인천 경제자유구역청은 2005년 10월 '인천 바이오메디컬 허브'를 구축해서 황 교수의 '재생의학연구센터'를 설치할 계획을 밝히기도 했다.[7]

노무현 정부의 의료산업화정책

노무현 대통령은 취임 2주년을 맞아 2005년 2월 국정연설에서 "의료산업을 전략사업으로 육성해 해외로부터 의료산업에 돈이 들어오게" 해야 한다고 천명했다. 이후 몇 달간의 준비 끝에 그해 10월 대통령 직속으로 '의료산업선진화위원회'가 구성됐다. 보건복지부는 위원회를 출범시키면서 보도자료를 통해 "의료산업을 획기적으로 육성하고 수준 높은 의료서비스를 제공"할 것이라고 설명했다.[8]

이 위원회가 다루게 될 의제는 그동안 의료산업화정책을 위해서 산발적으로 검토·추진됐던 내용들을 총정리한 것이었다. 재계와 일부 병원·의료인들이 추진하고 있던 병원 영리법인화와 민간 의료보험 도입뿐만 아니라, 앞서 이강래 의원 등이 제안했던 첨단의료복합도시를 조성하는 문제도 포함돼 있었다. '황우석 의료도시'의 구상은 '의료복합도시'라는 의제로 되살아났을 뿐만 아니라, 정부가 핵심적으로 추진하고 있는 의료산업화정책의 일환으로 구조화돼 나타난 것이다.

위원회 구성의 면면을 살펴보면, 학계 대표로 황우석 교수가 참여하고 있었다. 병원 영리법인화의 주창자이기도 한 노성일 미즈메디병원 이사장도 의료계를 대표하는 민간위원 중 하나였다. 또한 황 교수의 든든한 후원자로 알려진 조중명 크리스탈지노믹스 사장[9] 역시 제약업계 대표 중 한 명으로 참여하고 있었다. 여기에 더해 박기영 전 보좌관은 위원회를 운영하는 3인의 공동간사 중 한 명이었으며, 위원회 산하에 설치된 의료산업발전기획단에서는 공동단장을 맡고 있었다.

그런데 노무현 정부의 의료산업화정책은 어디에서 유래된 것일까? 진보적 성향의 의사·약사들로 구성된 보건의료단체연합은 노무현 정부의 의료산업화정책은 "삼성의료공화국 만들기 정책"일 뿐이라는 견해를 제시했다. 이들은 2005년 9월 기자회견을 통해 삼성생명 내부 전략보고서를 폭로하면서, 의료산업화정책은 삼성병원과 삼성생명을 중심으로 구성된 '삼성의료체계'로 공공의료체계를 대체하고 시장화해서 보건의료 영역을

이윤 추구의 장으로 변질시켜려는 의도가 반영된 것이라고 단언했다.[10]

이런 주장을 뒷받침하기 위해서 제시된 근거는 사뭇 충격적이다. 보건의료단체연합은 삼성 측의 발언 및 정책보고서, 그리고 정부 측 인사의 발언과 발표한 정책들을 정밀하게 비교한 결과 삼성이 제안한 의료산업화 정책이 거의 그대로 정부정책으로 수용됐다고 주장했다. 특히 의료산업화정책을 추진하는 핵심 인사들이 필요성과 근거로 제시하는 내용들이 삼성에서 제시한 그것과 토씨 하나 틀리지 않고 똑같더라는 것이다.

사례를 하나 살펴보자. 2004년 6월 이종철 삼성서울병원 원장은 『중앙일보』 시론에서 "의료가 산업화라는 과정을 통해 발전해야 한다"[11]고 강조했고, 7월에 정구현 삼성경제연구소 소장은 『한국경제』 포럼에서 "똑똑한 학생들이 의과대학에 가지만, 동아시아에서 가장 탁월한 의료서비스를 제공하도록 키우지는 못하고 있다"[12]고 개탄했다. 이에 2005년 2월 노무현 대통령은 취임 2주년 국정연설에서 "우수한 인재가 의과대학로 몰린다고 한탄할 게 아니라 의료산업을 전략산업으로 육성"하자고 화답했다. 또한 박기영 전 보좌관도 2005년 3월에 있었던 한국제약협회 CEO 조찬강연에서 "우리나라 의료서비스산업인 의과대학은 우수 인력이 많기 때문에 잘 활용할 경우 강점이 많다"고 거들었다.

여기에 의료산업화반대운동에 적극적으로 활동해 온 우석균 보건의료단체연합 정책국장은 씁쓸한 경험을 보탰다. 그는 2005년 5월 어느 날 병원의 영리법인화 문제 등으로 시민단체 대표들과 함께 김병준 전 청와대 정책실장을 만났다는 것이다. 이 자리에서 김 전 정책실장은 의료산업이 핵심적인 국가산업이 되어야 한다는 확신을 피력하면서, "우리 회장님의 말씀처럼 10년 후에 우리는 무엇을 먹고 살 것인가? 의료산업화는 바로 이를 위한 것입니다"고 말했다는 것이다.

김병준 전 청와대 정책실장이 말했다는 "우리 회장님"이란 누구를 말하는 것일까? 우석균 정책국장은 이는 말할 것도 없이 삼성 이건희 회장을 지칭하는 것이라고 단언했다. 또 "말씀"이란 것은 이 회장이 2002년 5

월 삼성 금융계열사 사장단 회의에서 했다는 발언이라고 주장했다. 이건희 회장은 이 회의에서 "10년 후 우리는 무엇을 먹고 살 것인가?"라는 화두를 던졌다고 한다. 우석균 정책국장은 "청와대 핵심 정책입안자라는 사람이 '우리 회장님의 말씀' 운운하는 것을 보고 기가 막혔다. 노무현 정부의 의료산업화정책이 얼마나 삼성의 입김과 영향력하에 있는지를 결정적으로 보여주는 것이 아니냐"며 씁쓸하게 웃었다.[13]

시장주의 노선을 선택한 황 교수

황우석 교수는 2005년 초 『조선일보』가 주최하는 간담회에 황창규 삼성전자 반도체 총괄 사장, 임상규 과학기술부 기술혁신본부장과 함께 참여했다. 조선일보가 '아젠다, 이것만은 풀자'라는 기획하에 잇달아 마련하고 있는 간담회의 이날의 주제는 '첨단 과학기술 육성'이었다. '투 황Two Hwang이 한국을 먹여 살린다'는 말이 회자되고 있었던 시점에서, 정보통신산업의 대표적 인물이라고 할 황창규 사장과 생명공학산업의 대표 주자인 황 교수가 마주 앉은 것만으로 눈길을 끌었다.

이 간담회 자리에서는 우리나라에서 앞서고 있는 정보통신산업에 생명공학산업이 결합해야만 한다는 진단과 처방도 나왔고, 첨단과학기술산업을 육성하기 위한 정부·기업의 역할 분담론도 제기됐다. 또한 몰락해 가는 중소기업 지원도 다시 언급됐고, 수도권에 기업연구센터를 허용해달라는 업계의 숙원 사항도 제시됐다.[14]

이 자리에서 황우석 교수는 "'영리 목적의 의료법인을 금지'하는 현행 제도·법 가지고는 보건의료산업이 발전할 수 없다. 평등주의처럼 재검토해야 한다. 누구에게도 도움이 안 되는 제도라면 아픔을 겪더라도 껍데기를 깨야 한다"고 주장했다. 조선일보의 기획 자체가 "규제를 풀자"라는 것을 감안하거나, 이어서 임상규 본부장이 "의료·교육시장 개방은 국회·여론이 뒷받침해 줘야" 하며 "용기 있는 지도자들이 많이 나와 컨센서스를 확산시켜야 한다"고 주장한 것을 보면, 황 교수의 발언이 맥락 없이 나온 것은 아니었다.

오히려 그는 '병원의 영리법인화를 금지하는 제도'가 "누구에게도 도움이 되지 않는" 것이라고 확신을 갖고 이야기했다. 또 그날 일회적으로 나온 발언도 아닌 듯했다. 황 교수는 병원의 영리법인화 등을 주요 의제로 삼는 의료산업선진화위원회에 참가하고 있었기 때문이다. 병원 영리법인화가 의료 양극화를 불러오고 공공성을 파괴할 것이라며 격렬히 논쟁을 하고 있는 마당에, 이처럼 확신에 찬 황 교수의 발언은 놀라운 것이었다. 게다가 그는 보건의료 영역에서는 문외한이라고 해야 할 상황이 아닌가?

최은희 민주노동당 정책국장은 이런 황우석 교수를 두고 "보건의료·생명공학산업이라는 도박판에서 판돈을 올리는 조커" 같은 존재라고 평가했다. 의료를 산업화·시장화하려는 정부나 재계에서 황 교수는 더 이상 바랄 것 없는 훌륭한 명분이 되고 있기 때문이라는 것이다. 틀리지 않는 말이다. 박인출 보건산업벤처협회장은 신문 칼럼에서 의료산업의 경쟁력을 높이기 위해서 병원의 영리법인화가 필요하다고 주장하면서 황 교수를 끌어들였다. "황 교수 같은 생명공학산업 분야의 세계적인 연구자들의 업적이 더욱 빛을 보려면 경쟁력 있는 병원들과 상호 연계를 통해 구체적인 성과를 보일 때 생명공학산업의 발전이 더욱 가속화될 것"이라고 주장한 것이다.[15]

황우석 교수가 병원의 영리법인화를 주장하고 나선 것을 이해할 수 있는 실마리가 여기에 있다. 다른 신약들도 마찬가지겠지만, 줄기세포 치료제는 임상에서 환자에게 사용되기까지는 장기간의 임상시험과 이에 필요한 자금이 필요하다. 게다가 아직 줄기세포를 원하는 세포나 조직으로 안전하게 분화시키고 통제할 수 있는 기술이 없기 때문에 기초 연구에도 상당한 시간과 자금이 필요한 상황이었다. 황 교수는 여기에 필요한 자금을 의료산업화정책, 특히 병원 영리법인화 방안에서 찾고 있었던 것이다.

기업들의 입장에서 황우석 교수의 줄기세포 치료제는 아직은 실현 가능한 주요 상품 항목에 들어와 있지 않았던 것 같다. 일반적인 신약 개발에도 어려움을 겪고 있는 상황에서, 조심스럽게 접근하고 있는 듯했다.[16]

하지만 의약품산업, 의료서비스산업에 자본을 투자할 때, 보다 빠른 자본 회수와 보다 많은 이윤 창출을 위해서 보건의료의 최종 소비공간인 병원을 영리적 공간으로 만드는 것에는 지대한 관심을 갖고 있었다. 또한 정부도 의료산업화정책을 통해서 이런 관심사를 적극적으로 반영했다.

이 점에서 황우석 교수와 재계 및 정부의 이해 관계가 맞아떨어진 것이다. 황 교수는 자신의 연구를 지원하고 실용화하는 데 필요한 자금—거기에 정책적 지원까지—을 지원받고, 재계와 정부는 대 국민적인 설득력과 정당성을 가진 황 교수라는 '명분'을 가지고 의료산업화정책을 추진할 수 있었기 때문이다. 게다가 줄기세포 연구가 성과를 얻는다면 그 또한 좋은 일이지 싫어할 일은 아니지 않은가? 이런 계산법하에 황 교수는 자신의 연구를 진척시키고 실용화시키는데, 자신이 선택할 수 있는 두 가지 중 시장주의 노선을 택한 것이었다.

약 가격 통제하는 특허권

과학기술이 인간과 환경을 위해서 쓰여야 한다는 신념으로 오랫동안 활동해 오던 김환석 시민과학센터 소장은 2005년 8월에 개최된 토론회에서 시민단체들에게 생명공학감시운동의 방향 전환을 주문했다. "지금껏 생명공학에 대한 시민단체들의 활동은 인간배아의 도덕적 지위를 둘러싼 생명윤리에 초점을 맞춰져 왔다. 그러나 그것은 이제 종교계 등에서 다룰 문제로 남겨 두어야 한다. 시민단체는 이제 줄기세포 연구의 성과가 사회 구성원에게 골고루 돌아갈 수 있는지에 눈길을 돌려야 한다"고 주장했다.[17] 즉 '부자의 과학, 빈자의 과학' 문제를 살피라는 것이다.[18]

이미 우리 사회에는 이와 유사한 문제를 경험한 바 있다. 만성 골수병 백혈병 치료제로 개발돼 '기적의 신약'으로 불리던 글리벡에 대해서 다국적 제약업체인 노바티스는 대부분의 환자들이 지불할 수 없는 높은 가격을 책정했다. 하루 4~8알씩 매일같이 먹어야 하는 글리벡은 하루 약값만 10만~20만 원, 한 달에 환자들이 지불해야 할 돈은 300만~600만 원에 달했던 것이다. 이쯤 되자 '기적의 신약'이 아니라, 오히려 약이 있어도 돈이 없어 못 먹고 죽어야 하는 가증스런 '죽음의 신약'이라고 불리게 됐다.

노바티스가 죽음을 앞둔 환자를 대상으로 글리벡에 엄청난 가격을 매겨도 정부가 어찌해 볼 방안이 별로 없었던 것은 특허권과 이를 강제하는 WTO 체제 때문이었다. 글리벡에 대한 생산·공급은 노바티스사만 할 수 있었고, 환자들의 경제적 부담이야 아랑곳하지 않고 자신들의 투자 자본에 대해 가장 빠른 시일 안에, 또 가장 많은 이윤을 올릴 수 있는 가격을 제시했던 것이다. 이런 터무니없는 가격에 대해서 다국적 기업과 싸울 생각을 하지 못하는 정부는 재정 부담을 이유로 건강보험의 혜택을 받을 대상자 수를 제한함으로써, 다시 한번 환자들을 분노케 했다.[19]

줄기세포 분야 기술에도 이미 전 세계적으로 많은 수의 특허가 출원되고 있다. 과학기술부 산하의 생명공학정책연구센터가 '줄기세포Stem cell'라는 키워드를 통해서 1998년부터 2005년 6월까지 확인한 전 세계의 특허 출원 건수만 해도 5천여 건에 달한다. 시야를 좁혀서 우리나라만 보더라도, 해외에 출원된 줄기세포 국제 특허는 총 18건이다. 정부나 기업들은 전 세계 줄기세포 특허에서 한국 특허가 차지하는 수가 적다는 점을 오히려 보다 많은 투자와 적극적 연구가 필요하다는 근거로 제시했다. 국내에서 해외에 출원된 특허의 대부분은 개인이나 민간기업의 것이다.[20]

황우석 교수의 특허는 특별히 세간의 관심을 끌었다. 황 교수가 특허 출원 비용이 너무 비싸서 특허를 포기할지도 모른다고 호소했기 때문이다. 이에 2004년 말, 한 독지가가 6억을 특허 경비로 내놓아 화제가 되기도 했다. 2005년 5월 김희정 한나라당 의원은 "황우석 교수를 위해 특허 지원 펀드"를 만들자고 제안하기도 했다.[21] 특허 출원 비용이 없어서 세계적인 우리 기술을 잃을지도 모르는데 정부는 뭐 하냐는 비난이 일자, 정부는 최대 20억 원에 달하는 특허 출원 비용을 지원할 방안을 강구하기에 이르렀다.

황우석 교수가 2005년 9월까지 국내외에서 획득한 특허 건수는 모두 14건으로 알려져 있었다. 그중에서 2006년 6월까지 국내에 등록된 특허는 모두 다섯 개로서, 주로 체세포 핵이식을 통한 복제소 '영롱이'를 만들어 낸 기술과 관련된 것들이었다.[22] 이 특허들은 서울대 안에 별도 법인으로 설립된 산학협력단의 명의로 등록돼 있었다. 그러나 애초부터 황 교수의 연구가 서울대 산학협력단 명의로 됐던 것은 아니었다.

2002년까지의 특허는 모두 황우석 교수 개인 명의로 출원이 이루어졌다. 이것은 공무원의 발명은 국가로 귀속하도록 되어 있는 법 규정을 어긴 것으로 문제가 될 사안이었다.[23] 교육부와 서울대는 2003년도 1월에 서울대 산학협력단을 설치해 대학 소속 교수 개인 명의의 특허를 명의 이전하도록 했다. 황 교수도 2004년도 8월에 특허 네 개를 명의 이전했다. 그러나 산학협력단이 출범한 2003년도 1월 이후에도 황우석 개인 명의로 출원된 특허가 확인되고 있다.[24]

그런데 사람들은 황우석 교수의 특허가 서울대 산학협력재단 명의로 등록된 것이 특허의 공공적 관리·활용을 보장할 것이라고 믿는 듯하다. 글리벡에 대한 특허가 다국적기업에 의해서 사적으로 소유되어 있는 것과 비교하면서, "황우석 특허가 국립대 소속 재단의 명의로 등록되어 있으니 그나마 다행"이라는 것이다. 국립대 소속 재단이 사기업처럼 돈을 벌기 위해서 환자들에게 야박하게 특허권을 행사하지는 않겠지 하는 믿음 때문이었을 것이다.

하지만 황우석 교수의 특허가 비록 서울대 산학협력단이라는 공적 기관에 의해서 관리된다고 하더라도, 특허 자체의 독점적 권리의 속성은 없어지지 않는다. 황 교수의 특허에 대한 사용권자가 이윤을 극대화하는 시장독점적 방식으로 특허를 사용한다면, 연구 성과가 모든 이들에게 향유될지는 의문시될 수밖에 없다. 글리벡의 경우처럼 경제적 능력이 없으면 줄기세포 연구 성과를 이용하는 데 큰 어려움이 따를 것이다. 정부의 태도는 이런 의문을 더욱 강하게 갖게 했다. 2005년 6월 특허청은 보도자료를 통해 황 교수의 특허가 대학 명의로 되어 있다고 하더라도 기업이 사업화해 이윤을 창출하는 데 전혀 문제가 없다는 점을 강조했기 때문이다.[25]

한편 이번 '황우석 사태'를 통해서 2004년도 논문과 관련된 특허 출원에서 정당치 못한 뒷거래가 있다는 점도 드러났다. MBC 〈PD수첩〉은 2004년도 연구를 위해서 노성일 원장이 매매된 난자를 제공하는 중요한(?) 기여를 했음에도 논문의 공저자로 등록되지 않는 대신, 출원된 특허 지분의 40%를 갖기로 했다고 주장했다. 서울대 산학협력단은 기술 개발 과정에서의 기여 혹은 특허 출원 비용 등을 부담하는 경우에 사적 개인도 국립대 교수가 발명한 특허 지분을 가질 수 있다고 설명했다. 그러나 서울대 산학협력단은 특허 출원 이후 거의 2년이 지나도록 노성일 이사장과 계약서를 작성하지 못했다.[26] 그런데 노성일 이사장은 40%의 특허 지분을 자신이 모두 갖는 것이 아니라, 황 교수와 문신용 교수 각각 1/3씩 나누기로 했다고 주장했다. 만약 이것이 사실이라면 국립대 교수는 자신 명의의 특허를 갖지 못하도록 한 규정을 위반하는 것이 된다. 그리고 황 교수가 자신의 모든 특허를 국가 소유로 돌리고 있다는 공언은 거짓말이 되는 것이다.

시장화된 보건의료체계

GDP에서 의료비 지출이 가장 많은 나라가 미국이라는 사실은 아무도 부정하지 않는다. 하지만 미국인들이 세계에서 가장 양호한 건강 상태를 유지하고 있는 것은 아니다. 예를 들어 미국은 GDP 대비 의료비 지출이 15%로서 가장 높은 나라이지만, 기대수명은 77.1살이다. 그러나 영국은 의료비 지출 비율이 7.7%임에도 기대수명은 미국보다 높은 78.1살이다.[27]

미국 내에서도 미국식 의료체계의 실패를 인정하고 있다. 2005년 11월 한국에 방문한 힘멜스타인 David U. Himmelstein 미국 하버드대 교수는 "미국식의 의료서비스 산업화는 미국에서 개인 파산, 평균수명 증가율 축소, 유아사망률 증가 등을 가져왔다"고 주장했다. 보건의료단체연합이 주최한 '아시아보건포럼 2005' 토론회에 참가한 힘멜스타인 교수는 "1,700명의 파산자를 인터뷰한 결과 50% 정도가 의료비 때문에 파산했다"는 충격적인 사실을 전했다.[28]

이러한 문제에 대해서 보건의료정책 전문가들은 미국이 보건의료체계를 철저히 시장주의적 방식으로 운영하고 있기 때문이라고 분석하고 있다. 반면에 영국은 국가가 보장하는 공공의료체계로 운영하고 있기 때문에 비교적 성공했다는 평가를 받고 있다. 서울대 보건대학원 권순만 교수는 각국 의료체계의 성과를 평가하면서, "미국이 GDP의 15%를 상회하는 의료비를 사용하면서도 전 국민을 포괄하는 공적 의료보장체계가 부재하다는 점에서 미국 의료체계의 성과가 낮다"고 평가했다. 반면에 영국·프랑스·호주는 비교적 낮은 의료비로 전 국민을 포괄하는 의료보장체계를 갖고 있어서 성과가 높다고 평가했다.

한편 미국은 의료비 지출이 많은 만큼이나 의료기술 개발에 대한 투자도가 가장 높다. 정부 연구개발예산만을 살펴봐도, 보건 분야 전체 R&D 예산 중에 23.7%를 투자하고 있어서 주요 국가 중 가장 앞선 상태이다. 2003년도의 OECD 국가간 비교 통계를 보면, 영국의 보건의료 분야에 대한 정부 R&D 투자는 미국의 뒤를 이어서 15%를 차지하고 있다. 한편 프랑스는 5.8%를 투자해 우리나라의 9.3%보다 낮은 것으로 기록돼 있다.[29]

이런 비교 통계치와 유사하게, 주요 국가들의 의료산업 경쟁력도 비슷하게 평가되고 있다. 권순만 교수는 의료산업 경쟁력의 관점에서 주요 국가를 평가하면서, 미국은 제약산업과 의료기술에 있어서 세계적인 혁신을 선도하고 있으나 프랑스는 의료비용 억제에 정책의 우선 순위를 두어 의료산업의 경쟁력은 높지 않다고 지적했다. 반면 권 교수는 영국의 사례를 주목할 것을 주문했다. "영국은 조세로 운영되는 포괄적인 국가의료보장체계와 공공의료체계를 갖고 있으면서도, 동시에 제약산업과 바이오산업에 대한 전략적인 지원을 통해 의료산업의 경쟁력도 높다"는 것이다.

결국 이런 평가는 의료산업의 경쟁력을 강화하기 위해서—이 글의 주제와 관련해서 이야기하면, 첨단 의료기술인 황 교수의 줄기세포 연구를 실용화하기 위해서—선택해야 하는 보건의료정책이 반드시 시장주의 노선이어야 하는 것은 아니라는 점을 보여 준다. 충북대 의과대학 의료정보학 및 관리학 교실의 이진석 교수는 "첨단 의료기술력과 시장화된 의료체계의 결합이 꼭 필연적이지 않다. 의료기술 분야에서 앞서 나가면서 공공적인 의료체계를 구축한 영국이 그 반례이다"라고 강조하고 있다.[30] 영국과 같은 공공적인 보건의료체계를 구축하고서도 충분히 의료산업의 경쟁력을 높일 수 있다는 것이다. 그럼에도 황 교수는 공공적인 방식을 놔두고 줄기세포 연구의 상업화를 위해서 시장주의 노선을 택했다.

영리법인화된 병원과 경제적 능력에 따라서 차별적으로 가입할 수밖에 없는 민간 의료보험으로 대표되는 미국의 보건의료체계가 성공을 거두지 못했다는 것은 이미 언급했다. 특히 영리법인화된 병원을 통해서 비싼 민간 보험료를 지불할 수 있는 능력을 가진 사람들만이 엄청난 고가로 제공되는 첨단 의료기술에 접근 가능한 미국의 현실은, 이제는 결코 장담할 수 없는 황 교수의 줄기세포 연구의 미래를 보여 준다. 황 교수 연구가 이번 사태를 통해서 탈선하지 않고 계속 진행되어 성공했더라도, 돈 없는 환자는 줄기세포 연구의 성과를 결코 누릴 수 없을 것이다. 황 교수의 줄기세포 연구는 '부자의 과학'의 길로 들어섰기 때문이다.

주

1 「황우석 '연구개발센터', 광양 오나」, 『광주일보』, 2004. 8. 19. 한편 황우석 교수는 광양 방문 자리에서 자신의 연구와 치료센터에 필요한 부지로 1,000만 평이 필요하다고 밝히고 있어서 눈길을 끌었다.

2 개정된 법률은 외국 자본의 투자가 10% 이상이면 외국병원으로 간주하고 있다. 나머지 지분은 모두 국내자본이 가질 수 있기 때문에 사실상 국내 자본에 의한 병원 투자를 허용하는 것이다.

3 「제주특별자치도 의료 분야 설명 및 토론회」, 김종인·현애자 국회의원 주최, 국회의사당 3층 귀빈식당, 2005. 10. 24.

4 이강래 의원의 구상에 의하면, '황우석 줄기세포 특수병원'에서 얻어진 이익을 도시의 개발·지원에 투자할 수 있도록 하도록 하자는 것이다.

5 「[여의나루] 황우석 교수와 '의료도시'」, 『국민일보』, 2004. 11. 10.

6 산업연구원, 「의료산업 육성방안 연구: 중간보고(요약)」, 2004. 12; 박기영, 「의료산업의 전망과 발전전략」, 국회 싸이엔텍포럼, 2005. 2. 17.

7 인천경제자유구역청, 「인천 바이오메디컬 허브 구축계획(안)」, 2005. 10.

8 보건복지부, 「[보도자료] 범정부적 의료산업발전 및 의료제도 개선방안 마련을 위한 대통령 소속 의료산업선진화위원회 출범」, 2005. 10. 6. 정부의 의료산업화 추진 정책의 현황과 이에 대한 비판에 대해서는 다음의 글을 볼 것. 이진석, 「의료산업화 추진 현황과 쟁점」, 민주노동당 의료산업화정책 세미나, 2005. 10. 25; 이진석, 「영리법인 도입이 한국 보건의료체계에 주는 정책적 함의」, 건강형평성학회, 서울대 보건대학원, 2005. 10. 14.

9 황우석 교수와 조중명 사장의 관계에 대해서는 다음의 책을 볼 수 있다. 매일경제 과학기술부, 『세상을 바꾸는 과학자, 황우석』, 매일경제신문사, 2005, 74쪽.

10 건강권 실현을 위한 보건의료단체연합 등, 『삼성의, 삼성에 의한, 삼성을 위한 노무현 정부 의료산업화 반대 기자회견 자료집』, 2005. 9. 13.

11 이종철, 「의료 산업화, 더 미룰 수 없다」, 『중앙일보』, 2004. 6. 4.

12 「[한경 밀레니엄 포럼] 교육부총리 초청 : 반기업정서 조장하는 교육 곤란」, 『한국경제신문』, 2004. 7. 9.

13 우석균 인터뷰, 2005. 10.

14 「보건의료산업에 BT 있다……인프라 구축 서둘러야」, 『조선일보』, 2005. 1. 14.

15 박인철, 「병원 영리법인 허용 옳다」, 『문화일보』, 2005. 5. 16.

16 허호영, 「[보도자료/발표문 요약문] 변화하는 바이오산업에서 한국의 전략」, 전경련 제1차 Bio Executive Forum, 2004. 3. 17.

17 김환석, 『인간배아 연구, 이대로 좋은가』, 생명공학감시연대 토론회, 프레스센터, 2005. 8. 25.

18 _____, 「부자의 과학과 빈자의 과학」, 『한겨레』, 2005. 6. 7.

19 글리벡 문제 해결을 위한 사회단체공동대책위 준비모임, 「노바티스는 환자들이 살 수 있는 가격으로 약을 공급하라!」, 2001. 12. 17.

20 생명공학정책연구센터, 『BT 기술동향 보고서: 줄기세포』, 2005. 2.

21 『아이뉴스21』, 2005. 5. 29.

22 특허청 특허정보 검색사이트를 이용하면 찾을 수 있다(http://www.kipris.or.kr/new_kipris/index.jsp).

23 최순영 민주노동당 국회의원, 『2004년 국정감사백서 II』, 2004.

24 특허청 특허정보 검색사이트.

25 특허청 산업재산정책과, 「[보도 및 해명자료] 발명진흥법 개정에 대한 해명」, 2005. 6. 22.

26 서울대 산학협력단 R 변리사 전화 인터뷰, 2005. 12.

27 권순만, 「의료서비스산업의 발전방안」, 2005. 이하 권순만 교수의 견해는 이 글을 참조했으며, 별도로 인용하지 않을 것임.

28 「개인파산……평균수명 증가율 축소……유아사망률 증가……미국은 '한국의 모델' 아니다」, 『프레시안』, 2005. 11. 12.

29 국가과학기술위원회, 『2004년 국가연구개발사업 조사·분석·평가 및 사전조정 결과(안)』, 2004. 7.

30 이진석 교수 인터뷰, 2005. 10. 25.

10장

꺼지지 않는 열광과 위기의 민주주의

'황우석 사태'가 터지게 될지 꿈에서도 상상하기 힘들었던 2005년 가을, 아주 썰렁한 유머가 나돌고 있었다. 세계적인 줄기세포 연구자 황우석 교수와 당시 떠오르는 샛별 축구천재 박주영 선수 중에서 과연 누가 더 유명하냐는 거다. 정답은 황우석 교수. 한 경제신문사 과학부 기자들이 '황우석 띄워주기'를 위해 작심하고 쓴 책 『세상을 바꾸는 과학자, 황우석』[1]에 의하면 이유는 이렇다. 황 교수에게 물어보니 박주영 선수를 모른다는 것이었다. 반면에 박주영 선수는 황 교수 이름뿐만 아니라 그의 줄기세포 연구에 대해서도 알더라는 것이었다. 그러니 황 교수가 더 유명할 수밖에. 대단히 썰렁한 계산법이기는 하지만, 당시 황 교수의 유명세나 인기가 어느 정도였는지 충분히 보여 주고 있다.

언론은 2005년 『사이언스』 논문 발표 이후 불어온 황우석 교수에 대한 폭발적인 관심과 열광을 두고 '신드롬'이라고 이름 붙였다. '황우석 신드롬'에 필적한 것은 2005년 상반기 대중문화를 강타한 '삼순이 신드롬' 정도일까? 한 문화평론가는 '황우석 신드롬'을 일본 등에서 불고 있는 '욘사마 신드롬'에 비유하기도 했다. 그러나 '황우석 신드롬'은 대중문화 스타들의 그것보다도 더 고귀했다. 오히려 2002년 월드컵의 열광—민족적 자부심으로 가득찬 시민들이 시청 광장을 가득 메웠던 때와 비교하는 것이 더 적절할지 모르겠다. 그러나 그 불길한 기운을 예감했던지 일부 비판자들은 '황우석 쓰나미'라고 씁쓸하게 묘사했다. 2005년 초 15만 명의 사망자를 내고 200만 명의 이재민을 발생시킨 동남아시아 지진 해일의 파괴력과 비극에 비유하면서, 거대한 '황우석 신드롬'에 대한 우려를 조심스레 풀어놓았던 것이다.

신드롬의 지속

그러나 세상을 한 번 들었다 놓았다고 할 만큼 엄청났던 '황우석 사태'를 겪고 난 후에도 '황우석 신드롬'은 계속 되고 있다. 이를 어떻게 이해해야 할지 매우 당혹스러운 상황이다. 이전보다 더 큰 절망과 무기력감, 그리고 뜻 모를 두려움마저 느끼게 된다. 물론 황 교수의 논문 조작과 연구윤리 위반이 사실로 드러나면서 대중들이 겪을 실망감과 혼란은 충분히 예상할 수 있었고, 일종의 정신적 공황 상태까지 도달할지 모른다고 생각했다. 왜 그렇지 않겠는가? 모든 언론 매체가 국민적 영웅으로 떠받들던 사람이 하루 아침에 '세계적 과학 사기 사건'의 주인공으로 전락했으니, 변화된 상황이 쉽게 받아들여지기는 어려웠을 것이다. 그럼에도 불구하고 시간이 흐르면 진실을 차분히 받아들이리라고 생각했다.

예상은 빗나갔다. 논문 조작이나 연구윤리 위반, 나아가 체세포 복제 줄기세포가 없었다는데, 그 사실 자체를 인정하지 않고 거부하려는 사람들이 나오기 시작했다. 또 일부 사람은 설사 그런 잘못이 있더라도 그게 무슨 문제가 되느냐고 막무가내가 됐다. 거기에는 황 교수가 자신은 잘못이 없으며 억울한 누명을 쓰고 있다는 태도를 보인 탓이 크다. 결국 '황우석교 신도'로 불릴 정도의 적지 않은 사람들이 맹목적인 황 교수 지지 세력[2]으로 남은 것이다.

'황우석 사태'는 '과학 논쟁'의 차원을 넘어 '종교적 믿음의 문제'와 유사한 것이 됐으며, 지지자들은 황 교수를 위해서 적극적인 행동에 나서기도 했다. 〈PD수첩〉의 광고주 회사에 대한 '불매운동'을 전개해, MBC로 하여금 방송 사상 처음으로 무광고 방송을 하도록 만든 것은 시작일 뿐이었다. 미군 장갑차에 깔려 죽은 여중생 미선이·효순이 사건에 대한 항의로 시작됐고, 노무현 대통령에 대한 탄핵 반대를 이끌어내기도 했던 '촛불 집회' 전술도 원용됐다. 거의 매주 개최된 주말 집회에 매회 수천 명에 달하는 사람들이 태극기와 황 교수 사진을 들고 참가했다. 또 지하철을 돌아다니며 유인물을 배포하고 황 교수를 복귀시키고 원천기술을 지키자고 호소

했다. 새만금 살리기 운동을 상징했던 삼보일배는 황우석 교수 지지를 위해 시도되기도 했다.[3]

열광과 침묵의 교차

필자들은 애국주의로 무장된 '황우석 신드롬'을 보면서, 우리 사회의 민주주의에 큰 재앙이 될지 모른다고 조심스럽게 전망해 왔다. 황 교수에 대해 열광 아니면 침묵만이 가능했고, 민주적 토론은 질식당하고 있었다고 느꼈기 때문이다.

그러나 2005년 가을에는 침묵마저도 용납되지 않았다. 민주노동당이 황우석 교수 연구 성과에 대해 환영의 논평을 내지 않은 것 자체가 언론의 뉴스거리가 됐을 정도였고, 이후 민주노동당 대변인실은 항의전화로 홍역을 치뤘다. "당신들이 뭔데, 황 교수의 연구를 반대해!" "당신들이 우리 장애인들의 고통을 알아? 황 교수는 우리의 희망이란 말이야!" "진보 정당이라고 해서 믿었는데, 대체 뭐 하자는 겁니까?" 환영 논평을 내지 않으면, 황 교수의 연구에 반대하는 것이고 장애인·난치병 환자의 희망을 꺾는 일이 되고 있었다. 입장 표명을 하지 않았다는 이유로 이렇게 격렬하게 누군가의 분노를 불러일으킬 수 있다는 사실이 놀라울 뿐이었다.

민주노동당만의 일은 아니다. 사실 2005년을 넘어오면서 황우석 교수의 배아복제 연구에 대해서 우려와 비판을 표시해 오던 시민단체들의 발언도 급격히 줄어들었다. 〈생명윤리법〉 제정운동에서 주도적 역할을 했던 한 여성단체 사무처장은 "황우석 쓰나미 앞에서 무기력감으로 몸살을 앓았다. 며칠을 누워서 꼼짝할 수 없었다"고 고백할 정도였다. 또한 명망 있는 한 환경운동가이자 작가는 「'황우석 신드롬'에 침묵한 환경단체들」[4]이라는 칼럼에서 "이 위대한 과학자의 줄기세포 연구에는 문제점이 많고, 비판받을 구석이 매우 많건만, 이 업적의 문제점에 대해 비판적인 시각은 매우 귀하거나 드물거나 미약"하다고 말하고 있다. 그러면서 필자는 "황 교수를 삐딱하게 봐 봤자 이로울 게 없다는 실리계산"이 앞서고 있기 때문이라며, 급기야

는 "시민환경단체들이 확실히 집단적으로 타락하긴 타락한 모양"이라고 질책했다.[5]

이런 상황을 두고 당시 한 언론사 간부는 칼럼에서 '전체주의'를 느낀다고 썼다.[6] '황우석 신드롬'이 어떤 정치적 강압에 의한 것이 아니라 대다수 국민들의 자발적인 '추종'에 의한 것이라는 점에서 전체주의라는 지적에 공감도 커졌다. 그런데 비판이 금기시되고 침묵마저 위협받는 비판자들 입장에서 그것은 '매카시즘'으로 느껴졌고, 또 '파시즘'을 연상했다. 더글라스 러미스Douglas Lummis가 민주주의는 공동체의 구성원이 무기력함을 느끼게 될 때 더 이상 민주주의가 아니라고 말한 것처럼,[7] 비판과 민주적 토론의 공간조차도 허용되지 않는 사회 분위기는 우리 사회에서 민주주의가 심각하게 위협받고 있다는 징후로 읽혀지기에 충분했다.

민족과학론의 극단화

사태가 극단으로 치닫고 있음은 비극적인 한 사건을 통해 드러났다. 2006년 2월 초 황우석 교수를 지지하는 50대 후반 남성이 분신 자살한 것이다. 그는 인화성 물질을 제 몸에 붓기 전에 자신의 분신 이유를 담은 유인물을 뿌렸다. 유인물에서는 그는 "황 교수 줄기세포 연구 중단사태 진실 규명과 연구 재개, 음모 세력을 처단하기 위해"서 분신한다고 자살 이유를 밝히고 있었다. 새벽 화물차를 운전한다는 이 중년 남성은 끝내 숨지고 말았다.

분신 자살 직후, 이 중년 남성의 비극적 소식은 민주노동당 당원 게시판—당원만이 쓸 수 있는 게시판이다—에서 씁쓸한 희극으로 되살아났다. 오래 전부터 '황우석 사태'를 새튼 교수 등이 앞장서서 황 교수의 기술 특허를 가로채려는 미국 자본의 음모로 규정하고 있던 한 당원은 사건 직후 글을 올렸다. "민족의 과학을 지키기 위해 산화하신 고 정○○ 열사의 영전에 삼가 명복을 빕니다"라고 시작되는 이 글에서, 그는 "오죽이나 민족의 기술이 외세에 의해 강탈당하고 있는 것이 가슴 아팠으면 동학정신으로 2월 4일 광화문 집회를 사수하자며 분신을 택했을까"라고 물었다. 나아가 민주화운동 열사들의 분신을 상기시키며 "우리는 이미 전대협 시절 기성세대 언론들이 의로운 분신을 모독함으로써 얼마나 더 많은 열사의 영정을 받들고 울분을 삼켜야 했는지 이미 경험했다"고 비통해 했다. 이번 분신 자살은 진실을 은폐·왜곡하는 언론들에 대한 항거라며, "민심을 저버리고, 또다시 제2의 '죽음의 굿판을 걷어라'라는 식의 논평이나 써댄다면 제2, 제3의 죽음을 부채질"하는 것이라고까지 주장했다.[8]

민주화운동의 기억이 이런 내용으로 복원될 수도 있다는 사실에 많은 사람들은 놀라워했다. 이글에 대해 한 댓글은 이렇게 답하고 있다.

이런 글을 계속해서 올리는 사람이 당원이라는 사실이 믿어지지 않습니다. 당신이 그렇게 강조하는 민중의 죽음까지도 권력과 자본의 추악한 싸움의 불씨를 살리는 데 이용하는 당신을 상대하고 싶지는 않지만 도저히 참을 수가 없군요. 내가 그날의 거리에서 같이 외쳤던 전대협 열사까지 들먹이다니.[9]

그러나 이런 분노는 허탈감과 서글픔으로 이어진다. 며칠 뒤 한 여성당원은 당원 게시판에 올린 글을 통해 "기술자본 유출을 막기 위한 민중의 투쟁은 계속될 것이고, 서정선·섀튼 줄기세포 반출 루트는 계속 규명"되어야 한다며, 앞으로 2주 내내 지하철 선전전과 서울대 조사위원회 및 검찰청 앞 시위도 계속 하겠다고 나섰다. 그러면서 "항상 동지들과 함께 하던 지하철 선전전을 혼자서 목이 갈라지면서 하려니 정말 서러웠습니다"고 덧붙였다. 당원들으로부터 이해받지 못하면서도 황우석 지지자들로부터는 민주노동당이 삼성으로부터 돈 받아 먹었냐는 비난까지 참아내야 했다는 이 당원은 탈당을 결심하면서, 다음과 같은 글을 남겼다.

당장 내일엔 검찰청 앞에 가서 시위를 할 예정이거든요…… 늘 그렇듯이 이 사건에도 몸통과 꼬리가 있답니다. 늘 그렇듯이 꼬리 자르기가 되겠죠…… 그러지 말라고 항의하러 가려구요…… 혹시 방송에 나오면…… 저 뻘짓하는 유사파시즘의 아줌마들 중 한 명이 당원임을 쪽팔

려 해 주세요.[10]

민주노동당뿐만이 아니라 시민단체들도 마찬가지였다. 참여연대, 환경운동연합, 보건의료단체연합, 시민과학센터 등 14개 시민단체로 구성된 생명공학감시연대가 2005년 11월부터 벌어진 '황우석 사태'에 대응해 논평과 성명을 낼 때마다 항의전화가 빗발쳤다. 항의전화 대열에는 단체 회원들도 동참했고, YTN의 '청부 취재' 보도 이후부터는 논평을 낼 때마다 수십 명의 회원 탈퇴가 이어졌다. 한 시민단체 인터넷 게시판에는 "니네들 단체 100개보다 황 교수 한 분이 더 훌륭하다"는 주장도 있었고, 탈퇴를 하겠다며 심경을 털어 놓은 글도 있었다.

선량한 시민은 빠져야겠네요. 적어도 (시민단체는) 시민들과 국민들이 원하는 일이 어떤 것 인지는 알아야 할 것 같은데 ……(시민단체 회원이 된 것이) 참으로 후회 막급합니다.

2006년 초에 있었던 이런 양상들은, 비정규직 법안, 한미 FTA와 쌀협상 등과 함께 한국 사회의 자화상을 보여 주는 비극적이면서도 희극적인 모습이었다. '황우석 사태'의 긴 과정에서 정당으로서는 유일하게 일관된 입장을 취했다고 평가받는 민주노동당 내에서, 그리고 한국 사회의 건전성을 지키는 버팀목으로 이해됐던 시민단체 내에서 '황우석 사태'가 갖는 비합리적 성격은, 정도는 다르지만, 유사하게 재생산됐던 것이다.

기획된 속임과 자발적 속음

황우석 교수 지지자 중 일부는 논문 조작의 잘못이 있었더라도 황 교수의 연구 능력과 기술력을 믿고 다시 한 번 연구의 기회를 주자는 소박한 의견을 갖는 한편, 황 교수의 기술을 탐하거나 질투하는 일부 세력들의 음모에 대항해야 한다는 급진적인 주장을 펼치는 사람들도 많다. 심지어 황 교수의 논문 조작 사실 자체를 부정하기도 한다. 이쯤 되자 황 교수 논문의 공동 연구자였던 문신용 서울대 교수마저 황 교수 옹호자들을 가리켜며, '황우석 인질효과'에 빠진 사람들이라고 비판하기에 이르렀다.[11] 즉 인질들이 인질범의 심리에 동화되어 가는 일종의 '스톡홀름 증후군' 상태에 빠지듯이, 황 교수의 세계적인 과학 사기에 심취한 대중들 스스로가 피해자임에도 불구하고, 황 교수를 옹호하고 나서고 있다는 것이다. 분신 자살이라는 극단적인 선택까지 하면서.

최종덕 상지대 교수는 이런 현상을 "기획적 속임과 자발적 속음"이라는 개념으로 설명했다. 그에 따르면, 황 교수가 세계적인 '희대의 사기사건'을 벌일 수 있었던 것은 자신의 연구에 '난치병 치료' 명분을 부여하는 것과 함께, 무엇보다도 '국가적 부의 창출'이라는 민족주의·애국주의 혹은 집단주의적 대의명분을 내세움으로써 가능했다는 것이다. 그런데 이와 같은 '기획적 속임'은 황 교수 스스로의 자기기만을 전제로 한다. 즉, 황 교수 자신은 체세포 핵이식을 통해서 '환자맞춤형 배아줄기세포'를 만들었다거나 혹은 (얼마간의 시간과 자금 및 인력만 주어지면) 충분히 만들 수 있으며, 무언가 민족과 국가에 큰 이익이 되는 일을 하고 있다는 믿음으로 논문 내용의 허위나 거짓말을 사소한 것으로 무시했다는 것이다.

사회적으로 더 중요한 측면은 황우석 교수의 이런 자기기만에 의한 '기획적 속임'이 황 교수 지지자들의 집단적인 자기기만으로 전염되어 갔다는 사실이다. 황 교수가 자기기만함으로써 표방하는 대의명분—사회적 관심 밖에 밀려나 있던 희귀난치성 환자나 중증장애인들의 치료, 세계적인 과학적 성과를 내지 못하고 있다는 열등감에 대비되는 민족적 자부심, 어려운 경제를 살릴 수 있는 엄청난 가치를 가진 원천기술 확보 가능성—이 대중적으로 공명되기 시작했다는 것이다. 그 결과 사태에 대한 합리적 판단과 비판적 성찰은 억압되고 배제됐으며, 국가와 민족이라는 의인화된 집단과 스스로를 동일시하는 병리적 사회심리현상이 만들어지게 됐다.

이러한 집단적 자기기만에 빠진 대중들은 '황우석 사태' 이전에 언론을 통해서 유포된 장밋빛 정보만을 그대로 믿고, 논문은 조작됐고 줄기세포 연구 성과는 없다는 사실로 밝혀진 정보에 대해서는 무의식적으로 거부하는 모습을 보였다. 자신에게 불리하거나 익숙하지 않다고 여겨지는 특정 정황에 부딪힐 경우 일부러 알려고 하지 않으며 일부러 하고 싶지 않으며 일부러 원하지 않은 반면, 알고 싶은 것만 알려고 하고, 하고 싶은 것만 하려고 하며, 원하는 것만 원하게 됐다는 것이다.

그 결과 황우석 교수 지지자들은 황 교수의 '배반포 형성기술'을 강조하고 섀튼 교수의 특허 선점 시도 의혹만을 부각시켜 미국과의 특허 전쟁 문제로 이번 사태를 몰아가고 있다. 이들은 줄기세포가 존재하지 않으며 논문을 조작했다는 사실로 인해 황 교수가 국내는 물론 국제 과학계에서도 받아들여질 수 없다는 점을 여전히 외면하고 있다.[12]

박정희 독재의 유산과 '황우석 신드롬'

다른 학자들도 '황우석 사태'가 왜 발생했는가를 분석하고 평가하기에 고심하고 있다. 김환석 시민과학센터 소장은 정치 영역에서의 민주화 진전과는 다르게 과학기술정책 영역은 한 번도 유의미한 변화 없이 박정희 독재시기에 확립된 '성장주의, 애국주의, 과학주의, 그리고 결과지상주의'의 지배이데올로기에 빠져 있었기 때문이라고 진단했다. 김 소장은 이러한 지배이데올로기를 "과학기술정책에서의 '박정희 패러다임'"이라고 이름 지었다.[13]

한편 홍성태 상지대 교수도 이러한 이해 방법은 과학기술 영역 이외에도 사회 전반에 퍼져 있다고 하면서, 박정희 정권이 18년 동안 개발 독재를 통해서 이룩한 사회체계—이를 '박정희 체계'라고 명명했다—의 덫이 오늘날에도 한국 사회를 지배하고 있기 때문이라고 평가했다. 정치·사회의 민주화 진전에도 불구하고 박정희의 유산은 끈질기게 남아 '황우석 사태'를 만들어 냈다는 것이다.

여러 조사 결과들은 이를 잘 보여 준다. 예를 들어 서울대 조사위원회의 최종발표 전인 1월 4~5일의 설문조사에 참여한 70% 가량의 응답자는 '한 번 더 기회를 줘야 한다' 고 답했으며,[14] 1월 12일 황 교수의 기자회견 직후에 실시된 여론조사에서도 70%의 응답자가 기회를 한 번 더 줘야 한다고 답했다.[15] 세계적인 과학 사기 사건을 벌였다는 사실이 드러났음에도 불구하고, 다시 기회를 주어야 한다는 의견이 절반을 훨씬 넘었다는 것은 한국 사회의 뿌리 깊은 결과지상주의를 보여 준다. 사회 분위기가 이처럼 비합리적으로 전개될 때 연구용 난자를 채취하는 과정에서 벌어진 난자 매매나 여성 연구원에 대한 난자 제공 압력, 그 과정에서 발생한 여성들의 건강 문제 등은 논의될 여지가 없게 될 것이다.[16] 오히려 여성 1,000명의 난자 기증서를 전달한다며 '아이러브 황우석' 측에서 서울대 수의과대학 건물에 깔았던 진달래의 붉은 색만 우리들의 기억에 가득하다.

한편 박정희 독재의 산물인 경제성장주의는 생명을 다루면서 불가피하게 윤리적 문제가 불거질 수밖에 없는 생명과학 연구를 경제발전의 수단으로 규정하면서, 생명윤리는 그에 방해되는 관리의 대상으로 간주됐다. 또한 한 국책연구원의 연구 결과가 과대 포장되어 황우석 연구 성과의 경제적 가치가 '33조 원' 에 달한다고 주장하는 자료가 황우석 옹호론의 주된 근거가 되거나,[17] 줄기세포가 존재하지 않았다고 드러난 시점에도 황우석 지지자들의 유인물에서 밑도 끝도 없이 제시되는 연간 300조 원의 특허 로열티 주장은 경제성장주의 역시 얼마나 뿌리 깊은 것인지 보여 줬다.

그런데 '33조 원' 주장이 얼마나 과장된 것인지 좀더 자세히 살펴보도록 하자. 이 주장의 논거는 과학기술정책연구원STEPI의 한 연구보고서[18]에 처음 언급이 된 것인데, 전 세계 의료시장에서 줄기세포로 치료가 가능할 것으로 거론되고 있는 질병 목록을 모두 제시한 후 이에 대한 신규시장 창출 효과를 산출한 것이었다. 그중에서도 가장 큰 추정치가 선택되어 언론을 통해 보도된 것이다. 그러나 이런 추산이 가능하려면 10년 내에 줄기세포 연구 결과가 상용화되어 10여 개 질환의 기존 치료기술을 대체해야만 한다. 그러나 현재 배아줄기세포를 이용한 임상시험이 전무해서 약값을 어림잡기도 힘든 상황임을 고려하면 이는 매우 허황된 것이라 할 수 있다. 게다가 이 추산에서는 줄기세포 개념도 명확히 하지 않아 배아줄기세포인지 성체줄기세포인지도 구분하지 않고 있었다.

이번 '황우석 사태'에서 두드러지게 드러난 또 다른 현상은 과학주의와 애국주의 문제일 것이다. 12월 5일 '브릭BRIC'의 과학자들이 황우석 교수의 논문에서 사진 및 DNA 분석 결과가 조작됐다는 사실을 밝힌 후 벌어진 일들은, 한국 과학주의의 실상을 적나라하게 드러내 주었다. 논문 조작 의혹이 구체적으로 드러난 후 병원에 입원한 황 교수를 문병한 오명 당시 과학기술부 장관은 황 교수의 논문 검증 문제를 거론하지 말자면서, "세계적인 대학자가 쓴 논문이고 검증은 세계적인 석학들이 했고, 『사이언스』에 논문이 실렸습니다. 제3자가 검증에 낀다는 것은 말이 안 됩니다"[19]라고 어처구니없는 발언을 했다.

'브릭BRIC'의 연구자나 서울대 소장 교수들의 논문 재검증 요구를 무시했던 것은 정부와 서울대 관계자들뿐만이 아니었다. 네티즌을 비롯한 일부 대중의 반대도 거셌다. 예를 들어 인터넷 포털사이트인 '네이버'에서 2005년 12월 9일부터 12월 11일까지 실시한 "서울대 일부 소장파 교수들이 황 교수의 논문 재검증을 요구했습니다. 당신의 의견은?"이라는 인터넷 폴에 참여한 32만여 명 중 58%가 반대 의사를 밝혔다.[20] 반대를 표했을 것으로 여겨지는 한 네티즌은 "『사이언스』 구석에 논문 한편 올려보지 못한 소장파들이 과연 검증 할수 있을까요"라며 검증을 요구한 과학자들을 조롱하기까지 했다. 이들이 보기에 세계 최고의 과학자인 황 교수의 논문을 검증할 수 있는 과학자는 적어도 한국에서는 아무도 없었을 것이다. 물론 일부 젊은 과학자들은 논문의 재검증을 통해 혼란을 정리하자며 서명운동을 벌이기도 했다.[21] 결국 그들은 과학자보다 과학자를 더 맹신하는 일반 국민을 목도하게 된 것이다.

한편 애국주의 문제는 더 큰 우려를 낳고 있다. 애국주의는 황우석 교수 스스로 적극적으로 생산해 냈을 뿐만 아니라 언론과 국민들도 적극적으로 호응했다. 그는 "과학에는 국경이 없지만, 과학자에게는 조국이 있다"며 자신의 연구를 애국주의로 포장하는 데 주저하지 않았으며, "미국 생명공학의 고지에 태극기를 꽂고 왔다"며 언론의 입맛에 딱 맞는 인터뷰를 남기기도 했다. 여기에 상업주의에 빠진 언론이 애국주의를 확대 재생산했으며, 네티즌을 필두로 해서 많은 국민들은 감격에 가득 차 눈시울을 붉히면서 열광했다.

국민들의 열광에는 충분한 이유가 있었다. 무엇보다도 '세계 일류'에 대한 우리 사회의 일그러진 갈망을 황 교수가 채워 주었기 때문이다. 누군가는 이라크 파병 등으로 땅에 떨어진 '민족적 자존심'을 세워 주었다고 평가하기도 했다. 이 땅에서 벌어지는 당장의 정치·경제·사회적 혼란, 좌절과 실망이 크면 클수록 황 교수는 빛을 발했다. 게다가 황 교수가 미국으로부터 거대한 액수의 스카웃 제의를 받고도 거절했다는 소식(그러나 아직도 확인되지 않고 있다)은 '애국자'의 면모를 부각시켰고, 자기 잇속만 챙기는 사회지도층의 실망스런 행태와 비교됐다. '황우석 신드롬'은 '과학'이 아니라 민족적 '영웅담'이 된 것이다.[22]

한국 민주주의의 위기는 오고 있는가

2005년 11월부터 시작된 '황우석 사태'가 전개되면서 민주주의의 위기에 대한 우려가 더욱 현실화됐다. 사태 초기에 황 교수를 비판했다는 이유로 〈PD수첩〉에는 '정신적 살인'라고 할 만한 무차별적 인터넷 테러가 자행됐고, 심지어 일부 네티즌들은 소비자운동의 주요한 수단인 불매운동 전략을 동원해 광고가 취소되도록 압박했다. 보다 적극적인 사람들은 촛불집회에 나섰고, 한 여론조사 결과에 나타났듯이 98%에 가까운 응답자가 〈PD수첩〉을 반대하기에 이르렀다. 뿐만 아니라 황 교수의 논문 조작 등의 진실이 거의 대부분 밝혀진 이후에도, 황 교수에 대한 열광과 지지는 완전히 사그라지지 않았다. 오히려 정교한 이데올로기가 생산·전파되고 조직의 형식까지 갖추면서 체계화된 '운동'으로 나아갔다.

이런 '운동'은 앞서 언급한 박정희 체계가 남겨 놓은 여러 이데올로기—애국주의, 과학주의, 경제성장주의 등—를 내포하고 있는 보수적인 사회운동의 성격이 강하며, '황우석 사태'의 진실이 드러난 이후부터 오히려 더욱 정예화 · 행동화 · 조직화되고 있다. 이런 흐름은 일부에서 우려하는 '파시즘'의 전단계로 나아가는 지렛대가 될 것인가?[23] 이에 대해서 일부 정치학자들은 조심스럽게 그 가능성을 검토하고 있다.

한 정치학자는 보다 직접적으로 황 교수 비판자를 공격하고 있는 노무현 지지자들로부터 파시즘적인 징후를 읽고 있다. 정치학을 전공한 박상훈 박사는 『프레시안』에 기고한 글에서 이렇게 주장했다.

> 기본적으로 이들 (노무현 지지자)이 황우석 교수의 비판자를 대면하는 방식은, 노무현 대통령에 대한 비판자들을 대면하는 방식의 복제판에 가깝다. 분명 안티조선운동에 뿌리를 두고 있으며 냉전반공의 기득권 세력의 집권을 저지하고 노무현 정부의 집권을 가져오는 데 기여했던 이들에게서 점차 두드러진 것은 진보 세력에 대한 혐오, 조직 노동운동에 대한 반감, 이데올로기화된 반지역주의, 나아가 핍박받는 지도자와 영웅을 자기 동일시하는 현상이다. 이들에게서 과거와 같은 한국 사회에 대한 날카로운 분석과 비판을 기대하기가 점점 어려워지고 있는 것이 오늘의 안타까운 현실이다.[25]

나아가 그가 보기에 노무현 지지자들의 이런 사회심리적인 양상들은 독일에서 1930년대에 발흥된 파시즘의 그것과 유사하다고 우려하고 있다. 그는 "파시즘은 민주주의가 사회적 요구와 갈등을 통합해 가는 데 실패할 때 나타나는 일상적인 위험 요인"으로 파악하고 있는데, "민주정부로 태어난 노무현 정부가 신자유주의라는 보수혁명을 추진하면서도 이런저런 개혁적 수사를 동원하는 과정"에서 드러나는 괴리와 그로 연유하는 민중의 실망이 오히려 진보파에 대한 공격, 그리고 유사하게 황우석 비판자들에 대한 공격으로 나타나고 있다고 분석했다.

하지만 그는 현재 상황이나 황우석 지지자들을 파시즘 혹은 파시스트로 단정하는 것에는 부정적이다. "파시즘을 사회심리적 현상으로 이해해서도 안 되고, 한국 사회가 파시즘과 같은 국가사회체제로 나아갈 것이라고 말한다면 다소 비약"이라고 평가한다. 오히려 현재의 상황을 '파시즘'으로 지목하는 것이 불필요한 자극과 갈등을 유발할 것이라고 말한다.[26] 그러나 적어도 '황우석 사태'가 한국 사회의 민주주의의 위기와 밀접히 관련이 있다는 점만은 분명히 인정하고 있는 듯하다.

오랫동안 한국 사회와 민주주의를 연구해 온 최장집 교수도 최근 한 토론회에서 현 정부에서의 민주주의 위기를 진단하면서, '황우석 사태'를 이와 연관해서 설명했다.[27] 그에 따르면, 노무현 정부는 민주화운동의 성과의 연장선에서 보수기득권 집단과의 격렬한 투쟁 속에서 태어난 민주정부이지만, 역설적이게도 신자유주의적 시장경제체제를 강력하게 추구하고 이를 위한 '신자유주의 성장동맹'을 구축하는 잘못된 방향으로 나아갔다. 그럼으로써 민주주의를 통해서 사회·경제적인 문제가 개선되기를 기대한 민중적 요구를 배신했다고 비판했다. 결과적으로 노무현 정부의 사회적 기반 약화를 가져왔으며, 한국 민주주의의 위기를 심화시키고 있다는 것이다.

이런 과정에서 노무현 정부는 자신의 약체화된 사회적 기반을 만회하기 위해 무엇인가 성과를 얻어야 한다는 강박관념을 갖게 됐는데, 그것이 '황우석 사태'를 불러왔다고 최 교수는 지적한다. 즉, 황우석 교수로 대표되는 세계 최고의 과학기술적 성과, 그에 따라서 나올 것으로 주장한 엄청난 경제성과를 과시하고자 하는 정치적 욕구에 의해 '황우석 사태'의 진실규명 요구가 압도됐다는 것이다. 결과적으로 "생명공학의 업적을 매개로 한 민족주의·애국주의의 동원은, 민주정부의 정책 지원과 운동의 열정이 결합하면서 진실과 비판이 억압되는 일종의 '총화단결'을 실현하는 듯한 유사 파시즘적 분위기를 연출"하기에 이르렀다고 평가하고 있다.

김환석 시민과학센터 소장은 최장집 교수의 주장에 일면 긍정하면서도 한발 더 나아가고 있다. 그는 최 교수처럼 '황우석 사태'를 신자유주의적 생산체계에 따른 민주주의의 퇴행과 노무현 정부의 약체화가 초래한 결과로서 무언가 업적을 만들어야 한다는 강박관념이 빚은 결과라고 보기보다는 "그(최장집 교수)가 말한 '신자유주의적 생산체계'의 핵심에 '황우석 사태'가 배태되어 있다"고 주장하고 있다. 그는 "김대중 정부에서는 IMF 위기를 극복하는 수단으로 정보통신산업을 집중 지원했지만, 노무현 정부에 와서는 이에 더해 생명공학산업이 '미래성장동력산업'으로 연구 개발 면에서 더 많은 국가 지원을 받게 됐다. 이 점에서 정부의 '황우석 영웅 만들기'는 두 정권의 자의적이거나 우연적인 정책이 아니라 한국 사회의 발전단계에 부응한 나름대로의 전략적 선택의 산물"이라는 것이다.[28]

여러 학자들이 설명하는 것처럼, 노무현 정부가 위기를 무마하기 위해서 국민적 영웅을 필요로 했든, 아니면 노무현 정부가 추진하는 '신자유주의적 생산체제' 핵심에 황우석으로 상징되는 생명공학산업이 자리 잡고 있었든 간에, '황우석 사태'가 한국 민주주의에 불길한 그림자를 드리우고 있는 것만은 분명하다. 그리고 그 불길함은 한국 사회가 지나쳐온 지난 시간뿐만 아니라, 앞으로 헤쳐 나가야 할 미래의 시간에도 묻어나고 있다.

주

1 매일경제 과학기술부, 『세상을 바꾸는 과학자 황우석』, 매일경제신문사, 2005. 이 책은 한동안 베스트셀러로 서점뿐만 아니라 편의점 등에서도 판매되면서, 언론사와 저자들에게도 상당한 돈을 안겨다 주었을 것이다.

2 황우석 지지 세력의 주요한 근거지는 '아이러브 황우석' 인터넷 카페로서 12만 명의 회원을 가지고 있다고 알려져 있다. 그러나 이 흐름이 자발적인 것인지에 대해서는 의구심이 제기되고 있다. 이 카페의 운영자인 윤태일은 오래 전부터 황우석 교수와 인연을 맺어 왔고, '황우석 사태'가 불거지자 이를 은폐하기 위한 대책모임을 주도했다는 정황이 드러나고 있기 때문이다. 한편 최근 소식에 의하면 '아이러브 황우석' 내에서도 갈등이 불거져, 윤태일조차 온건파로 내모는 강경파의 압력과 시달림으로 카페 운영자 직을 사퇴한 것으로 알려졌다. 윤태일은 황우석 교수를 지지하는 연합단체인 '황우석 연구 재개 지원 국민연합'에 참가하는 것에 신중한 입장을 취하면서, 강경파로부터 인터넷 테러를 당했다고 보도되고 있다(『연합뉴스』, 2006. 2. 14).

3 이런 '운동'은 '황우석 연구 재개 지원 국민연합(황지국)'이 주도하고 있으며, '아이러브 황우석', '황우석 교수를 지지하는 네티즌 연대(황지연)' 등의 인터넷 카페, '황우석지킴이불자모임(황지불)', '황우석 박사를 사랑하는 지킴이연대(황愛련)', '난자기증모임' 등의 단체, 인터넷 언론인 『서프라이즈』, 정치 웹진 『판』 등이 참여하거나 연대하고 있다. 한편, 소위 진보적 노동·환경·시민운동단체들이 즐겨 사용하던 투쟁 방법(예를 들어, 촛불집회, 지하철 선전전, 삼보일배 등)을 황우석 지지자들이 이용함으로써, 이 운동의 활동가들은 당혹감을 감추지 못하고 있다. 일부 시민들도 어떤 것이 진보적인 움직임인지 혼란스러움을 토로할 정도이다. 한편 황지국은 2006년 4월 28일 사과문을 발표하고 황우석 지지를 철회했다. 이 단체는 조사과정에서 황 교수의 실체를 파악했고, 그 결과 애국자 황우석은 없었다고 주장했다.

4 최성각, 「'황우석 신드롬'에 침묵한 환경단체들」, 『우리와 다음』, 환경정의시민연대, 2005년 7~8월호.

5 물론 시민단체들은 2005년 8월부터 생명공학감시연대를 결성해 '인간배아 연구 이대로 좋은가?'라는 토론회를 개최하면서 대응에 뒤늦게 나섰지만, 시민사회의 위축된 분위기를 반전시키지는 못했다.

6 조홍섭, 「'황우석 신드롬'의 뒤안」, 『한겨레』, 2005. 5. 25.

7 더글러스 러미스(김종철·이반 역), 『경제성장이 안 되면 우리는 풍요롭지 못할 것인가』, 녹색평론사, 2002, 5장.

8 민주노동당 당원 게시판의 게시물 (http://www.kdlp.org/index.php?main_act=board&board_no=2&art_no=257034&jact=art_read).

9 위의 게시물.

10 민주노동당 당원 게시판의 게시물 (http://www.kdlp.org/index.php?main_act=board&board_no=2&art_no=260538&jact=art

_read).

11 「문신용 교수, "논문 조작 파문: 복제배아 줄기세포 불가능 입증"」, 『국민일보』, 2006. 1. 3.

12 최종덕 교수의 논의는 다음의 글을 볼 수 있다. 「기획적 속임과 자발적 속음의 진화발생학적 해부」, 『'황우석 사태'로 보는 한국의 과학과 민주주의』, 2006년 민주사회정책연구원 심포지엄, 민주화운동기념사업회 교육장, 2006. 2. 2. 여기서 최 교수는 사회심리학자 그린왈드(Anthony G. Greenwald)의 '인지보수성'과 '이익편향성' 개념을 소개하고 있다.

13 김환석, 「황우석 사태로 본 한국 사회의 현재와 미래」, 「황우석 사태로 본 한국 사회의 현재와 미래」, 생명공학감시연대 토론회, 사회복지공동모금회관, 2006. 1. 18; 홍성태, 「황우석 사태와 한국 사회: 정언학 유착망과 박정희 체계의 덫」, 『'황우석 사태'로 보는 한국의 과학과 민주주의』, 2006년 민주사회정책연구원 심포지엄, 민주화운동기념사업회 교육장, 2006. 2. 2.

14 여론조사 전문업체 '리서치앤리서치'가 서울대 조사위원회의 최종발표가 있기 전인 4, 5일 전국 성인남녀 800명을 대상으로 설문조사를 한 결과, "조사위원회를 신뢰한다"는 응답이 66.0%(매우 신뢰 8.6%, 신뢰하는 편 57.4%)에 달했다. 그러나 황 교수에 대한 입장에 대해선 응답자의 69.2%가 "한번 더 기회를 줘야 한다"고 답했고, "더는 연구에 관여하지 말도록 해야 한다"는 답은 26.2%였다(『연합뉴스』, 2006. 1. 10).

15 조사는 여론조사 전문기관 '리얼미터'가 전국 20세 이상 성인 남녀를 대상으로 문항별로 최대 2,153명, 최소 551명을 조사했는데, 조사 결과 응답자의 70.6%는 "배반포 확립 기술만으로도 세계적 수준이므로 줄기세포를 다시 만들 수 있는 기회를 줘야 한다"고 응답을 했고, 24.5%는 "과학자로 이미 사망선고를 받았으므로 더 이상 기회를 줄 필요가 없다"고 응답했다(CBS 〈노컷뉴스〉, 2006. 1. 16).

16 2006년 2월 6일, 한국여성민우회 등 총 35개의 여성단체와 민변 여성위원회는 "난자 채취 후 유증으로 여성의 건강이 심각하게 침해받고 있음에도 불구하고 지금까지 여성에 대한 인권과 난자 채취에 대한 위험성 등은 등한시되어 왔다"며, 황우석팀 난자 제공과 관련해 피해 사례를 접수, 국가를 상대로 손해배상청구 소송 의사를 밝혔다(『참세상』, 2006. 2. 6).

17 「황우석 몰락과 함께 꺼져버린 '33조 신기루'」, 『오마이뉴스』, 2005. 12. 16.

18 「황우석 연구성과의 경제적 가치 및 시사점」, 『혁신정책 Brief』 4호, STEPI 혁신정책연구센터, 2005. 8. 19, 21쪽.

19 「오명 부총리 "더 이상 검증 필요없다"」, YTN, 2005. 12. 6.

20 인터넷 포털사이트 '네이버' 인터넷 폴 페이지 (http://news.naver.com/hotissue/poll.php?no=635&cmd=result&page=2).

21 「黃교수 논문 검증 결정, 네티즌 여론 종일 출렁」, 『한국일보』, 2005. 12. 12. 한편 12월 11일 오후 현재, 400명이 서명운동에 참가하고 있었다.

22 이충웅, 『과학은 열광이 아니라 성찰을 필요로 한다』, 이제이북스, 2005.

23 방원석, 「우리의 파시즘」, 『파이낸셜뉴스』, 2006. 2. 14. '황우석 사태'에서 드러난 맹목적 애국주의, 집단적 열광주의, 영웅주의 등과 파시즘이 발원했던 1930년대의 피폐한 경제적 상황이었던 독일과 현재의 한국 경제상황을 비교하면서, 한국 사회가 파시즘의 전단계에 들어가

는 것이 아느냐는 조심스런 우려를 표하고 있다. 여기서 방원석은 '황우석 사태'가 파시즘으로 발전하게 될지도 모른다는 조심스러운 우려를 표하지만, 경제지 논설실장답게 파시즘은 경제위기로부터 비롯되기 때문에 경제를 살려야 한다는 많이 듣던 처방을 제시하고 있다. 한편 김환석 시민과학센터 소장도 "반성 없는 애국주의는 서구건 우리건 파시즘과 그리 먼 것이 아니"다고 경고하고 있다(「자부심에 눈멀다」, 『한겨레』, 2006. 1. 24).

24 이들은 주로 인터넷 언론 『서프라이즈』가 대변하고 있다.

25 박상훈, 「대중은 어떻게 부지불식간에 파시즘에 빠지는가」, 『프레시안』, 2006. 1. 21.

26 박상훈, 앞의 글.

27 최장집, 「한국 민주주의의 변형과 헤게모니」, 『민주주의, 여전히 희망의 언어인가: 한국사회 위기 진단과 희망 찾기』, 민주주의와 사회운동연구소, 성공회대 새천년관 4층 교수회의실, 2006. 1. 12.

28 김환석, 앞의 글.

11장

황우석 사태와 한국 사회의 미래

서울대 조사위원회에 의해 황우석 교수의 논문이 조작됐으며 줄기세포도 존재하지 않았다는 결론이 발표되고, 이틀이 지난 후인 2006년 1월 12일 프레스센터에서는 황 교수의 기자회견이 예정돼 있었다. 100여 명에 이르는 내·외신 기자들이 일찍부터 진을 치고 있었고, 기자회견장 주변에는 황 교수 지지자들과 비판자들 사이에 고성이 오가는 소란이 벌어지기도 했다. 프레스센터 밖에서는 10여 명의 사람들이 황 교수의 얼굴이 새겨진 커다란 현수막을 펼쳐든 채 지나가는 시민들을 대상으로 황 교수 지지 서명을 받고 있었다.

논문 조작이 만천하에 드러난 이후라 황우석 교수의 기자회견에 대한 시민들의 관심은 시들했고 오히려 짜증스럽다는 반응까지 나왔다. 일부에서는 64분 동안이나 생방송으로 중계된 기자회견을 두고 전파 낭비라며 비판하기도 했다. 하지만 혹시라도 황 교수가 진실을 말하지 않을까 하는 일말의 기대 속에 전 세계의 눈이 그에게로 향하고 있었다. 그러나 실망스럽게도 기자회견 내용은 과거의 주장과 별반 다를 게 없었다. 잘못을 인정할 것은 있지만, 자신도 속았고 억울하다는 것이다. 이때까지 세 차례 가진 기자회견 때마다 변명을 늘어 놓은 황 교수를 보면서, 황 교수에게는 '죄송……그렇지만' 이라는 변명 공식이 있다고 비꼬는 기자도 있었다.[1]

"더 이상 연구원을 농락하지 마십시오"

황우석 교수는 언제나 그랬던 것처럼 이 날도 뭔가 대단한 연구성과가 있는 양 분위기를 풍겼고, 또 그것이 대한민국의 기술임을 강조해 자신에게 쏟아지는 비난을 모면하려 했다. 기자회견 전부터 황 교수가 인간 면역 유전자를 끼워 넣은 무균 돼지로부터 줄기세포를 얻어 냈고 이에 대해 무언가를 회견장에서 보여 줄 것이라는 소문이 돌고 있었다. 실제로 기자회견장에는 그 무언가를 보여 줄 빔프로젝터 사용이 예약돼 있었다. 하지만 아무것도 볼 수 없었다. 그날 아침 일찍 그의 자택에 들이닥친 검찰 수사관이 기자회견장에 들고 나가려는 노트북까지 압수했기 때문이다. 그 안에 국민들에게 보여 줄 놀랄 만한 무언가가 들어 있었는지 모르겠다. 하지만 황 교수는 처음 등장할 때처럼 마지막 퇴장 순간까지도 과학계가 아닌 일반인들을 대상으로 한 언론 플레이의 유혹에서 벗어나지 못했던 것 같다. 기자회견 뒤 일어난 일부 누리꾼들의 열광적 옹호와 지지는 황 교수의 언론 플레이가 여전히 유효하다는 것을 보여 주기도 했다.

하지만 더욱 놀랍고 충격적인 것은 따로 있었다. TV 방송을 통해서 전달된 기자회견장의 풍경이 그것이었다. 황우석 교수 뒤편에 연구원과 대학원생들이 도열해 있었던 것이다. 말 그대로 인간 병풍이었다. 그처럼 낯 뜨겁고 참담한 자리에 자신의 제자들을 이끌고 올 수가 있을까? 세계적인 과학 사기 사건이 벌어진 실험실 소속이었다는 것만으로도 경력에 돌이킬 수 없는 상처를 입은 연구원들이었다. 게다가 인간 병풍이 된 연구원 중의 대부분은 줄기세포 연구와 무관한 사람들이었고, 심지어는 유학 중인 외국인 연구원까지도 전 세계에 방영될 카메라 앞에 얼굴을 비추고 있었다.

실험실, 과연 그곳에도 민주화의 봄은 올까

도대체 어떻게 이런 일이 가능했을까? 황우석 교수의 실험실에서 벌어진 일들을 들여다보면 이에 대한 해답을 간접적으로나마 찾을 수 있다. 이미 여러 경로로 밝혀진 것이지만, 황 교수 실험실의 모습은 비민주적 실험실의 결정판이라고 할 만큼 많은 문제들을 안고 있었다. 이미 충분히 이야기한 바지만 여성 연구원 두 명으로부터 난자를 제공받았으며, 여성 연구원들에게 동의서를 돌려 서명을 받았다는 사실을 다시 지적하지 않을 수 없다. 실험실에 남기 위해서는 자신의 신체에 가해질 직접적인 위해를 감수할 수밖에 없다고 한다면, 이보다 더 심각한 비민주성과 인권 침해가 따로 있을 수 없다. 이를 실험실 내의 위계적인 권력 관계와 무관하다고 말할 수는 없을 것이다.

또한 황우석 교수는 연구원들에게 지급돼야 할 연구비 8억 원 가량을 다른 용도로 유용했다. 이를 위해 별도로 여직원을 고용하고 있을 정도였다.[2] 사실 대학 교수들이 자신의 대학원생이나 연구원들에게 지급해야 할 연구비를 빼돌리는 것은 드문 일이 아니다. 오히려 흔한 '관행'으로 여겨질 정도이다. 2006년 초 감사원 감사 결과로 황 교수의 제자 연구비 유용이 드러났지만, 그로부터 1년 6개월 전인 2004년 7월에도 이미 서울대 공과대학에서는 교수 두 명이 비슷한 사건으로 구속되기도 했다. 또 연세대·전북대 등에서도 비슷한 사건이 연이어 적발됐다.[3] 하지만 황 교수는 수십 명의 연구원 통장으로부터 매달 일일이 현금으로 돈을 인출해서 돈을 모았다. 계좌 추적을 피하려 했던 것으로 보인다. 이에 수사에 참여한 검사들까지도 혀를 내둘렀다는 이야기가 전해지고 있다.

황우석 실험실에서 벌어진 일 중에는 '지적 도둑질'이라 불릴 만한 일도 벌어졌다. 연구윤리 영역에서 최근 그 중요성이 높아지고 있는 저자 표시의 윤리 규범과 관련된 일이었다. 실험 과정에 전혀 기여하지 않은 사람들이 저자에 포함됐던 것이다. 박기영 전 보좌관은 물론이고, 몇몇 사람들은 아무 기여도 없을뿐더러 심지어는 논문의 내용도 제대로 알지 못한 채 저자에 포함됐다.[4] 반면에 연구에 기여를 한 대학원생이나 연구원은 제외되거나 혹은 후순위로 밀리는 등, 저자 표시에 있어서 정당한 '보상'을 받지 못했다. 석·박사 과정생의 경우 교수와 학생의 비대칭적 권력 관계 이외에도 졸업 시기, 논문 저자 포함 여부 등의 현실적 이해 관계가 얽혀 있어 이런 일이 벌어져도 문제 제기하기 힘든 구조에서 빚어지는 일들이었다.

한편 황우석 교수를 비롯한 실험실 구성원 전체가 연구윤리에 대한 이해가 부족했을 뿐만 아니라, 연구 수행에 필요한 기본적인 절차도 지키지 않은 것으로 드러났다. 만약 연구윤리에 대한 이해가 충분히 강조되는 실험실이었다면 논문 조작도 불가능했을 것이다. 또한 서울대조사위원회가 논문 재검증을 위해 연구노트 등을 검토했으나 연구 진행 사항을 제대로 파악하기 어려울 정도로 부실하게 작성돼 있었다. 결과만 중시하고 과정은 별반 신경 쓰지 않는 고질적인 결과지상주의가 실험실 안에서도 발견됐던 것이다.

과학계는 '황우석 사태' 재발을 막을 수 있을까

주류 과학계의 무기력과 자정능력의 한계 또한 되짚어 볼 대목이다. 일부에서는 진실 규명 과정에 기여한 일부 익명의 과학자들의 역할이나 국내외 여론에 떠밀려 진행된 서울대 조사위원회의 활동을 두고 한국 과학계의 자정 능력을 확인했다고 주장하고 있다. 12월 4일 YTN의 '청부 취재' 보도 이후, 영원히 묻힐 뻔한 진실을 살려낸 것은 분명 '브릭BRIC' 등에서 논문 조작의 증거를 밝혀낸 익명의 과학자들이었다. 이에 대한 평가에 인색할 필요는 없을 것이다. 정말 격려할 일이며 또한 다행스러운 일이다.

하지만 시계의 바늘을 조금만 앞으로 돌려 보자. 2005년 11월 초 섀튼 교수가 결별을 선언하기 이전에 한국의 과학계가 황우석 교수의 과학 사기를 발견할 의지와 역량이 있었는지 묻지 않을 수 없다. 2004년 2월 『사이언스』 논문부터 보면 짧게는 약 2년, 1999년 2월의 복제소 영롱이부터 보면 길게는 6년간이나 진행된 과학 사기 사건이 과학계 내부의 자율적 감시 체계를 통해서 드러난 것이 아니라 언론을 통해서 극적으로 드러났다는 점은, 한국 과학계 내부의 무기력과 자정 능력의 한계를 여실히 보여 준 것이었다.

국민적 영웅으로 등장하면서 더욱 과감해진 황우석 교수의 연구 성과 조작·과장이나 국민을 현혹하는 발언들에 대해서 학계 일부의 의심은 커져갔지만, 이를 공개적으로 지적하고 비판한 과학자는 찾아보기 어려웠다. 기술적인 가능성 자체가 의심스러운 광우병 내성소 개발사업이나 환자를 치료하겠다며 졸속으로 추진한 줄기세포허브 설립계획은 상식 있는 과학자라면 누구나 의혹을 제기할 만한 일이었다. 그러나 합리적인 비판과 정직성을 최고의 규범으로 삼고 있는 과학자들조차 황 교수의 권력 앞에 침묵했다.

심지어 '황우석 사태'가 터져 나오면서 황 교수의 논문 조작 가능성이 합리적인 방식으로 제기되고 있는 시점에서도 과학 엘리트들은 황 교수를 두둔하기 바빴다. 과학적 상식과도 부합되지 않는 주장으로 황 교수를 두둔한 유전체사업단장 유향숙 박사의 발언이나 우리나라 과학계 최고의 지성이라는 과학한림원이 보여 준 기회주의적인 태도는 한국 과학계의 현주소를 적나라하게 보여 주었다.

황우석 교수의 권력이 약화되고 붕괴될 조짐이 가시화되면서 일부 과학자들의 자기반성과 비판들이 뒤늦게 나오기는 했다. 서울대 의과대학 교수 김중곤 외 20인은 2005년 12월 20일에 '환자맞춤형 배아줄기세포주' 논란에 대한 의학적 입장을 말하면서, "의학자임에도 불구하고 방관자적 자세로 이 연구의 실상을 제대로 알리지 못해 여론을 호도하는 데 일조했음을 매우 부끄럽게 생각"한다고 반성의 뜻을 밝혔다. 이미 세계줄기세포허브에 등록한 2만여 명의 환자들의 크나큰 실망에 비추어봤을 때, 너무 때늦은 일이었다. 하지만 그마저도 아무 발언도 하지 않고 침묵으로 일관했던 과학계에 비해서는 다행이라고 해야 할 것이다.

'황우석 사태'를 거치면서 한국 과학기술계의 현주소가 적나라하게 드러났지만, 불행하게도 이번 사태와 같은 일이 재발하는 것을 막을 수 있으리라고 낙관할 수는 없다. 서울대에 연구 진실성 위원회를 설치하고, 정부에서 연구 진실성 가이드라인을 제정한다고 해서 모든 일이 다 마무리된 것이라고 믿을 수 있는 사람은 극히 적은 듯하다.

문제는 보다 근본적인 데 있다. 연구원과 대학원생 등 비정규직 연구인력들에 대한 처우개선과 실험실 내부의 민주주의 확대를 통해 연구윤리 규범이 실제로 준수될 수 있어야 한다. 또한 몰아주기식이나 특혜적 방식의 국가연구개발비 투자는 연구 부정행위에 대한 유혹을 강화시킬 뿐만 아니라, 정부를 비롯해 과학자 사회 내에서의 상호 감시기능을 무력화시킬 수 있다. 정부연구비 지원 과정의 투명성과 공정성의 확립이 필요한 이유다.[5] 이것은 한국 과학계가 나서야 할 문제이기도 하지만, 정부의 태도와 정책도 변화돼야 할 문제이다. 이 문제들의 해결이 없다면 '황우석 사태'와 같은 불행한 사건은 한국 과학계에 다시 발생하게 될 것이다.

그러나 과학기술계 내부에 이에 대한 통렬한 반성과 개혁을 위한 움직임은 아직 찾아볼 수 없다. 안타까운 일이지만, 오늘도 한국 실험실의 연구원과 대학원생들은 여전히 교수나 연구 책임자를 위해서 이삿짐을 나르고 은행 심부름을 하러 다닐 것이고, 또 다시 과학 사기 사건이 벌어진다면 교수들의 변명을 옹호하기 위한 인간병풍으로 내몰릴지도 모른다. 그리고 이런 양상은 과학기술계만 아니라, '황우석 사태'를 겪은 한국 사회 전체에서도 비슷하게 전개될 것이다.

여전히 건재한 황우석 동맹

'황우석 광풍'이 몰아친 자리에는 현재 무엇이 남아 있는가? '황우석 사태'의 원인과 파장이 한국 과학기술계에만 국한되지 않는다는 점은 이제 명확하다. 이번 사태는 현대 과학 활동의 속성과 한국 사회의 여러 모순을 동시에 보여 준 것으로, 한국 과학계를 비롯해서 사회 전체가 극복해야 할 수많은 과제를 던져 주었다. 그런데 한국 사회는 값비싼 대가를 치른 이번 사태를 겪으면서 제대로 된 사회적 학습을 했을까? 이 역시 결코 긍정적인 대답을 하기 어렵다.

'황우석 영웅 만들기'에 앞장섰던 언론·정부·정치권 등의 각 영역에서 벌어진 잘못과 그에 대한 책임 규명의 필요성은 지금도 외면당하고 있다. 검찰 수사 결과가 발표됐지만, 검찰 역시 황 교수 개인에게 초점을 맞췄을 뿐 그를 지원했던 동맹세력들에 대해서는 침묵으로 일관했다. 감사원의 감사 결과도 황 교수 개인의 연구비 유용에 맞춰지고 있을 뿐, 황 교수에 대한 막대한 연구비 지원, '황우석 사태'의 은폐 시도 등과 관련된 정부와 정권 핵심부에 대한 의문에는 눈감고 있다. 온통 황 교수에게 속은 사람만 있고 책임지는 사람은 아무도 없는 것이다.

오히려 정부와 황 교수 지지자들은 실체가 모호한 황 교수의 배반포 형성기술에 여전히 미련을 보이고 있으며, 일부 정치인들은 한번 더 기회를 주어야 한다는 현실 착오적인 소신을 밝히고 있다. 이에 웃지 못할 일까지 벌어지기도 했다. 과학기술부가 2006년 2월 28일 국회에 업무보고자료를 제출하면서, 논문까지 취소당한 황 교수의 줄기세포 연구 실적을 '대통령 핵심 공약사항 이행현황'으로 기술해 놓았던 것이다. 논란이 일자 과학기술부는 자료 취합 과정에서 벌어진 실무진의 착오라고 진화에 나섰지만, "황우석 우상에 '홀린' 과학기술부"라는 비판을 받을 수밖에 없었다. 게다가 과학기술부의 한 중견간부 R 씨는 연구회 모임 자리에서 '황우석 사태'는 "단지 정책 실패일 뿐"이라며,[6] 과학기술부 내부의 안일한 인식을 드러내기도 했다.

오히려 정부는 졸속 대책을 제시하면서 책임 규명과 근본적 개선책을 외면하고 있다. 현재 과학기술부·교육부 등은 미국에서 운영되고 있는 연구윤리진실성위원회나 연구윤리지침에 대해서 논의하고 있는 것으로 알려지고 있다. 그러나 철저한 조사를 통해 원인을 규명하고 관련자들에게 책임을 추궁하지 않는다면 현재 논의되고 있는 각종 제도들이 제대로 자리잡을 수 있을지 의심스럽다. 오히려 책임을 모면하기 위한 면피용 작업이 될 가능성이 더 높다. 한국 과학계에는 이미 여러 형태의 윤리지침이나 헌장이 제정돼 있었지만, 어느 하나 제대로 지켜지지 않았다. 그것만이라도 제대로 지켜졌다면 이번과 같은 세계적인 과학 사기 사건이 발생했을까? 이는 과학계뿐만 아니라 정부·언론·정치권 등 황우석 동맹에 참여했던 사회 각 영역도 마찬가지 상황이다.

대중적인 차원에서도 '황우석 신드롬'은 시간이 지나도 사그라질 줄 모르고 있다. 논문 조작이 사실로 드러난 뒤에도 수개월 동안 주말마다 광화문을 비롯한 전국 주요 도시에서 황우석 교수 지지 집회가 계속됐다. 분신자살과 폭력 사태가 이어진 데 이어 일부 지지자들은 지방 선거에 '황우민족연대'라는 이름으로 후보를 출마시키기도 했다. 남녀노소를 가리지 않고 태극기를 몸에 두르거나 양손에 촛불과 태극기를 들고 거리에 나선 황 교수 지지자들을 어떻게 이해할 것인가? 한국 사회의 진지한 성찰 시스템 작동이 대단히 미약하거나 심지어 부재한 것이 아니냐는 의구심을 떨쳐버리기 힘든 대목이다.

무엇이 '황우석 사태'의 성찰을 방해하는가

이처럼 큰 사건을 겪은 후에도 사회적 성찰이 더딘 이유 중 하나는 한국 사회가 암묵적으로 공유하고 있는 낡은 사회문화 때문이다. 동시에 현 정권에서 생명공학산업을 신자유주의적 성장전략의 중요한 수단으로 삼고 있기 때문이기도 하다. 하지만 지난 수십 년간 우리 사회를 지배해 온 '박정희 패러다임'의 문제를 다시 한 번 강조하지 않을 수 없다.[7] 박정희 개발독재 당시 과학기술 활동은 국가목표인 경제성장의 도구였으며, 과학기술자들은 조국 근대화의 역군으로 인식됐다. 이러한 목표를 달성하기 위해서는 과학기술자의 사회적 책임이나 연구 절차에 대한 고려는 부차적인 것이 된다. 그리고 이러한 정책 기조는 현재까지 큰 변화 없이 유지돼 오고 있다. 지금까지 한국 사회를 뒤흔들고 있는 '국익', '국가경쟁력', '애국주의'라는 키워드도 여기서 유래됐다고 볼 수 있다. 황우석 교수의 '과학기술동맹' 밑바닥에는 이러한 '박정희 패러다임'이 자리 잡고 있다.

한국의 생명공학정책에는 이와 같은 '박정희 패러다임'이 애초부터 탑재되어 있었다고 해야 할 것이다. 일찍이 1983년에 제정된 〈유전공학육성법〉(현 〈생명공학육성법〉)에서 이를 확인할 수 있다. 당시 법률 제정의 목적을 보면 생명공학 발전을 통해 국가경쟁력을 향상시키겠다는 것을 명확히 하고 있다. 즉 생명과학 분야를 하나의 경제성장도구로 파악해 범부처적 지원을 아끼지 않겠다는 의지를 생명공학산업이 자리 잡기도 전인 23년 전에 밝힌 것이다. 그러나 생명공학을 규제하기 위한 법제도 도입은 마냥 미뤄지다가, 2000년대에 들어와서야 우여곡절을 겪으면서 겨우 이루어졌다. 그

나마도 허점투성이거나 법의 발효가 미뤄져 제 역할을 하지 못하고 있다.[8]

생명공학 발전에 대한 정부의 의지는 법률 제정에 국한되지 않고, 1994년에 나온 범부처적인 '생명공학육성 기본계획 Biotech2000' 등의 체계적인 정책을 통해 구체화됐다. 이 사업의 목표는 2000년대 초까지 우리나라의 생명공학기술을 선진 7개국 수준에 진입하도록 하여 21세기 전략산업으로 육성한다는 것이었다. 여기에 더해 노무현 정권은 신자유주의 성장전략하에서 차세대성장동력산업으로 강력히 추진되고 있는 생명공학산업을 강조함으로써 이와 같은 정책 기조를 더욱 강화했다. 이처럼 20여 년의 전통을 가진 정부의 강력한 생명공학 육성정책은 생명윤리와 안전 문제, 연구절차에 대한 다양한 쟁점들을 경제성장의 장애물로 인식하게 했으며, 결론적으로 쟁점을 점검하고 사회적으로 토론해 대책을 마련할 기회를 봉쇄했다. 이런 상황에서 나타난 황우석 교수는 정부에게는 정책의 정당성을 더욱 강화시킬 근사한 선물이었지만, 한국 사회 전체에는 재앙이 됐을 뿐이다.

이런 '박정희 독재시기'의 역사적 배경은 한국의 근대화 과정에서 겪은 여러 역사적 경험과 함께, 정부정책뿐만 아니라 과학기술에 대한 대중들의 인식에도 강력한 영향을 미쳤다. 대중들은 과학기술을 사회와 끊임없이 상호 작용하는 사회제도와 비슷한 것으로 파악하는 것이 아니라, 대중들이 관여하기 어려운 전문가들의 영역이며 잘 쓰면 좋을 뿐인 가치 중립적인 것으로 인식하고 있다. 이런 관점은 한국 사회에 막대한 영향을 미치는 과학기술 정책 결정에서 일반인들을 소외시키는 결과를 만들었고, 결국 전문가에 대한 과도한 위임으로 정책이 왜곡될 가능성을 높게 했다. 더 나아가 일반인들은 논란이 되는 과학기술 쟁점에 대해 무관심하게 되고, 사회적 토론과 합의의 의제가 되어야 할 '기술 시민권'에 대한 주장은 설 자리가 없게 된다. 과학기술이 신비화되고 더욱 권력화되는 것이다.[9]

과학기술에 대한 이런 편협한 인식은 현대 과학기술의 속성과 부합되지 않을뿐더러, 현대 과학기술로 인해 야기될 위험에 대한 대응책 마련이라는 실천적인 관점에서 볼 때도 심각한 문제가 아닐 수 없다. 여기에는 과학기술이 사회적 문제를 해결해 줄 것이라는 '기술적 해결'에 대한 높은 기대의 문제 또한 포함된다. 황 교수와 줄기세포 연구에 대한 난치병 환자들의 열광과 맹목적인 지지가 이를 잘 보여 준다. 자신들이 처한 열악한 사회적 조건에 대한 개선 요구보다는 언제 실현될지 모르는 신기술에 과도한 희망을 걸고 있는 것이다. 황 교수는 한국 사회에 만연한 과학기술에 대한 편협한 인식을 잘 대변하고 체화함으로써, 유사 파시즘이라고 불릴 만한 국민적 열광을 불러일으킬 수 있었던 것이다. 그리고 이 사태가 끝난 후에도 사회적 성찰을 방해하는 원인으로 작용하고 있다.

'황우석 사태'와 한국 사회의 우려스러운 미래

'황우석 사태'의 전개 과정 속에서 보여 준 무기력과 침묵, 비겁함 그리고 사회적 성찰을 가로막는 비이성적 모습은 한국 사회의 미래에 우려스러운 그림자를 드리우고 있다. 특히 현대 과학기술의 특징이나 사회와의 상호작용에 대한 이해부족으로 인해 새로운 과학기술의 발전에 대한 공적 논의와 대응 부재가 지속되는 것도 문제이다. 그럴수록 급속히 발전하는 과학기술의 연구·개발과 사회적 적용 과정에서 빚어지는 정책 결정 과정의 왜곡, 사회적 불평등, 인권의 후퇴를 피할 수 없을 것이다.

앞서 지적했듯이, 이번 '황우석 사태'는 급속히 발전하는 생명공학에 대한 충분한 사회적 토론과 민주적 통제가 이루어지지 못함으로써 빚어진 일이라고도 평가할 수 있다. 지난 1990년대 후반부터 인간배아 연구의 허용 여부 및 규제 방식에 대해서는 여러 형태의 사회적 논의와 그에 따른 나름의 합의가 만들어졌으나 이는 시민사회에 폭넓게 수용되지 못했으며, 육성 위주의 정부 생명공학정책도 변화시키지 못했다. 생명복제합의회의, 과학기술부 산하의 생명윤리심의위원회 보고서, 복지부 용역의 보건사회연구원의 보고서, 적지 않은 사회적 토론과 시민단체의 요구사항들이 〈생명윤리법〉에 제대로 반영되지 못했다. 결국 제정된 〈생명윤리법〉은 누더기가 됐지만, 그마저도 황 교수 실험이 다 끝난 후에야 발효됐다. 사회적 합의에 기초

한 적절한 규제가 존재했다면 이번 사태를 사전에 막을 수도 있었을 것이다.

이번 사태는 일차적으로는 정치적 정당성과 제도적 조건을 확보하려는 노력 없이 밀어붙였던 정부의 강력한 생명공학육성정책 때문이지만, 이 문제를 사회적 의제로 만들고 광범위한 공론화에 실패했던 시민사회의 관심 부재와 역량 미비의 문제점도 빼놓을 수 없다. 사실 이번 '황우석 사태'와 관련해서 시민단체가 충분한 역할을 하지 못한 것이 아니냐는 비판의 목소리가 많다.[10]

'황우석 사태'가 본격화되자 생명공학감시연대가 성명을 발표하면서 대응하기는 했지만, 황우석 현상이 본격화된 2004년 논문 발표 이후부터 체계적으로 접근한 것은 아니었다. 과학기술정책은 사회적 파급력이 크고, 막대한 세금이 투여되는 등 공공성이 높은 영역이라고 할 수 있다. 그리고 현대사회에서 과학기술을 예외로 놓고서 민주주의·인권·환경·성평등과 같은 시민사회의 가치를 논의하기 힘들다. 이미 1997년에 한바탕 논란을 빚은 전자주민카드 도입이나 2003년의 교육행정정보시스템NEIS 추진과 부안 방폐장 추진 과정 등이 이를 잘 보여 주고 있다. 그럼에도 불구하고 여전히 대부분의 시민단체들은 과학기술정책에 대한 본격적이고 체계적인 개입을 주저하고 있으며 일반 시민들에게 과학기술에 대한 비판적 관점을 제공하는 데에도 그리 적극적이지 않다.

과학기술에 대한 사회적 성찰 부족과 민주적 통제의 미비로 인해서 한국 사회가 직면하게 될 문제점은 이미 현실로 나타나기 시작했다. 이번 사태를 통해서 드러난 줄기세포 연구 분야가 아니더라도, 생명공학 분야 전반은 여러 가지 안전·윤리·사회·환경에 대한 우려를 던져 주고 있으며, 그 일부는 현실로 드러나기 시작했다. 또한 급속하게 발전해 우리 사회 곳곳에 자리 잡은 정보통신기술 분야 역시 프라이버시 침해 등 인권 문제를 포함해 이미 사회적으로 쟁점화되어 있다. 이외에도 새롭게 부각되고 있는 나노기술 역시 그것이 가진 위험 문제에 대해 평가가 필요하다는 비판의 목소리가 있다.[11] 그럼에도 불구하고 여전히 무관심 혹은 의도적인 회피로 문제가 악화되는 것을 방치하고 있는 것이 오늘의 현실이다.

생명공학, 정보통신기술 그리고 위험들

배아줄기세포보다 임상용 가능성이 높다고 알려져 있는 성체줄기세포 분야에서도 일부 연구자들과 바이오벤처들은 면밀한 안전성 검토도 없고 적절한 절차도 따르지 않은 채 임상시험을 감행하다가 환자들에게 위해를 입혔다. 심지어 이 과정에서 두 명의 환자가 사망하기도 했다. 이는 황우석 교수의 줄기세포 연구에 대한 기대가 과도하게 팽창하면서 벌어진 일들이다. 신의료기술의 개발 과정에서 피험자나 환자에 위험이 전가될 수도 있다는 우려가 현실화된 것이다. 이런 일이 벌어졌음에도 불구하고 임상시험에 대한 규제를 담당한 식약청은 세포치료 부문의 연구와 생명공학산업의 발전이라는 명목으로 '응급 임상', '연구 임상'의 범위를 확대해, 전 임상실험이나 의학적 효능이 검증되지 않아도 시술을 할 수 있도록 제도를 완화시킴으로써 사태의 악화를 더욱 부채질하고 있다.

한편 이제 막 임상시험 초기 단계에 도달한 줄기세포 치료에 대해서 책정된 비용도 지나치게 높다. 의학적 효능도 장담할 수 없는 시술이 수천만 원에서 최고 수억 원까지 호가하고 있는 것이다. 이는 신기술에 기반한 치료에 대해 환자들이 갖는 과대한 기대와 그 과정에서 돈을 벌어 보겠다는 업체의 과장 홍보, 그리고 공적 보험체계 밖에 놓여 있어 정부의 통제가 미치지 않는 상황 등이 빚어내는 일들이다. 따라서 위험이 동반된 신기술이든 아니든 그나마 경제력이 없는 대부분의 난치병 환자들에게는 그림의 떡일 수밖에 없다. 생의학 기술의 발전으로 인한 의료 접근권의 불평등 문제는 이미 글리벡 사태에서 확인된 바 있지만, 신기술 개발뿐만 아니라 이런 성과들을 어떻게 형평성 있게 제공할 것인지에 대한 본격적인 고민이 필요한 시점이 되고 있는 것이다.

한편 생명공학의 다른 쟁점인 유전자조작 생물체 Genetically Modified Organism, GMO의 문제도 있다. GMO의 개발 및 재배, 그리고 식품의 이용 과정에서 제기되는 건강상의 위험, 생태계 교란의 우려, 소농에 대한 초국적 농화학기업의 착취 등의 문제는 이미 전 세계적인 사회운동의 이슈가 되고 있다.[12] 하지만 한국에서는 1990년대 말과 2000년대 초에 잠시 사회적 주목을 받았을 뿐 이제는 거의 잊혀진 이슈가 되고 말았다. 당시 환경·소비자 문제를 중심으로 한 시민단체들이 유전자조작 식품의 위험성과 개발 배경 등을 고발하는 데 어느 정도 기여했다고 할 수 있으나 그리 오래 지속되지는 못했다. 농산물 수입량이 많은 선진국 중에서 아마도 한국과 같이 GMO의 위험성에 대한 사회적 관심과 사회운동이 취약하고 정부 규제가 거의 없는 국가를 찾기는 힘들 것이다.

그나마 시민단체가 중심이 된 GMO 반대운동의 제도적 성과라고 할 수 있는 GMO 표시제가 실시되고 있기는 하지만, 일반인들의 자유로운 선택권을 보장하기에는 한계가 많다. GMO 표시제가 많은 한계를 갖게 된 것은 생명공학 분야를 발전시키겠다는 정부의 정책 기조와 미국 등의 GMO 수출 국가에 자주적인 입장을 견지하지 못한 정부의 태도 때문이었다. 이로 인해 GMO 표시제가 식품 안전에 있어서의 불평등을 강화시키는 결과를 낳게 됐다. 경제적으로 여유가 있는 계층은 GMO가 아닌 값비싼 유기농산물—그마저도 외국에서 수입되는—을 먹고 있으며, 대부분의 사람들은 자신의 식품 선택권을 행사하지 못한 채 여러 형태의 GMO 식품을 먹을 수밖에 없는 것이다.

유전자 프라이버시 문제도 점점 심각해지고 있다. 검사할 수 있는 유전자 항목이 증가하고 사회에 적극적으로 도입되면서, 개인의 유전정보를 수집하고 이를 바탕으로 통제하려는 국가의 움직임이 확대되고 있다. 검찰과 경찰은 흉악범 검거와 범죄 예방 명분으로 범죄자 유전자정보은행을 구축할 계획을 추진하고 있다. 얼핏 보면 일반 국민들과는 전혀 상관없고 흉악범에만 해당되는 얘기로 들릴지 모르지만, 그동안의 국내 추진 과정이나 외국의 사례를 보면 이 시스템이 사회 전반으로 확장될 가능성이 매우 높다.

처음에는 사회적 정당성을 쉽게 획득할 수 있는 대상에서 출발해

점차 그 범위가 확장되는 경향이 있기 때문이다. 이미 국내에는 미아·치매노인·변사자들에 대한 유전자정보은행이 구축돼 있으며, 군대에서도 해외파병 장병을 대상으로 활용하고 있다. '과학 수사', 'DNA'라는 단어가 신비한 이미지를 만들어 내면서 이 기술의 도입에 대한 신중하고 냉정한 평가를 가로막고 있다고 할 수 있다.[13]

한편 생명공학과 함께 현대 과학기술의 한쪽 중심 축인 정보통신기술도 예외가 아니다. 익히 알려진 것처럼 우리나라의 정보 인프라는 세계 최고 수준이라고 할 수 있다. 반면 정보 인권의식이나 인권 보호를 위한 법률, 정보 보호 관행 등 운영 방식은 후진성을 면치 못하고 있다. 현재 전자태그 Radio Frequency IDentification, RFID 시스템, CCTV, 생체정보 이용 시스템, 각종 위치정보 시스템, 전자주민카드 등이 이미 광범위하게 도입됐거나 논의되고 있다. 그러나 대부분 사회적인 영향력이 큰 사업임에도 불구하고 프라이버시에 대한 논의는 정보통신산업의 발전, 행정의 효율성 강화, 시민의 편리 증대 등의 논리에 밀려 설 자리를 잃고 있다. 또한 이러한 문제들에 대해서 몇몇 인권·시민·노동단체들이 활동하면서 사회적 관심을 촉구하고 있기는 하지만, 시민사회 내에서도 주요한 의제로 인식되고 있지 못하고 있다.

최근 전자주민카드 발급 계획이 발표됐는데, 이미 1990년 후반 인권침해 문제로 중단됐던 것에서 크게 개선되지 않은 채 사업이 다시 추진되고 있다. 오래 전부터 국가 행정정보망 구축에 참여해 왔고 1990년대 전자주민카드 도입 논의 초기부터 영향력을 행사해 온 삼성 SDS와 같은 기업과 정부 내에서 정보화사업을 추진해 온 행정관료들의 끊임없는 부추김이 이미 실패한 정책인 전자주민카드 도입사업을 되살리고 있다. 수십여 종의 개인 정보가 카드 한 장에 포함되고, 중앙집중적인 방식으로 국가에 의해서 관리됨으로써, 국가에 의한 개인의 프라이버시 침해 가능성은 훨씬 높아질 것이다. 그러나 이에 대한 사회적 논의는 미미한 상태이며, 논의는커녕 샘플로 만들어진 카드에 찍힌 여성이 누구인지가 인터넷에서 유포되고 있는 상황이 우리 정보 인권의 현주소를 정확히 보여 준다. 신기술이 야기하게 될 위험성에 대한 체계적인 인식과 이에 대한 대응책 마련에 대한 논의마저도 취약한 한국 사회의 현황은 정보 인권의 후진국, 더 나아가 감시사회로 가는 길을 촉진시켜 줄 것이다.

21세기 시민의 필수교양: 현대 과학기술에 대한 비판적 관점

지난 수년간 또 최근의 수개월간 '황우석 사태'를 겪으면서 많은 사람들은 새삼 과학기술이 일상과 불가분의 관계에 놓여 있다는 것을 깨닫게 됐다. 그동안 과학기술이 삶에서 차지하는 비중이 결코 적지 않음에도 불구하고 성찰의 대상이 되지 못했다는 점에서 이런 인식은 상당히 고무적이다. 하지만 이번 사태의 전개과정에서 고삐 풀린 과학기술이 브레이크 없이 질주하고 있다는 사실 역시 확연하게 드러났다. 과학기술동맹이 아무런 저항 없이, 심지어 전 국민적 지지를 얻고 형성됐기 때문이다. 이런 정황은 다른 여러 가지 문제와 마찬가지로 과학기술과 관련해서도 한국 사회는 갈림길에 서 있다는 것을 말해 준다.

이런 점을 염두에 둘 때 우려스러운 것은 이번 사태가 제대로 마무리되지 못하는 경우다. 한창 형성 중이던 '과학기술동맹'에 제동을 건 것은 다행스러운 일이지만, 냉정히 따져 보면 이번 일은 동맹의 반대편에서 대응했던 이들의 역량이 높아서라기보다는 그 동맹의 핵심에 있던 황우석 교수 등의 수준이 아주 낮았기에 가능했다. 만약 황 교수가 과학 연구에 있어서 최소한의 기본을 지키면서 자신의 동맹을 형성시켜나갔더라면 양상은 크게 달라졌을 가능성이 높다. 당장 이번 사태가 난자 출처를 둘러싼 윤리 문제 정도에서 그치고 다른 문제들은 여전히 밝혀지지 않았다면 상황은 전혀 달랐을 것이다.

더구나 한국 사회는 과학기술에 대해서 진보·보수를 막론하고 막연하게 긍정적인 이미지를 가지고 있었던 게 사실이다. 전통적으로 과학기술은 '진보'와 동의어로 받아들여졌을 뿐만 아니라 최근 들어서는 더 노골적으로 '국가 경쟁력 강화'와 같은 지배 담론과도 쉽게 친화력을 갖는다. 이 과정에서 꼭 있어야 할 사회적 성찰이 부재했던 것도 사실이다. 이런 사정 때문에 한국 사회의 새로운 과학기술에 대한 시민들의 수용성 정도는 거의 세계 최고 수준이지만 그 부작용에 대한 진지한 검토는 사실상 부재했다. 이번 사태에서 나타난 연구윤리, 줄기세포 연구의 응용 가능성 또는 사회·경제적 영향에 대한 과장 등은 그 결과로 보아야 할 것이다.

그렇다면 이제 어느 길로 나아가야 할 것인가? 가장 먼저 고민해야 할 부분은 이번 기회를 통해 제대로 된 통제 시스템을 마련하는 일이다. 세계에서 유래가 없을 정도로 과학기술을 통한 삶의 재구성 압력이 큰 사회이니만큼 그에 합당한 적절한 제어장치를 마련하는 것이 필요하다. 이와 관련해 '사전예방원칙'을 강조하는 것은 큰 의미가 있을 듯하다. 생명공학에서 특히 잘 나타나듯이 현대 과학기술이 갖는 영향력의 범위는 매우 큰 반면에, 한번 사회에 도입되면 되돌리기 힘들 만큼 파국적인 결과를 불러올 가능성도 있다. 이런 점을 염두에 둘 때 과학기술의 도입 과정에서 신중에 또 신중을 기하는 것은 아주 중요한 일이다.

이렇게 신중을 기하는 것과 함께 같이 가야 할 것은 다양한 이해관계를 가진 더 많은 사람들이 과학기술의 문제에 고민하고 또 의사결정에 권한을 행사할 수 있도록 참여하게 만드는 일이다. '과학기술동맹'이라는 새로운 권력이 아무런 견제 없이 쉽게 생겨날 수 있었던 배경에는 과학기술이 소수의 손에 좌지우지돼 왔던 그간의 사정과 무관하지 않다. 더 많은 사람이 과학기술에 대해서 고민을 하고 또 그것에 영향력을 행사한다면 그만큼 소수의 손에 의해서 과학기술의 방향이 결정되고 또 그것이 기득권 강화를 위한 계기로 이용되는 일은 없을 것이다. 이와 관련해 시민과학센터 등은 이미 1990년대 중반부터 다양한 과학기술에 있어서 시민 참여 방법들을 소개해 왔다. 이번 일은 그런 방법들이 더 다양한 형식으로 광범위하게 응용돼야 할 필요성을 제기한다.

이렇게 과학기술에 있어 시민 참여는 이번 사태에서 다소 충격적으로 표출된 한국 사회의 우려할 만한 경향에 대한 대비책으로서도 큰 의미가 있다. 황 교수 지지자들의 행태는 과학기술에 대한 시민들의 성찰적 인식이 뒷받침되지 않을 경우 얼마나 끔찍한 일이 초래될 수 있는지를 잘 보여 줬다. 단순히 과학기술 지식을 그들과 공유하는 것이 아니라 과학기술을 그들의 삶의 중요한 부분으로 인식하게 하고 고민하게 할 때 과학기술에 대한 성찰은 꽃 피울 수 있을 것이다. 한 사회의 과학 문화는 바로 이런 조건에서 성숙하게 될 것이다. 이번 사태는 이런 과학 문화의 성숙 없이는 제대로 된 과학 활동조차도 불가능함을 잘 보여 줬다.

'황우석 사태'는 한국 사회가 세계에서 차지하는 독특한 위상을 한 번 더 확인시켜 줬다는 데도 큰 의미가 있다. 이번 사태에서 제기된 여러 가지 문제는 그 영향력의 범위에서 세계에서 유래를 찾아볼 수 없는 것이었다. 인간복제배아 연구에 대한 규제, 연구용 난자 수급체제의 구축과 같은 이번 사태의 핵심 쟁점을 둘러싼 한국 사회의 반응은 이와 유사한 문제로 고심하고 있는 세계 각국의 주목의 대상이 되고 있다. 이것은 최소한 몇몇 새로운 과학기술 분야에 있어서는 한국 사회에서 진행됐던 논쟁과 그 결과가 전 세계적인 규범의 원형이 될 수도 있음을 의미한다. 그만큼 한국 사회의 책임이 큼을 말해 주는 대목이다.

평화와 환경을 고민하는 일본의 사상가 토다 키요시戸田清는 21세기를 살아가는 시민에게 필수적인 교양으로 '역사에 대한 반성적 성찰'과 '현대 과학기술에 대한 비판적 교양' 두 가지를 들었다. '황우석 사태'에 대한 반성적 성찰을 통해 본격적인 과학기술시대에 철저히 대비할 때 비로소 이번 사태는 역사의 한 분기점으로 기록될 수 있을 것이다. 또 다른 '과학기술동맹'의 탄생을 막기 위해서 모두가 긴장하고 정신을 집중해야 할 때다. 이번 사태를 계기로 과학기술시대의 '각성한 시민들'이 많아지게 된다면, 그것이야말로 황우석 교수의 가장 큰 공헌이 될 수 있지 않을까?

주

1 이정애, 「"죄송……그렇지만" 황우석 교수 변명 공식」, 『한겨레』, 2006. 1. 12.

2 감사원, 「'국가연구개발사업 관리실태' 감사 결과 중간발표」, 2006. 2. 6.

3 「줄줄 새는 국가 R&D 예산: 교수가 연구원 통장관리……인건비 '슬쩍'」, 『서울신문』, 2005. 12. 13.

4 서울대 조사위원회에 의해서 2005년도 『사이언스』 논문 공동저자 25명 중 기여한 바가 없다고 밝힌 연구자 명단은 다음과 같다. 박예수(한양대 교수, 제20저자), 오선경(서울대 연구원, 제21저자), 김희선(서울대 연구원, 제22저자), 박종혁(피츠버그대 박사후연구원, 제23저자), 문신용(서울대 교수, 과학기술부 세포응용연구사업단장, 제24저자). 또 2004년도 『사이언스』 논문 공동저자 15명 중 기여한 바가 없다고 밝혀진 연구자 명단은 박기영(순천대 교수, 제13저자)이다.

5 이준석·김옥주, 「연구 부정행위에 대한 규제 및 법정책 연구」, 『제2차 시민과학포럼: 연구 진실성(Research Integrity), 그 쟁점과 대책』, 참여연대 시민과학센터, 사회복지공동모금회관, 2006. 2. 23, 68~69쪽. 이 포럼에서 김옥주 교수는 미 국립과학재단의 2005년 10월의 보고서를 인용하면서, 연구 진실성이 연구비 지원제도의 투명성과 공정성에 크게 의존하고 있다고 강조하고 있다.

6 과학기술부 R 소장, 과학기술정책연구회 월례모임, 고려대, 2006. 3. 2.

7 〈생명윤리법〉은 2005년 12월에 제정됐다. 한편 〈유전자변형생물체의 국가간 이동 등에 관한 법률〉은 2001년 2월에 제정됐으나 법률 발효는 이 법률의 기반인 〈생명공학 안전성 의정서 Biosafety Protocol〉 국제협약 발효가 되지 않은 점을 핑계로 기약 없이 미루어지고 있다.

8 〈생명윤리및안전에관한법률〉은 2003년 12월에 제정됐다. 한편 〈유전자변형생물체의국가간이동등에관한법률〉은 2001년 2월에 제정됐나 법률 발효는 이 법률의 기반인 〈생명공학 안전성 의정서Biosafety Protocol〉 국제협약 발효가 되지 않은 점을 핑계로 기약없이 미루어지고 있다.

9 과학기술의 민주화의 필요성과 기술시민권에 대해서는 참여연대 과학기술민주화를위한모임, 『진보의 패러독스: 과학기술 민주화를 위하여』, 당대, 1999; 참여연대 시민과학센터, 『과학기술·환경·시민참여』, 한울, 2002; 또한 과학기술과 대중의 관계와 대중들의 과학기술에 대한 인식 등에 대해서는 김명진 편역, 『대중과 과학기술: 무엇을, 누구를 위한 과학기술인가』, 잉걸, 2001 참조.

10 「욕먹을 일도 없다, 한 일이 없으니까」, 『시민의신문』, 2006. 2. 8. 특히 여성단체들의 무기력한 대응과 이에 대한 문제 제기는 잠시 또 다른 논란을 야기했다. 「여성인권 뒤로 하는 여성단체, 왜?」, 『여성주의 저널 일다』, 2006. 1. 10.

11 나노기술의 위험성에 대해서는 다음의 글을 볼 수 있다. 「커버 스토리: 나노기술의 위험성」, 『시민과학』 47호, 2003년 7·8월호.

12 유전자조작 식품의 여러 문제점에 대해서는 권영근 편, 『위험한 미래: 유전자조작 식품이 주

는 경고』, 당대, 2000; 반다나 시바(한재각 외 옮김), 『자연과 지식의 약탈자들』, 당대, 2000; 매완 호(이혜경 옮김), 『나쁜 과학: 근본적으로 나쁜 유전자조작 생명공학』, 당대, 2005 등을 참고할 수 있다.

13 수사기관의 유전자 DB 구축의 현황과 문제점은 김병수, 「유전자감식기술의 사회윤리적 쟁점」, 한국생명윤리학회, 『생명윤리』 6권 1호, 2005를, 바이오벤처 등 기타 유전정보 활용 현황과 문제점은 김병수, 「유전정보 이용현황과 문제점」, 『국가인권위원회 토론회 자료집: 유전자 정보, 어떻게 보호할 것인가』, 2004. 9. 22 등을 참고할 수 있다.

1997년 2월 23일 영국 로슬린연구소 이언 윌머트 박사팀, 1996년 7월 5일 체세포핵이식 방법으로 복제양 돌리가 태어났다고 발표.

1998년 12월 14일 경희의료원 불임클리닉 이보연 교수팀, 세계 최초로 인간 체세포 핵이식 성공하고 4세포기까지 배양했다고 발표하여 크게 논란이 됨.

1999년 1월 24일 대한의학회 생명복제소위원회 실태조사팀(팀장 서울대 의과대학 서정선 교수, 팀원 서울대 의과대학 문신용 교수, 서울대 수의과대학 황우석 교수, 생명공학연구소 이경광 박사), 이보연 교수팀의 연구 결과를 확인할 근거 없다고 발표.

1999년 1월 26일 대한의사협회, 생명복제 연구를 잠정적으로 중단할 것을 촉구하는 「생명복제 연구에 대한 대한의사협회의 입장」 발표.

1999년 2월 19일 황우석 교수팀, 세계 다섯 번째 복제동물로 송아지 '영롱이'가 2월 12일 탄생했다고 발표(1996년 7월 복제양 돌리, 1998년 7월 일본 긴키대의 복제소, 미국 하와이대 연구팀의 복제생쥐, 뉴질랜드 웰스 박사팀의 복제소 옐시).

2000년 10월 18일 참여연대 시민과학센터, 국회에 〈생명과학 인권 윤리법〉 입법청원(참여연대 시민과학센터의 활동은 http://cdst.jinbo.net/contents/about_02.html 를 참고할 것).

2000년 11월 21일 과학기술부(서정욱 장관), 생명윤리자문위원회 구성 및 제1차

회의(호선으로 진교훈 서울대 교수를 위원장으로 선출).

2000년 12월 4일 보건복지부(최선정 장관)로부터 연구 용역을 받은 보건사회연구원(연구책임자 이의경 박사), 인간체세포핵이식 연구 금지 등을 내용으로 하는 〈생명과학보건안전윤리법(가칭)〉 시안 발표.

2000년 12월 6일 보건사회연구원(정경배 원장), '생명과학 관련 보건안전윤리 확보를 위한 공청회' 개최.

2001년 5월 22일 생명윤리자문위원회(진교훈 위원장), '생명윤리기본법(가칭)의 기본골격 마련을 위한 공청회' 개최.

2001년 7월 19일 참여연대 시민과학센터 등 48개 단체 '조속한 생명윤리법제정 공동캠페인단' 구성.

2001년 11월 15일 대한의사협회, 〈의사윤리지침〉 공포. 총 6장 78조. "제5장 시술 및 의학연구와 관련된 윤리"에 제55조(인공수태시술 관련 윤리), 제64조(장기 등 매매 금지), 제66조(인체 대상 연구), 제67조(인체 대상 연구의 절차), 제69조(사회경제적 약자 대상 연구), 제70조(피검자에 대한 의무), 제71조(피검자에 대한 보상), 제73조(연구결과의 발표) 등 규정.

2001년 11월 생명윤리자문위원회, 정부에 인간 체세포 핵이식 연구의 잠정적 금지 등을 내용으로 하는 『바람직한 생명윤리기본법 제정을 위한 생명윤리자문위원회 활동 보고서』 제출.

2002년 11월 4일 국가인권위원회(김창국 위원장), 보건복지부에 〈생명윤리및안전에 관한법률제정안〉에 관해 "국가생명윤리자문위원회 및 기관생명윤리위원회 심의의 공정성과 객관성을 위하여 위원 구성에 있어 보완적 규정이 필요하다" 등 의견 제출.

2003년 1월 27일 국가인권위원회 제33차 전원위원회, 새 정부에 제출키로 한 10대 인권현안 과제에 인간배아복제 등 생명윤리 관련 문제를 포함시킴.

2004년 1월 29일 〈생명윤리및안전에관한법률〉 공포.

2004년 2월 4일 황우석(제1저자 겸 공동책임저자) · 문신용(공동책임저자) 교수팀, "Evidence of a Pluripotent Human Embryonic Stem Cell Line Derived from a Cloned Blastocyst" (2004 사이언스 논문) 온라인 게재.

2004년 2월 12일 황우석·문신용 교수팀, 세계 최초로 인간 체세포 핵이식 줄기세포(NT-hES-1) 추출에 성공했다고 발표(미국 시애틀).

2004년 2월 12일 참여연대 시민과학센터, "법률 제정 중에 실험 강행한 연구진 비판, 실험 승인과정 공개 요구, 난자매매 확산 우려 표명" 등을 담은 성명서

「생명윤리법 논란 속 배아복제연구 무리하게 강행」 발표.

2004년 2월 18일 황우석·문신용 교수팀, 사회적 합의 이룰 때까지 인간 체세포 핵이식 연구 중단 선언.

2004년 3월 20일 국가인권위원회, '인간배아복제와 생명윤리 TFT'(팀장 박경서 상임위원) 구성.

2004년 5월 6일 『네이처』, 기사 두 건과 사설을 통해 황우석 교수팀의 연구(2004 사이언스 논문)에 연구팀 내 여성 두 명의 난자를 사용한 의혹이 있다고 보도.

2004년 5월 7일 황우석 교수, 『네이처』 보도 부인.

2004년 5월 22일 한국생명윤리학회, 성명서 「의학과 생명과학기술 연구는 생명윤리 기준에 부합하여야 한다」를 발표하고, 황우석·문신용 교수 등에게 연구에 사용된 242개 난자의 출처, 한양대학교병원 IRB 심사 및 승인의 적절성, 연구비의 출처, 연구자의 충전성充全性, integrity 및 논문 저자 기재authorship 등에 대해 석명을 요청하고 공개 토론을 제안.

2004년 5월 국가인권위원회 '인간배아복제와 생명윤리 TFT', 한양대병원 IRB에 황우석 교수 연구팀의 연구계획서 심사 자료(회의록 등) 제출을 요청했으나 거절당함.

2004년 9월 16일 황우석 교수, 서울대 '관악초청강좌'에서 '생명복제기술의 현재와 미래'라는 제목의 강연을 하며 인간배아줄기세포 연구를 둘러싼 윤리논쟁 비판.

2004년 10월 21일 황우석·문신용 교수팀, 미국 필라델피아의 펜실베이니아 컨벤션센터에서 인간 체세포 핵이식 연구 재개 발표.

2004년 10월 '인간배아복제와 생명윤리 TFT', 국가인권위원회에 보고서 제출.

2004년 10월 황우석 교수, 김제언 목사에게 아들(NT-hES-2의 체세포 제공 환자)에 대해 2005년 5월경 임상시험할 것을 제안.

2005년 1월 1일 〈생명윤리및안전에관한법률〉 발효.

2005년 2월 11일 진대제 정보통신부 장관, 인간배아줄기세포 복제 성공을 기념하는 특별우표 증정식을 열고 자신 등이 서명한 우표를 담은 액자를 황우석 교수에게 수여.

2005년 4월 7일 노무현 대통령, 국가생명윤리심의위원회 민간 위원 14명에게 위촉장 수여 후 간담. '윤리계' 위원으로 한국생명윤리학회가 추천한 다섯 명과 양삼승 위원장(법무법인 화우 대표변호사) 등 일곱 명 위촉.

2005년 5월 19일 황우석(제1저자 겸 공동책임저자) · 섀튼(공동책임저자) 교수팀, "Patient-specific embryonic stem cells derived from human SCNT blastocysts"(2005 사이언스 논문) 온라인 게재.

2005년 6월 1일 공익제보자 〈PD수첩〉에 "논문 허위 가능성, 난자 윤리에도 문제" 제보 전달.

2005년 6월 7일 황우석 교수는 관훈토론회에서 난자 사용에 아무런 문제가 없었다고 재차 주장.

2005년 8월 25일 생명공학감시연대 '인간배아연구 이대로 좋은가?' 토론회 개최, 난자문제 등 실험절차의 문제점에 대한 공론화 시도(생명공학감시연대의 활동은 http://cdst.jinbo.net의 자료실을 참조할 것).

2005년 10월 19일 세계줄기세포허브World Stem-cell Hub, WSH 개소식. 노무현 대통령, "생명윤리에 관한 여러 가지 논란이 이와 같은 훌륭한 과학적 연구와 진보를 가로막지 않도록 잘 관리해 나가는 것이 우리 정치하는 사람들이 할 몫"이라고 발언.

2005년 10월 20일 〈PD수첩〉, 미국 피츠버그대에 있는, 황 교수팀 소속 김선종 연구원과 만나 '중대 증언' 확보.

2005년 10월 30일 〈PD수첩〉, 황우석 교수와 2005년 논문 의혹을 공동 검증키로 합의.

2005년 11월 1일 세계줄기세포허브 환자 접수 시작하여 12월 23일까지 2,000여 명이 등록.

2005년 11월 7일 〈PD수첩〉, 강성근 서울대 수의대 교수로부터 줄기세포 다섯 개와 모근세포를 전달받고 검증 시작.

2005년 11월 12일 피츠버그 의대 제럴드 섀튼 교수, 난자 채취의 비윤리성 등을 거론하며 황우석 교수와 결별 선언.

2005년 11월 14일 황우석 교수, CNN 주최 미디어콘퍼런스에서 "지금까지 연구를 위해 난자를 제공해 준 많은 성스러운 여성들에게 다시 한 번 감사드린다. 지금까지의 모든 연구는 정부가 정한 윤리 가이드라인을 엄격하게 준수하며 진행됐다"며 기존 주장을 재천명.

2005년 11월 17일 황 교수, 〈PD수첩〉 팀의 검증 결과에 "검증결과와 검증기관을 믿을 수 없다"며 부인.

2005년 11월 21일 노성일 미즈메디병원 이사장, 기자회견 자청해 보상금이 지급된 난자를 황우석 교수에 제공했다고 시인.

2005년 11월 22일 〈PD수첩〉, '황우석 신화와 난자 매매 의혹' 방영. 여론의 집중포화를 맞음.

2005년 11월 23일 서울대 수의과대학 IRB(위원장 이영순), 황 교수팀의 난자 사용 과정에 윤리적·법적 문제가 없다고 결론을 내린 「황우석 교수 연구팀 난자수급 조사결과보고서」를 보건복지부에 제출.

2005년 11월 24일 보건복지부, "(서울대 수의과대학 IRB) 보고서를 근거로 볼 때 법규정 및 윤리준칙 위배 사실이 없었음이 인정된다. 본 건은 결국 인간의 존엄성과 존재 가치에 대한 동서양 문화차이에서 연유한 것이 큰 이유 중의 하나인 것으로 판단된다"(최희주 홍보관리관)라고 발표.

2005년 11월 24일 황우석 교수, 난자 사용 관련 기자회견. 매매 난자 사용에 대해서는 2005년 10월 말 처음으로 알게 되었으며, 연구원의 난자를 이용한 점은 2004년 5월 『네이처』 보도 당시 알게 되었으나 해당 여성 연구원들의 프라이버시 보호 요청으로 밝히지 못하였다고 해명.

2005년 11월 27일 노무현 대통령, 청와대 국정브리핑에 기고문 「줄기세포 관련 언론보도에 대한 여론을 보며」 게재. 그리고 그 이후 노성일 원장의 기자회견, MBC의 보도가 있었고, 그에 이어 황우석 박사의 기자회견에서 진지한 해명과 공직사퇴 선언이 이어짐.

2005년 11월 28일 황우석 교수팀, 〈PD수첩〉 팀에 "2차 검증을 하지 않겠다"고 통보.

2005년 11월 29일 국가생명윤리심의위원회 간담회 개최. 황우석 교수 연구의 윤리 문제에 대해 "검토"하기로 결정하였으나 방법과 범위를 극히 제한함.

2005년 12월 1일 〈PD수첩〉, 황우석 교수 관련 취재일지 공개. MBC 〈뉴스데스크〉 통해 다섯 개의 줄기세포 중 두 개가 환자 DNA와 일치하지 않았다는 검사 결과를 공개하며 줄기세포 재검증 공식 요구.

2005년 12월 2일 〈PD수첩〉 팀, 기자회견 열어 취재과정 설명.

2005년 12월 4일 안규리 교수와 미국에 동행했던 YTN이 김선종 연구원과의 인터뷰 통해 〈PD수첩〉 취재진의 취재윤리 위반 문제 제기. MBC, 대국민 사과문과 〈PD수첩〉 방영 유보 발표.

2005년 12월 5일 『프레시안』, 「2005년 사이언스 논문 줄기세포 사진 조작됐다」 의혹 제기.

2005년 12월 5일 노무현 대통령, 수석보좌관 회의에서 "황우석 교수팀의 연구 성과에 대한 검증 문제는 이 정도에서 정리되기를 바란다"라고 발언.

2005년 12월 6일 『프레시안』, 〈PD수첩〉의 'DNA 지문분석 결과 조작 가능성' 단독입수해 보도.

2005년 12월 7일 황우석 교수, 서울대병원 입원.

2005년 12월 8일 『프레시안』, 「체세포와 줄기세포의 DNA 지문분석 결과 흡사」 의혹 첫 보도. 서울대 생명과학 분야 소장 교수 30여 명, 서울대 정운찬 총장에게 논문 진실성 의혹에 대한 진상조사 촉구.

2005년 12월 9일 『사이언스』, 황우석 교수와 섀튼 교수에게 논란이 되는 연구결과 재검토 요구, 피츠버그대 줄기세포 논문에 대한 조사 착수.

2005년 12월 9일 오명 과학기술부 장관, "과학기술계 전체를 위해서도 이 문제에 대해서 검증하자고 하는 얘기는 더 이상 없었으면 좋겠습니다"라고 발언.

2005년 12월 10일 『프레시안』, 김선종 연구원이 황 교수의 지시로 줄기세포 사진 두 장을 열한 장으로 불린 사실 등이 담긴 〈PD수첩〉 녹취록 단독 보도.

2005년 12월 11일 서울대, 황우석 교수의 줄기세포 연구 결과 재검증 실시 결정.

2005년 12월 12일 섀튼 교수, 『사이언스』 논문에서 자기 이름 빼줄 것을 요구. 서울대, 조사위원회 구성 착수.

2005년 12월 12일 이언 월머트 박사 등 세계 줄기세포 연구자들, 『사이언스』 통해 독립적인 검증 제안.

2005년 12월 15일 『프레시안』, 미즈메디병원 연구팀의 논문과 황우석 교수 논문 사진 일치 의혹 제기. 노성일 미즈메디병원 이사장, "줄기세포 지금은 없다" 폭로 발언. 사이언스에 논문 철회 통보했다고 밝힘. 〈PD수첩〉, 오후 10시 '황우석 신화' 2탄 전격 방송.

2005년 12월 15일 서울대 '황우석 교수 연구의혹 관련 조사위원회' 구성.

2005년 12월 16일 황우석 교수와 미즈메디병원 노성일 이사장, 2005 사이언스 논문 관련 기자회견을 별도로 연이어 개최.

2005년 12월 20일 서울의대 교수 21명, 성명서 「'환자 맞춤형 배아줄기 세포주' 논란에 대한 의학적 입장」 발표.

2005년 12월 23일 세계줄기세포허브 환자 접수 마감 발표, 그때까지 2만 2천여 명 접수.

2006년 1월 4일 국가생명윤리심의위원회 양삼승 위원장, 2005년 11월 23일 황우석 교수 연구팀의 심야대책회의에 참석한 사실이 드러나 사의 표명.

2006년 1월 10일　서울대학교 조사위원회(위원장 정명희), 『황우석 교수 연구의혹 관련 조사 결과 보고서』 발표.

2006년 1월 12일　황우석 교수 기자회견. 연구원 난자 및 매매 난자 사용에 관한 서울대 조사위원회 조사 결과 시인.

2006년 1월 12일　『사이언스』, 황우석 교수팀의 2004, 2005년 논문 직권 취소.

2006년 1월 13일　국가생명윤리심의위원회 간담회 개최. 조한익 부위원장(위원장 대행)은 양삼승 위원장의 사의 표명에 유감을 표시하고 그동안 위원회를 잘 이끌어 온 데에 대해 치하. 일부 위원은 위원회 구성과 운영, 위원장의 사의 표명과 직무 유기 등에 대해 비판.

2006년 2월 2일　국가생명윤리심의위원회, 『황우석 교수 연구의 윤리문제에 대한 중간보고서』 발표.

2006년 2월 19일　국회 보건복지위원회 소속 박재완 의원, 「청와대, 2005.11.24. 황 교수팀 난자 조달의 문제점 축소·왜곡 기자회견에 개입」이라는 제목의 보도자료 발표.

2006년 2월 22일　박기영 전 청와대 정보과학기술보좌관 순천대 교수로 복직.

2006년 3월 10일 민주화를위한전국교수협회회, '황우석 사태' 토론회 개최, 황우석 교수 지지자들 집단 행동.

2006년 3월 16일 보건복지부, 황우석 교수 연구 승인 취소.

2006년 3월 22일 과학기술부, 황우석 교수 '최고 과학자' 선정 공식 취소.

2006년 4월 5일 KBS 〈추적 60분〉 문형렬 PD, 황우석 사태 관련 영상 인터넷 공개.

2006년 5월 12일 검찰 수사 결과 발표. "줄기세포는 처음부터 없었고, 현재도 없다"는 결론. 황우석, 강성근, 이병천 교수 등 사기·횡령·생명윤리법 위반으로 기소.

2006년 5월 16일 황우석 교수, "검찰 수사 내용 인정할 수 없다" 입장 밝힘.